浙江外国语学院城市国际化研究重大专项课题:"后G20时代杭州城市国际化方略研究"(项目编号:2018CO6)

城市国际化水平测度与
世界名城建设方略研究
——以杭州为例

Research on the measurement of city
internationalization level and the strategy of world
famous city construction
——a case study of Hangzhou

苟建华／著

经济管理出版社
ECONOMY & MANAGEMENT PUBLISHING HOUSE

图书在版编目（CIP）数据

城市国际化水平测度与世界名城建设方略研究：以杭州为例/苟建华著. —北京：经济管理出版社，2021.2
ISBN 978-7-5096-7801-5

Ⅰ.①城… Ⅱ.①苟… Ⅲ.①城市—国际化—研究—杭州 ②城市建设—研究—杭州
Ⅳ.①F299.275.51

中国版本图书馆CIP数据核字（2021）第038315号

组稿编辑：杨国强
责任编辑：赵天宇
责任印制：黄章平
责任校对：张晓燕

出版发行：经济管理出版社
　　　　　（北京市海淀区北蜂窝8号中雅大厦A座11层　100038）
网　　址：www.E-mp.com.cn
电　　话：（010）51915602
印　　刷：唐山昊达印刷有限公司
经　　销：新华书店
开　　本：720mm×1000mm/16
印　　张：15
字　　数：230千字
版　　次：2021年3月第1版　　2021年3月第1次印刷
书　　号：ISBN 978-7-5096-7801-5
定　　价：98.00元

前　言

　　国际化城市在国际交往中发挥着重要的对外交流作用，并在国际资源配置中发挥着核心枢纽作用。当今世界正处在大发展、大变革、大调整时期，世界多极化、经济全球化深入发展，科技进步日新月异，国际金融危机影响深远，世界经济格局发生新变化；对卷入其中的每个经济体来说，都是一把"双刀剑"，既是机遇，也是挑战。国际化城市既是经济全球化和区域经济一体化的必然结果，同时一座国际化城市也能够便利地集聚全球资源，占据全球生产要素配置的高端位置，获取经济全球化红利，壮大城市的经济规模，提升自身的产业结构，引导一个区域甚至国家的经济转型。有意识地建设好并拥有一座或几座国际化城市，就是一个经济体在这个经济全球化和区域经济一体化大潮中抓住机遇、迎接挑战的一个重要方略。

　　进入 21 世纪以来，杭州在全国城市体系中的战略地位日益提高，国际知名度和影响力持续提升。2016 年 9 月，在中国杭州召开的 G20 峰会上，习近平总书记强调，面对当前挑战，二十国集团要与时俱进、知行合一、共建共享、同舟共济，为世界经济繁荣稳定把握好大方向，推动世界经济强劲、可持续、平衡、包容增长。G20 杭州峰会向世界展示出中国卓越的领导力，也为 G20 峰会找到了全球持续发展的历史使命。同时，G20 峰会也让杭州登上了世界的舞台，开启城市国际化发展的新阶段。G20 峰会在杭州成功举办，这一大事件不仅展示了杭州的综合实力，也展示了杭州的城市国际化水平。当然，杭州秉承"干在实处、走在前列、勇立潮头"的浙江精神，早在 21 世纪初就提出了城市国际化的战略。2016 年 7 月，中共杭州市委第十一届十一次全会通过了《关于全面提升杭州城市国际化水平的若干意见》，完成了推进城市国际化的顶层设计，明确了加快建设"独特韵味、别样精彩"世界名城的"三步走"奋斗目标和打造"四大个性特征"、形成"四大基础支撑"的重点任务。2017年2月,中共杭州市委第十二次党代会明确"加快建设独特韵味、别样精彩的世界名城"奋斗目标。杭州将通过世界名城的建设,积极践行G20峰会提出的"消除贸易壁垒,便利全球投资,调整经济结构,实现生态平衡"等可持续发展倡议,为21世纪国际化城市的发展呈现"杭州样本"。

当前,杭州正处于"后峰会、前亚运"时期,对照习近平总书记和党中央对杭州的高度重视与殷切期望,对照"以一流的状态建设一流的城市"的明确要求,对照国内外城市日新月异的发展势头,社会各界对城市国际化的期待更多,任务也更重。如今,杭州正大力推进"拥江发展",加大"最多跑一次"改革,发力"城中村"改造,融入浙江省"大湾区""大花园""大通道"建设,加快推进"沪嘉杭G60科创大走廊"发展,追求"独特韵味、别样精彩"的可持续发展,打造新时代特色鲜明的世界名城。杭州建设世界名城的意义和责任已经非常清晰,各项目标也逐步明确,但基于学术探究空间,有必要以当前杭州城市国际化水平现状为基础,通过研究国际著名全球城市的国际化城市成长之路,选择能与杭州对标的中外世界知名城市进行对标研究,构建杭州城市国际化水平测度体系,以杭州城市为核心选择若干国际化城市进行横向相对水平测度研究;同时,并以时间为轴,研究杭州城市国际化历史进程中的发展状况,通过横向水平相对比较和纵向比较,分析探究杭州城市国际化的优化战略路径。

本书紧密围绕杭州城市国际化水平测度比较与杭州世界名城打造,分五个章节进行阐述。第一章,探究全球化与城市国际化之间的关系及当前全球城市发展之特点和趋势。第二章,选取伦敦、纽约、西雅图、深圳等国际化城市,梳理这些世界名城建设情况,剖析典型世界名城建设路径及关键经验,为杭州的城市国际化战略路径实施提供有益的参考。第三章,以国内外比较权威的城市国际化水平测度体系为研究基础,通过对比分析国外主要的城市国际化水平测度体系;在参考借鉴这些测度指标体系的基础上,构建杭州城市国际化水平测度指标体系,对杭州城市国际化水平进行横向相对水平的比较分析和以时间为轴(2000~2018年)对杭州城市国际化水平进行纵向测度评估和分析。通过横向和纵向数据的比较分析,分析杭州城市国际化进程中的短板与弥补短板的对策建议。第四章，围绕杭州市提出的建设全球"互联网+"创新创业中心、建设国际会议目的地城市、建设国际重要旅游休闲中心、建设东方文化国际交流重要城市四个个性特色战略路径进行探究。第五章，围绕杭州市提出的形成一流生态宜居环境、形成亚太地区重要国际门户枢纽、形成现代城市治理体系、形成区域协同发展新格局四个基础支撑战略进行战略路径研究。

2022年，亚运盛会将在杭州举行，在这一重要的后G20峰会、前亚运会的历史窗口期，杭州将抓住国家区域发展战略机遇，积极参与"一带一路"倡议，主动融入长江经济带、长三角城市群和杭州大湾区发展规划，提升杭州在全球的城市知名度。本书以杭州城市国际化水平测度为基础，对杭州城市国际化战略路径进行探究本身也是一个有益的探索和尝试。总体来看，尽管城市国际化理论研究日益深入，但是对杭州城市国际化水平进行系统测度和城市国际化战略发展路径进行学术探究还比较缺乏，要么宏观论述多，实证研究少；要么实证对策不系统，没有围绕系统化的城市国际化战略提升来研究杭州城市国际化路径问题。对于杭州世界名城的建设战略而言，杭州城市国际化战略的三阶段目标，其目前还处于初步实践阶段，尤其是从杭州城市四个个性特色战略提升角度来研究如何推进"世界名城"的构建，学术研究成果还不多见，研究的广度和深度还需要进一步的拓宽和加深。

瞄准世界名城战略，杭州正朝着这个目标大步迈进。我们希望通过本书的初步学术探究，能够引起对于杭州迈向世界名城建设的理论关注，并以此推进杭州城市知名国际化品牌塑造，真正地把杭州打造成为具有世界影响力的世界名城，在实践层面为世界名城建设提供有力的学术支撑。

目　录

第一章
全球化背景下的城市国际化

在全球化背景下，城市发展面临着角色、目标和路径的三大转变，城市所扮演的角色日益重要，城市为提升竞争力都将主动选择或被动追赶国际化道路。城市之间的经济网络开始控制全球经济命脉，城市之间发展的差异性导致了世界范围内各大城市国际化路径开始分异和转变，从而形成了一类具有全球性经济、政治和文化等不同功能的国际化城市。国际化城市是在城市化发展到一定阶段即对外开放阶段的产物。伴随着工业化进程，在前工业化、工业化和后工业化三个不同的历史时期，世界体系对城市国际化目标要求和路径选择上有着不同的要求，城市的国际性品质经历了从经营消费型、物质生产型向服务生产型的转变。今天，我们已经处于工业4.0时代，在世界经济全球化与信息化双重趋势的影响下，国际化城市正在经历政治、经济、社会结构的根本性变革，这种变化势必带来城市国际化理念和发展战略上的重新选择。那么，作为杭州市应怎样在工业4.0时代的全球化背景下去把握机遇和挑战，建设具有杭州历史文化特征的世界名城？我们首先从全球化背景下去认识和理解城市国际化发展状况与趋势，为杭州城市国际化进程发生机理方面制定分析图谱。

第一节　后工业时代下的全球化与城市国际化

自20世纪70年代以来，西方发达资本主义国家逐渐过渡到以信息化、知识化和服务化为主要特点的后工业社会，建立在解决工业社会遗留问题和关注可持续发展理念基础上的国际城市，呈现出新的发展动向。进入21世纪，信息技术革命的快速发展，后工业时代也跨入更高级的4.0时代，全球经济一体化、政治多极化、社会信息化、文化多元化和生产资本的国际化等全球化特征也出现新的变化和显现出新的特征，进而全球城市国际化也呈现出新的特征。

一、全球化与城市国际化

今天，随着全球社会、经济、科技、文化的协同发展，人类社会正以前所未有的整体性共同启动了飞往未来的全球化航班，在这个共同的航班里，全球交流日益发展，各国相互之间的影响、合作、互动也愈益加强。"全球化"，这是当今人类社会共同面对并都熟悉的词汇，什么是"全球化"？简言之，全球化指的是当代人类社会生活跨越国家与地区界限，在全球范围内展现的全方位沟通、联系和相互影响的客观历史进程与趋势①。随着时代的不断推进，全球化表现出不同的时代特征②，包括经济全球化、交通全球化、信息全球化、科技全球化、竞争全球化、观念全球化等。全球化本质上是一种地理过程，它在很大程度上表现为产业扩散、城市发展的地理过程。全球化的主要表现是经济全球化，是人类经济活动和某一生产过程、服务所涉及的地域范围不断地向全世界扩展的过程，包括资本、商品、服务、劳动、信息以及人才等要素超越国界，在全球范围内进行扩散的现象。20世纪中叶以来，随着以电子技术为代表的科技革命以及巨型船舶、飞机与高速公路的发展，企业进一步走向集团化、规模化和自动化，使经济全球化进入新的阶段，全球形成了一个由资本、金融、信息、技术构成的相互依赖、相互作用的网络。

城市是全球或区域经济系统网络上大小不等的片段、节点或链条的一部分。发达的大都市连绵区聚集了世界的先进技术、综合机构及科研力量，是全球化网络的支撑体系。全球化给全球城市国际化带来广泛而又深刻的影响，

① 宋金平，蒋一军，王亚东. 全球化对城市发展的影响与启示 [J]. 城市问题，2008（4）：30-34.
② 文军. 全球化进程与中国城市的全球化趋势 [J]. 长沙电力学院社会科学学报，1997（3）：3-9.

促进了全球城市国际化发展，对全球与区域城市产业结构调整与布局、城市体系重构、城市用地与空间结构优化都产生了重要影响，形成了新型的全球城市体系，城市已经成为国家参与全球竞争的核心力量。全球化最重要的表现就是造就了世界城市体系。资本在全球布展的过程，也是资本提供城市发展的结构要素、建构城市的物质形态、创建城市的管理制度以及形成城市的生活方式过程。全球化的要素如产业、贸易、金融、技术、人口等为世界的城市国际化发展提供了所需要的条件和动力。全球化建构起城市国际化的物质形态：从一个城市内部空间看，资本全球化的要素重构为各大银行、交易所，大型购物商场，林立的商业住宅，集中的工厂区域，宽阔的道路和方便的交通系统，以及货物进出的港口和车站，等等。资本的加大投资决定着城市国际化的发展规模，资本投资增加的就业和盈利机遇决定着城市人口的规模。全球化要求城市国际化管理的高效性，从而规定了城市国际化建设的管理制度和运行机制。全球化在塑造城市的物质形态和制度体系的过程中，还影响着城市的价值、意义和生活方式。资本全球化的产业方式转型决定着城市类型的变化，全球化过程中工业、信息和金融的转型，决定着城市从工业城市到科技城市再到金融城市的转型，决定着城市的生灭变化。由于城市本身是由资本全球化造就的，因此整个世界的城市从物质形态上呈现出齐一化的趋势，从而使具有民族和本土特色的城市逐渐消失①。

具体来说，全球化对城市国际化发展的影响主要表现在以下五个层面：一是全球化促进了世界城市国际化化的快速发展。全球化促进了资源、要素的全球流动，经济发达国家的经济投资主体（跨国公司）面向全球的市场，对其他国际进行产业投资，投资的增加有效地促进了被投资国家的城市国际化发展进程。二是全球化促进了世界城市网络体系的形成。经济全球化、信息化使世界城市的联系日益紧密，成为相互依赖、连锁的关系。促进了产业在世界各地的分工，促进了生产的国际化，扩大了世界各国之间生产、交换、流通、消费、服务、技术与产品研发等方面的分工与协作关系，全球经济系

---

① 赵强. 全球化与城市研究：视域缺陷及角度转换 [J]. 苏州大学学报（哲学社会科学版），2015（6）：62-68.

统和经济活动把全球城市更加紧密地连为一体。经济全球化加快了全球的资金流、信息流、技术流和货物流，把全球的城市紧密地联系在一起。三是全球化促进经济空间结构的重组，从而导致城市和区域体系的演化。20 世纪 80 年代以来，全球跨国公司的全球产业链的布局，加速了被投资国家城市的工业化与城市化进程，使原本普通的小地方成为区域经济的主角，成为经济发展的载体与动力。被投资国家的城市群正在加快融入国际化经济体系，成为世界城市体系的重要组成部分。四是全球化改变了产业布局与居住分布，使城市用地与空间结构发生很大变化。跨国公司是全球化过程中最典型的企业空间组织方式，其本部和主要分支机构的选址越来越与传统的自然资源占有型选址、市场区位依赖型选址、地域区位中心型选址脱离关系，而更靠近交通网络枢纽型、信息网络节点型、环境质量优越型和无形、软性资产型选址。全球化促进了区域空间重组，形成新型、有序的城市空间体系。五是全球化加强了全球城市的分工与合作，促进了全球城市产业结构的转变。发达国家的城市正以知识增值为内涵的经济部门成为社会发展的主要动力，以网络技术、信息工程、通信技术、商务工程、生物工程等为代表的新型产业成为城市国际化发展的强劲动力。产业结构调整，现代服务业崛起，并逐渐取代工业而成为城市产业的主角，现代服务业的快速发展产生了大量的就业机会，促进了城市的就业，带动了城市社会经济的发展。

全球化不仅造就了世界城市、全球城市等国际性城市，加快了世界城市体系中的城市国际化发展水平和进程。但同时，全球化也造就了当前世界城市的问题。资本通过权力，把剩余资本、过度产能以及淘汰产业向发展中国家转移，在转移的过程中，导致了发展中国家的城市规模失控、社会失序、治理失效以及环境破坏等城市问题集中和共时爆发[①]。城市问题的爆发具有集聚性和共时性，是当代城市国际化发展的现状和特征。所谓城市问题的集中爆发是指原本处于不同地域孤立爆发的城市问题集中爆发；所谓城市问题的共时爆发是指本处于不同历史发展阶段的城市问题同时呈现。这种城市问题

---

① 赵强. 全球化与城市研究：视域缺陷及角度转换 [J]. 苏州大学学报（哲学社会科学版），2015（6）：62-68.

的集聚和共时爆发只有在全球化条件下才有可能。没有全球化，城市处于彼此封闭状态下，城市国际化问题的爆发只可能具有地域的分散性和历史的阶段性。第二次世界大战以后，尤其是新全球化以来，主要城市问题已经超越国家、民族、意识形态而具有全球性、普适性，成为资本主义和社会主义都共同遭遇的问题，城市问题受全球化的影响更加突出，城市彼此依赖性更强。"外向型""前门后店""低端制造""两头在外"等都是对当今城市问题依赖性的形象描述。进而，当代城市问题是全球化造就的，不可能脱离全球化而独立解决当代城市问题。

二、全球化进程中的后工业时代

（一）后工业时代下的 4.0 阶段

按照工业化发展速度，人类社会可分为前工业化、工业化和后工业化三个时期。发达国家的后工业化时期一般从 20 世纪 40 年代开始，特点是城市的中枢管理职能更加强化，城市消费者的要求更加多样化，电脑技术和数据通信网络所构成的物质机制使城市的经济状态和生活方式不断发生变革。贝尔是"后工业社会理论"的创立者，后工业社会理论包括五个方面的内容：①后工业社会的经济主要是服务性经济；②专业和技术人员在后工业社会占主导地位；③理论知识是后工业社会的中轴。成为社会革新和制定政策的主要资源，生产知识的大学、研究部门、研究中心是社会的核心机构；④后工业社会通过技术预测和技术评估来规划和控制技术的发展；⑤后工业社会运用新的智力技术来进行决策。贝尔认为，美国是第一个进入后工业社会的国家，后工业社会是人类的未来。

进入 21 世纪以后，包括信息技术在内的各种先进技术不断创新发展和应用在社会生活生产实践，后工业时代又出现了明显的时代特征，德国把它称为工业 4.0 时代①。所谓工业 4.0（Industry 4.0），是基于工业发展的不同阶段作出的划分。按照目前的共识，工业 1.0 是蒸汽机时代，工业 2.0 是电气化时代，工业 3.0 是信息化时代，工业 4.0 则是利用信息化技术促进产业变革的时

---

① https://baike.baidu.com/item.

代，也就是智能化时代。如图 1-1 所示，显示了工业 4.0 时代的历史进程。

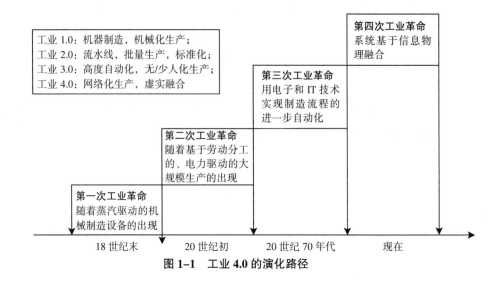

工业 1.0：机器制造，机械化生产；
工业 2.0：流水线，批量生产，标准化；
工业 3.0：高度自动化，无/少人化生产；
工业 4.0：网络化生产，虚实融合

第四次工业革命
系统基于信息物理融合

第三次工业革命
用电子和 IT 技术实现制造流程的进一步自动化

第二次工业革命
随着基于劳动分工的、电力驱动的大规模生产的出现

第一次工业革命
随着蒸汽驱动的机械制造设备的出现

18 世纪末　　　20 世纪初　　　20 世纪 70 年代　　　现在

图 1-1　工业 4.0 的演化路径

（二）后工业 4.0 阶段的基本特征

"工业 4.0" 是德国联邦教研部与联邦经济技术部在 2013 年汉诺威工业博览会上提出的概念；它描绘了制造业的未来愿景，提出继蒸汽机的应用、规模化生产和电子信息技术等三次工业革命后，人类将迎来以信息物理融合系统（CPS）为基础，以生产高度数字化、网络化、机器自组织为标志的第四次工业革命。"工业 4.0" 概念在欧洲乃至全球工业业务领域都引起了极大的关注和认同。西门子作为德国最具代表性的工业企业以及全球工业业务领域的创新先驱，也是 "工业 4.0" 概念的积极推动者和实践者[1]。

德国是最早提出 "工业 4.0" 概念的国家，在德国政府推出的《高技术战略 2020》中，"工业 4.0" 被列为十大未来项目之一。与美国流行的第三次工业革命的说法不同，德国将制造业领域技术的渐进性进步，描述为工业革命的四个阶段，即 "工业 4.0" 的进化历程。"工业 3.0" 时代始于 20 世纪 70 年代并一直延续到现在，即电子与信息技术的广泛应用，使制造过程不断实现自动化，此时机器已能够逐步替代人类作业。"工业 4.0" 将发展出全新的商业

① 乌尔里希·森德勒. 工业 4.0：即将来袭的第四次工业革命 [M]. 北京：工业机械出版社，2014.

模式和合作模式，其具有"网络化制造""自我组织适应性强的物流"和"集成客户的制造工程"等特征，也使它率先满足动态的商业网络而非单个公司，这将引发一系列诸如融资、发展、可靠性、风险、责任和知识产权以及技术安全等问题。"工业4.0"不仅仅意味着技术的转变、生产过程的转变，同时也意味着整个管理和组织结构的调整，大数据、云计算以及物联网这些技术都会用到工业4.0当中，它们协同作战将全面颠覆传统的制造业的思维方式。

在工业4.0之下，设计、生产均具有高度的灵活性，可以完成端到端的从客户需求到加工制造等各方面的配置，以较低的成本满足客户需求，实现产量很低仍能获利的一次性生产，如为客户生产汽车雨刷器，产品设计已被高度固化，客户不可以将跨一款车的雨刷器用于跨厂商的其他车型。工业4.0之下，服务变得更加智能和方便，生产系统将如同"社会机器"，以类似于社交网络的方式运转，自动连接到云平台搜索合适的专家处理问题。专家将通过集成的知识平台，通过移动设备更有效地进行传统的远程维护服务。从这一阶段所具有的特征来看，工业4.0明显不同于以前阶段，具体有三个基本特征：其一，生产网络智能化，制造运行管理系统（MOM）将帮助生产价值链中的供应商获得并交换实时的生产信息。供应商所提供的全部零部件都将在正确的时间以正确的顺序到达生产线。其二，虚拟与现实世界的完美融合，在生产过程中的每一步都将在虚拟世界被设计、仿真以及优化，为真实的物理世界包括物料、产品、工厂等建立起一个高度仿真的数字"双胞胎"。其三，信息物理融合系统。在智能工厂中，产品信息都将被输入到产品零部件本身，它们会根据自身生产需求，直接与生产系统和设备沟通，发出下一道生产工序指令，指挥设备进行自组织生产。这种自主生产模式能够满足每个用户的"定制需求"。

（三）后工业时代4.0与全球化

世界银行前首席经济学家、北京大学教授林毅夫认为[1]，全球化作为历史潮流不可阻挡，"逆全球化"只是暂时现象。在工业4.0时代，全球化将出现新的变化趋势。在全球化过程中，当前出现"逆全球化"的原因是，2008年

---

[1] https://www.thepaper.cn/newsDetail_forward_2897649.

国际金融危机爆发后，发达国家至今尚未完全复苏。同时，金融自由化、高科技发展过程中出现的财富分配不均衡等问题，使发达国家内部出现不满情绪，于是转而将全球化当作"替罪羊"。工业 4.0 需要巨大的投资、规模化的经营以及庞大的市场，同时科技的进步也是不可阻挡的，因此，全球化仍将继续向前推进，全球化将出现新的变化，而最大的变化将是上一轮全球化主要由发达国家主导推动，而在工业 4.0 时代下的新一轮全球化可能会变成由新兴经济体来推动。比如我国现在已经是全世界最大贸易国、按照购买力平价计算是全球第一大市场。我国经过 40 多年的改革开放，已经深知全球化的益处，这是过去 40 多年已经证明了的事实。中国迈向 2025 年的中国制造强国，我国要发展高科技更是需要全球化。我国在 2018 年举办的进口博览会，主动开放市场，率先开进口博览会就是一个例证；除了我国以外，其他一些发展中国家，像印度等，也会变成全球化的旗手。另外，在新一轮全球化进程中，将出现更多双边自由贸易协定。同时，区域贸易协定谈判也会继续推进，比如 TPP 在美国退出后，其他国家仍然在继续推进，也不排除今后又邀请美国加入。世界贸易组织仍将继续保留，但会重新谈判，对发展中国家的优惠条件可能会减少一点。但发展中国家也并非没有筹码，相信经过谈判，世贸组织多边贸易框架仍将存在。

三、后工业时代 4.0 对城市国际化的影响

全球化使世界许多城市进入后工业化阶段，后工业化是经济社会发展到一定阶段的产物，对城市国际化产生了很大的影响，其主要特点是：从制造业转变为以服务业为主；给专业技术人员提供非常高的收入和社会地位；更加强调研发的重要性；更加关注技术变化带来的冲击；先进信息系统和知识经济到来。在进入后工业 4.0 时代，需求的全球化与生产全球化在同步进行，当占领国外市场时"本土化"就起着越来越重要的作用。对城市国际化发展的影响上，后工业化导致城市形态的分裂，这种分裂被认为预示着后现代城市的出现，对于城市国际化发展来说，进入后工业化 4.0 阶段以后，后工业化社会城市化进程加快，使得后工业化城市市区人口和企业大量向郊区迁移，产生郊区化和逆城市化现象，形成卫星城镇以及城市地域互相重叠连接而形

成的城市群和大城市集群区。这是由于现代社会信息技术的发展带动第三产业发展，导致整个产业结构更加快速地变化。特别是运输和通信技术的迅速发展，使通信、信息成为影响城市经济活动集聚的首要因素。此外，跨国公司的迅速发展，造成了生产过程的全球化，出现收集、传播信息和决策的办公大厦位于国际性城市内，而工厂、车间分散在可以提供廉价劳动力的发展中国家的现象。后工业化城市一方面造成少数国际性城市无限膨胀，另一方面使城市布局趋于分散，产生高科技产业更加密集的园区以及更加开放性国际化城市。

第二节　世界城市国际化发展格局及其发展趋势

正如"罗马不是一天建成的"一样，世界各地的城市国际化道路也不尽相同，不同等量级的国际化水平的城市其形成和发展有各自的历史背景、时代特征与发展路径。经过几十年或百年甚至几百年的历史长河，发展到新的一轮全球化时代背景下，世界各地的城市正在形成"全球相互依赖"的经济格局，城市已经往往成为国家（区域）经济国际化的先锋与枢纽，在当今世界城市体系中，国际化城市已经居于其中的顶端，成为一个国家或地区经济社会发展的重要引擎。

一、当前世界城市国际化发展格局

城市在世界城市格局中的位置主要是由其在世界经济政治文化生活中的地位与作用，尤其是由国际资本、技术等要素的城市集聚力及其空间支配力决定的。根据世界各类城市国际化水平的不同程度和对世界经济政治影响力的不同，当代世界城市格局可以划分为五个层次：一是全球性城市（Global City）或世界城市（World City），这类城市的国际化水平最高，主要包括伦敦、纽约、东京等世界级国际化城市。二是区域性国际城市（Regional City），主要是在一定区域内发挥全球性影响作用的国际化城市，如巴黎、中国香港、新加坡等 20 多个城市。三是积极参与国际化进程的国家中心城市。这类城市主要做各个国家的首都市。四是参与国际化进程的地区性城市，主要指在国际城市带领下参与国际经济分工与合作的其他城市，这类城市主要是指各个国家下设地市州的一些人口规模超过 100 万的特大城市，或可以是依托中心城市发展外向型经济的中小型城市。五是边缘化城市，主要指那些远离经济全球化的影响而处于世界城市体系的边缘，城市国际化水平程度很低的城市。

进入 21 世纪以来，随着全球化的深化，在全球范围内涌现出越来越多的世界城市。为了反映当前世界城市的分类分级格局状况，我们基于公认的世界城市研究权威组织 GaWC（全球化与世界城市研究组），2018 年 12 月最新发布的世界城市排名，并对照 2000 年以来共 7 轮排名，梳理 2000~2018 年世界城市的发展演进格局。作为全球最著名的城市评级机构之一，GaWC 自 2000 年起不定期发布《世界城市名册》，GaWC 已成为全世界各个国家和机构认定为最权威的世界城市排名之一。全球化与世界级城市研究小组与网络（GaWC）是一个以欧美学者组成的学术机构，以英国拉夫堡大学为基地。GaWC 以先进生产性服务业公司在世界各大城市中的办公网络为指标，对世界 707 座城市进行排名。GaWC 用六大"高级生产者服务业机构"在世界各大城市中的分布为指标对世界城市进行排名，主要包括银行、保险、法律、咨询管理、广告和会计。GaWC 将世界城市分为 Alpha（a++、a+、a、a-四级）、Beta（β+、β、β-三个级别）、Gamma（γ+、γ、γ-三个级别）、Sufficiency 四个大的等级。根据 2000~2018 年世界城市名册主要的国际化城市的排名情况，对 GaWC 历次排名报告进行梳理，可以发现全球范围内世界城市格局的发展变化，世界城市格局具有如下特点：一是全球范围世界城市快速崛起，数量增加、等级提升。依据 GaWC 对 2000~2019 年的统计数据看，伦敦、纽约两个全球性城市始终是处于特等级全球城市阵容，中国香港、巴黎、东京及新加坡等全球城市也始终在全球城市的第二个等级内，但是排名有些许变化。伴随着世界城市数量的增加，等级不断跃升，其中位于第二梯队的城市增长最快，主要是南亚、西亚、北美、中美等地区增长较为突出；同时开始融入全球化的"准世界城市"增长总量亦较大，主要集中于东亚、南美、北美地区。二是发展中国家城市增长迅速，但发达国家世界城市仍居主导地位。发达国家的世界城市数量占据主导优势，发展中国家仍然相对落后，但发展中国家的世界城市增长较为迅速。整体上，2000~2019 年，世界城市的增量主要是由发展中国家城市贡献的。一个比较显著的变化是，随着中国经济的不断发展，中国特大型城市如北京、上海等也从 2008 年开始进入第二全球城市阵容。中国目前的中国香港、北京、上海三大城市已经进入了全球城市行列，这就决定了北京、上海城市国际化进程实质上就是在世界城市体系中不断提升，从最早的国际化城市发展为区域性国际城市，最终建成具有世界一流影响的全球性城市的过程。

总的来说，随着全球化进程不断深入，进入 21 世纪以后的后工业时代以后，知识经济的特征明显，信息技术的飞速发展，企业的生产、流通、销售等环节可以在地域空间上变得越来越分散，跨国公司可以在全球范围内寻找最廉价的劳动力、资源和最大销售市场，从而将其商务活动遍及全球。这种日益复杂的企业内部分工使得企业比以往任何时候都更看重其核心控制管理层所在地。作为世界城市格局顶层的国际大都市在世界经济、文化、政治、社会其他领域中的地位和影响力将大大增强，国际大都市的功能将趋于多样化、多元化，仅靠现有的伦敦、纽约、东京等国际大都市难以满足世界发展的需要，国际大都市的城市综合功能将逐渐转移、分离给新兴的国际城市，这就为新兴城市跻身国际大都市的行列并成为全球和地区性大都市提供了可能，世界城市进入大发展、大调整的新时期。

亚太地区是世界上人口密度最大、生产规模最大和市场潜力最大的地区，也是近年来世界经济最活跃的、经济发展速度最快的地区，这一地区的城市经济面临着前所未有的发展机会，都在积极参与国际分工与协作，吸收国外资金与技术，发展外向型经济。如新加坡、首尔等亚太地区国家首都，中国的北京、上海等城市都是在这样的历史机遇面前抓住了机遇，在城市的国际化发展进程中，采取了适度超前发展的战略，充分利用国际资源，参与国际分工，在短短三四十年的时间内完成了城市工业化和现代化，成功地实现了城市国际化的目标，在全球城市发展大格局中占据了重要位置。因此，随着世界经济重心向亚太地区转移，这一地区内部的城市发展将变得异常活跃，新兴国际城市的崛起已经在逐渐改变现有世界城市体系的等级格局。

二、国际化城市的基本特征

世界城市国际化发展过程，也是世界城市在政治、经济、社会、文化等方面的国际性不断扩大的过程[①]。综合国内外相关理论研究与实践经验，可以发现成熟的国际化城市具有自身鲜明的特征，全球城市在金融、贸易、服务业等领域具有极强的国际影响力，部分国际化城市则具有区域性影响力及国际竞争力，但总体情况是成熟的国际化城市是一个现代化的，城市规划、管理及社会各方面达到国际先进水平，是一个开放的、社会与文化高度国际化的城市。归纳起来，国际化城市在产业、空间和社会三个方面具有以下特征：

（一）高端的城市产业特征

全球城市形成了以服务经济为主的产业特征[②]。国际化城市在产业已经形成了以服务型为主的产业结构，是一个以产业结构现代化为核心内容的现代化功能系统；而且很多国际化城市已经具有处于支配型的产业能级，其产业能级较高，具有一定的区域甚至全球的支配职能。两者共同带动制造业和信息业的革新，促进形成高等级城市。对于纽约、伦敦、东京、巴黎、中国香港、新加坡等全球城市而言，无一例外，它们的行业体系都十分发达，触角可以伸向世界各地，包括金融领域的行业，如银行业、证券业、保险业，以及法律服务业、会展业、旅游业、博物馆业、时装业，等等，可以说，各行各业都可以看到这些城市的标签。

在工业时代发展起来的城市带有深刻的工业时代烙印，城市明显地以生产企业为主体，追求经济效益是城市发展的基本动力，国际城市大都是有形产品制造中心。进入后工业时代以后，各地各城市中聚集大量的人力、物力、资本不再是流入传统的工业、农业服务性行业，国际城市纷纷从工业时代的

---

① 于涛，华鸿乾. 需求导引下的国际化城市建设路径探索——以深圳市南山区为例 [J]. 现代城市研究，2016（10）：61-66.

② 服务业可分为生产者服务业、社会服务业和消费者服务业三大类，其中，生产者服务业按管理与生产分离要求可分为公司总部服务、产品研究与开发等服务，按生产运作要求可分为金融、保险、会计、法律、研究机构等，按照产品流通要求可分为批发、零售、仓库、运输、广告等服务；社会服务业则一般是指社会保险、文化娱乐、体育卫生、文化教育、房地产等服务；消费者服务业一般包括零售、饮食、旅游、娱乐等传统服务业以及包括物业管理、社区服务、教育培训等新兴服务业。

有形产品制造生产中心转变成无形产品生产中心，聚集在城市中的服务业成为这个时代的主导产业，在经济结构中比重越来越大，流入产总值中的贡献也越来越大，服务业是后工业时代城市经济的重要特征，城市生产功能从有形的物质领域拓展到无形的非物质领域，服务既是生产的活动过程，也是消费的过程，无形服务业产品的生产过程，城市尤其是国际城市的生产制造功能并未完全退化，制造业并不是完全退出城市生产经济，无论是纽约、伦敦、东京这样的全球性城市还是巴黎、新加坡、中国香港这样的区域中心城市都在使自己成为适应这样的服务经济为主导的变化，成为世界一流的服务业主导城市。

进入 21 世纪以来，发达国家城市的服务业发展呈现出两个明显特征：一是服务业在城市 GDP 总量和增加值的比例占 70%以上；二是在服务业增加值中生产性服务业占 70%左右，生产性服务业成为国际城市的支柱产业。一个城市服务业是否发达，不仅是考察第三产业的比重，还要注重第三产业内部的结构是否合理，是否以生产者服务业为主，以服务各种资源要素和经济活动为主。所谓生产性服务业，是指在生产过程中为生产提供服务的行业，如产品研发、设计、信息化服务，金融和保险、物流、营销、售后服务、广告与推广，企业管理、法律咨询、会计、审计等。现代企业的生产与服务功能分离后，服务含量在企业产值和增加值中所占的比重越来越大。以跨国汽车销售为例，研究资料表明，销售收入中只有约45%分配给零部件生产商和装配商，而其余的55%分配给了专业汽车设计、广告公司、保险公司等服务性行业[①]。生产性服务业在产品生产过程中的贡献和回报都呈上升趋势。

（二）高效的城市空间特征

国际化城市具有高度专业化的城市职能和国际化功能，同时也具有国际性中心城市的地位与作用，因此需要有高水准的空间和发达完善的基础设施系统来保障城市的运行与发展。为适应经济服务化的全球化趋势，全球城市的空间布局也是处于重构进程之中。工业时代是以制造业集聚为主要特征，

---

① 李清娟，兰斓. 全球城市：服务经济与国际化——伦敦、纽约与上海比较研究［M］. 上海：同济大学出版社，2017：12.

在后工业时代，产业是以分散与集聚为两重特征。一方面，由于经济产品轻型化，信息传输超过交通成本占据支配地位，一些相对较为简单的工作机会转移到郊区与新城进行，从而延续了全球城市先前的郊区化进程。除了信息含量较高的生产者服务业之外，城市产业空间分布出现相对均衡化的趋势。这些经济服务化趋势加上交通基础设施的发展与完善，使大量的就业人口转移到郊区，不仅会使郊区城市化，而且会导致城市蔓延问题。这种特征在美国表现得特别突出。美国城市发展自 20 世纪 70 年代以来，郊区的居住人口与产业在城市经济发展中占有举足轻重的地位，这些都带动了城市空间不断向外围发展直至生产蔓延①。城市蔓延在美国已成为威胁、经济与社会可持续发展的重要问题，美国的中心城市在蔓延，而且城市郊区也在蔓延。由于城市人口大量地转移到郊区居住，2000 年达到了 62%。由于服务业充分发展，郊区功能综合化与城市化，美国城市已经进入郊区化甚至后郊区化时代。另一方面，在城市产业空间分布相对均衡化的时候，一些默示性知识与信息转换需要在中心城区与集聚的地点完成。这些知识与信息不能借助于现代信息传输技术完成，而需要人与人面对面交流才能完成信息交换、处理与传播。由于这些行业信息交换的复杂性，这些行业的利润率高于其他行业，如金融与专业服务业。在这样的状况下，全球城市的中心城区由于交通条件便利与功能综合化，能够聚集金融以及专业服务等高利润行业，从而改变衰退状态开始获得重新发展。自 20 世纪 90 年代以来，世界上的主要城市都出现了金融和某些生产者服务业向中央商务区集中的趋势，形成了专门的金融区或者银行区，从而发展成为全球城市。在服务业逐渐占据支配地位的状况下，全球城市产业空间一方面延续了先前郊区化的发展趋势，另一方面则逆转了制造业主导时代中心城区衰落的状况，促进了中心城区的重新复兴与城市更新，导致旧城区重新发展。

（三）包容的城市社会特征

发达国家城市在步入后工业社会后，发现城市发展面临实现物质极大丰

---

① 陈建华. 我国国际化城市产业转型与空间重构研究——以上海市为例 [J]. 社会科学，2009 (9)：16-24.

富的工业社会所带来的诸多问题，如环境污染、交通堵塞、人口老龄化、失业、两极分化、生活质量下降等。甚至对地球生存和人类生活构成了严重的威胁，使人类面临着越来越严重的全球化问题和对立冲突局面。因此，在后工业时代的国际城市，解决工业时代遗留的社会经济发展问题，消除"工业主义""物质主义"意识形态的影响，使城市居民免受工业、技术扩张带来的种种危害，这些问题的解决正在成为市政当局工作的主要内容。因为这些问题解决难以通过非人格性的"市场"来完成，只能通过政府调控、政治引导、公共治理来解决。此外，由于经济全球化造成国际生产在全球范围内扩散，管理越来越集中于国际城市的发展趋势，国际城市的非物质生产性特征，即文化型、消费型、宜居型、个性型发展趋势十分明显。与工业时代人们注重效率、追求物质享受相比，后工业时代，世界城市关注的重点开始转向价值、生态与生活质量，更注重精神与情感。尤其是进入 21 世纪以后，信息时代的到来和系统管理技术水平的提高为各级政府借助知识精英的力量解决这些问题创造了有利条件，特别是社会科学和技术专家对社会进步将发挥越来越重要的作用。这时，世界各地城市的发展也逐渐从侧重生产型、增长型的发展转向了服务型、文化型的发展，城市间的比较从工业比较、经济比较、GDP比较转向消费、休闲、生态、宜居等可持续方面的比较。如何把经济发展与文化、休闲、宜居，与城市的国际服务品质和综合治理能力结合起来，与提高居民的安全感、幸福感等结合起来，成为国际城市面对的新问题和发展的新方向。因此，当前的国际化城市已经形成一个高度开放的城市系统，多种开放性共同促进了城市的国际化进程。这种开放性充分表现在，城市的管理体制、人居环境以及文化氛围等多种内涵上。

三、世界城市国际化发展方向与趋势

国际化城市在全球化和信息化浪潮的推动下，全球事务的影响力与日俱增，开放的格局和多元文化的包容性，更提高了全球城市在全球服务经济方面的影响力和示范效用。依据全球城市理论，成熟国际化城市已基本完成了城市经济向服务经济的转换，崛起中的城市也依照国际通行标准建设城市框架和配置城市功能，在新一轮全球化进程中，世界城市国际化发展呈现出如下三个方面的发展趋势：

（一）支撑中等级城市在整体上更快发展

后工业时代 4.0 背景下，世界处在一个快速发展而又动荡不定的过渡时期，这就为处于世界城市格局中相对次要位置的城市突破现有格局提供了有利时机，新一轮全球化趋势使得亚太地区或新兴经济体世界城市的地位迅速提升。一批产业结构较为均衡的复合型国际化城市（如慕尼黑），在世界城市网络体系中的地位有较大提升。以在 GaWC 世界城市排名数据为例，从 21 世纪初发展到目前为止，位于 a+ 或 a 级水平的城市的数量逐渐增加，如北京、上海、迪拜、悉尼等城市在最近 10 年城市国际化水平显著提升，与此同时，在欧洲、北美、拉丁美洲和亚洲等地区产生了一批令世人瞩目的国际大都市，也显示出全球化要素在进入发展中世界区域、与地方要素结合后，呈现出全新的发展态势。这些后进入世界城市或全球城市行列的城市其前进的目标是向更高一级国际化城市迈进。

（二）城市国际化更加注重人文生态宜居环境的建设

工业时代的城市国际化给全球城市带来了许多"城市悖论"问题，包括社会贫富差距的加大、公平城市、绿色环保、城市生活便捷、社会排斥和分割、社会群体性事件出现频率增加，这些问题在全球城市的发生，从侧面反映出城市社会的包容性问题（公正、公平）成为评价城市社会运行成功与否的关键性标杆。与工业时代人们注重效率、追求物质享受相比，后工业社会人们关注的重点开始转向价值、生态与生活质量，更注重精神与情感。城市的发展也逐渐从侧重生产型、增长型的发展转向了服务型、文化型的发展，城市间的比较从工业比较、经济比较、GDP 比较转向消费、休闲、生态、宜居等可持续方面的比较。如何把经济发展与文化、休闲、宜居，与城市的国际服务品质和综合治理能力结合起来，与提高居民的安全感、幸福感等结合起来，成为城市国际化建设中重点解决的问题。在环境治理和生态宜居建设方面，很多城市在各城市间通过成立城市地方政府的国际协作网络，来共同实现减排、低碳、能源高效利用的环境目标。在增加城市的包容性方面，很多城市增加了弱势群体包括社会底层以及社会边缘群体在参与和分享城市进步方面的内涵，将"包容性城市"建设的关键逐步落实到开放与关怀两个维度上，对城市中的新兴特殊群体（同性恋群体）开放和对弱势群体关怀，这两个维度得到了全球城市的广泛接受。可见，人与社会这两个因素是全球未来城市包容性发展的主要视角。当然，城市国际化建设最终的目标是为了满足人生活的需要，人是城市存在的主体。因此，经济发展服务于人甚至让位于人的发展思路值得世界城市规划者们探索和思考。

（三）工业 4.0 时代下的智慧城市是未来城市的发展方向

国际化城市是全球资源配置和主导核心，其配置的标准就是效率，更高的收益和更低的成本意味着更高的投资收益，这正是制造业生存和发展的关键所在，利润空间被挤压和传统生产方式的效率已到极限是阻碍工业 2.0 和工业 3.0 继续高速发展的根源所在，因此，工业 4.0 概念的提出正是对原有工业生产与服务理念提出的更高要求。在后工业 4.0 时代下，智慧城市就是利用信息技术作为主要的支撑体系，利用大数据网络技术作为资源体系，以官方管理机制作为主要引导，从而合成未来城市信息化、工业化以及服务化的众多发展，促进城市走向高标准、高质量的都市发展。未来也不仅仅是智慧城市的概念，智慧城市是载体，未来是智能社会的时代。未来的智慧城市很重要的是以交通网和互联网作为承载平台，整合城市数据资源，提升城市可持续发展能力，支持产业转型和空间组织优化，创建智慧、绿色、互动才是城市发展的未来。

第三节 我国城市国际化发展状况及趋势

城市国际化在我国最早出现于 20 世纪 80 年代末期，并在 20 世纪 90 年代和 2000 年后两度在全国范围内掀起了"国际化城市"建设的热潮。"十二五"期间，随着我国改革开放的深化和市场经济的进一步发展，经济全球化对于国内城市的影响更为深远。提出国际化战略的城市分布更加广泛，从北京、上海、杭州等发达城市拓展到了郴州、北海、喀什等中小型城市，正式掀起了国内第三次国际化城市建设的热潮。

一、我国城市国际化发展的总体历程

我国城市提出建设国际化城市始于"七五"计划末，主要是上海和北京提出建设国际性城市。1992 年，邓小平同志南方谈话和上海浦东的开放开发，使得我国的对外开放呈现全方位、深层次推进格局①。同时，社会主义市场经济体制的确立又为城市发展注入了新的活力，经济发展趋向国际化。在此背景下，"八五"和"九五"期间出现了我国国际化城市建设的第一个高潮，共有海口、广州、大连、宁波和厦门等 7 个城市提出建设国际性城市。改革开放以来，特别是自 2000 年以来，经济全球化进程加速推进，城市间的竞争逐渐变成普遍现象。我国的许多城市相继以全球化的视野来谋划城市未来的发展轨迹，提出实施国际化战略，推动了城市国际化进程。实施城市国际化战略，有利于城市提升自己在国内和国际城市体系中的地位，更加有效地吸纳和配置全球资源，抢占市场竞争的制高点。诸多城市实施城市国际化战略，对我国城镇体系产生了深刻的影响。

首先，我国沿海的长江三角洲、珠江三角洲、京津冀、辽中南、山东半岛、福建海峡西岸六大城市群的地区生产总值已经超过全国生产总值的一半以上，与全球产业体系基本衔接，成为我国经济融入全球经济的主体部分，而且对全球经济的影响力与日俱增。北京实施世界城市建设战略，上海开始进行国际金融、航运、经济中心的培育，广州、深圳、天津、大连、沈阳、杭州、南京、青岛、厦门等一批城市的外向型经济发展迅速，尤其其中一些城市通过奥运会、世博会、亚运会等大事件和诸多巨型项目进一步提升了城市的国际地位和影响力。长江三角洲、珠江三角洲、京津冀三个全球城市区域正在发育之中，尤其在"后金融危机"时代发挥"全球经济的区域发动机"的作用。其次，中西部地区城市发展也越来越多地受到全球化发展的影响。成都世界花园城市建设，重庆国际金融中心城市建设，南宁面向东盟国家的国际城市建设，西安世界旅游城市培育，武汉、郑州、长沙、合肥、南昌、

---

① 罗小龙，韦雪霁，张京祥. 中国城市国际化的历程、特征与展望 [J]. 规划师论坛，2011 (2)：38-42.

石家庄等承接东部产业转移和自身外向型经济的发展，都取得了明显的进展。可以想象，这些城市的成长对带动我国城市体系的整体"跃迁"、融入全球城市体系已经至关重要。最后，全方位（尤其是内陆地区）城市的国际化成为国家发展关注的焦点。可以毫不夸张地说，只有在我国昆明、乌鲁木齐、呼和浩特、哈尔滨、喀什等内陆城市完成国际城市建设，中国城市体系才可以说真正融入一个可持续发展的全球城市体系之中。从总的情况来看，我国城市的国际化、全球化还处在快速发展之中，离世界顶级城市还有距离，需要我们在实践中不断摸索、总结和提升认识水平。

二、我国城市国际化进程中的基本格局

目前，国际上共有六大权威的城市全球化报告[①]，分别为全球化与世界城市研究组（Globalization and World Cities，GaWC）发布的世界城市排名报告、英国《经济学人》智库发布的全球城市竞争力报告（Global City Competitiveness，GCC）、美国 A.T. Kearney 管理咨询公司测算的全球城市指数（Global Cities Index，GCI）、日本森纪念财团计算的城市竞争力评价指数（Global Power City Index，GPCI）、联合国开发计划署发布的人文发展指数（Human Development Index，HDI）（其中 HDI 指数高于 0.7 为高人文发展水平，HHDI）以及中国社会科学院发布的全球城市竞争力报告（Global Urban Competitiveness Report，GUC）。比较六份城市全球化水平报告，GaWC 发布的排名报告所涵盖的城市最为全面。为能比较全面和权威地反映我国城市国际化水平进程的代表性及完整性，凸显城市国际化发展水平，我们以 GaWC 发布的世界城市排名报告来简要分析我国城市国际化进程中的基本特点。

（一）中国城市总体数量不断增加，Beta 级城市居多

2000 年以来，中国的世界城市快速崛起，进入排名的城市数量不断增加，其中 Alpha 级城市的数量及占比稳定，Beta 级城市的数量及占比显著增加，Gamma 级城市数量和比重波动明显，高度自足城市的比重持续下降，自足城

① 刘怀宽，杨忍，薛德升. 新世纪以来中德世界城市全球化模式对比分析 [J]. 人文地理，2018（2）：50-59.

表 1-1　2000~2018 年中国城市进入到 GaWC 的城市数量与占比统计

年份		2000	2004	2008	2010	2012	2016	2018
世界城市总数		227	224	241	293	300	361	366
中国城市数	α 级	3	4	4	4	4	5	6
	β 级	1	0	1	2	2	3	13
	γ 级	1	1	1	0	1	12	6
	高度自足	0	0	0	1	5	2	2
	自足	1	2	6	7	6	11	17
中国城市数合计		6	7	12	14	18	33	44
中国城市数占比（%）		2.64	0.31	5.00	4.78	6.00	9.14	12.02

市数量不断增加。

如表 1-1 所示，从 2000 年进入 GaWC 世界城市榜单的 6 个城市增加到 2018 年的 44 个，占全部世界城市的比重相应从 2.64% 增加到 12.02%。中国拥有的世界城市总数仅次于美国（56 个世界城市）。2018 年的 44 个中国（含港澳台）的世界城市分别为 6 个第一梯队世界城市，13 个第二梯队世界城市，6 个第三梯队世界城市，19 个准世界城市，呈现较为稳固的金字塔结构。随着全球化的发展，越来越多潜在世界城市和 Gamma 级城市跃升至 Beta 级，而鲜有 Beta 级城市能够跃升至 Alpha 级，世界城市体系遂呈现出 Alpha 级城市数量稳定、Beta 级城市不断增加、Gamma 级和潜在世界城市的数量增加但比重波动的特征。

（二）中国国际化城市起步晚，主要城市国际化水平提升很快

在全球世界城市体系的总体变化趋势下，进入排名的中国城市数量显著增加，2000 年为 4 个，2018 年为 44 个。在高等级世界城市方面，北京和上海自 2008 年以来已稳定处于第一梯队前列（α+级），具备了冲击顶级全球城市的条件。中国香港和中国台北虽同处于高等级世界城市行列，但自 2000 年以来等级均未有进一步的提升。广州 2016 年首次进入第一梯队世界城市（α-级）行列。深圳 2018 年首次进入第一梯队世界城市（α-级）行列；上海、北京、广州、深圳均跃升至 Alpha 级，成都、杭州、天津、南京、武汉、重庆、苏州、大连、厦门、长沙、沈阳、青岛、济南跃升至第二梯队 Beta 级，结果表明，中国城市全球化启动虽较滞后，但后续发展迅猛，中国城市的排名上升明显，如表 1-2 所示。在更加强调"走出去"的"丝路倡议"引领下，未来我国将有更多城市实现等级跃升。

表 1-2　中国主要国际化城市在 GaWC 排名级别及排位统计

城市＼年份	2000	2004	2008	2010	2012	2016	2018
中国香港	α+（3）	α+（3）	α+（3）	α+（3）	α+（3）	α+（4）	α+（3）
北京	β+（36）	α-（22）	α-（10）	α-（12）	α+（8）	a+（6）	a+（4）
上海	α-（31）	α-（23）	α-（9）	α-（7）	α-（6）	a+（9）	a+（6）
中国台北	α-（20）	α-（25）	α-（28）	α-（43）	α-（41）	α-（36）	α（26）
广州	γ-（107）	Γ+（98）	β-（73）	β（67）	β+（50）	α-（40）	α（27）
深圳	自足（200）	自足（179）	γ（102）	β-（106）	β-（130）	β（85）	a-（55）

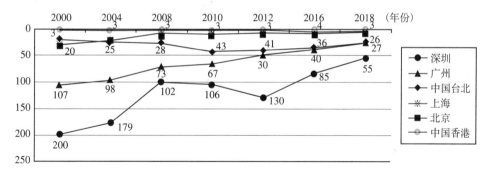

图 1-2　中国主要城市国际化进程趋势情况

（三）中国城市进入世界城市的空间分布大集聚且小分散

纵观 2000 年以来的 18 年，2012~2018 年的跨越最大，由 18 个增至 44 个，中国新增 26 个世界城市。这主要得益于一大批中国的省会城市、区域门户城市踏上或跨越门槛，进入第三梯队世界城市和准世界城市行列。这些城市除东部的苏州、济南、福州、宁波外，主要是长沙、沈阳、昆明、太原、长春、合肥、郑州、南宁、哈尔滨、乌鲁木齐等中西部和东北地区的省会城市，进入世界城市榜单的中国城市空间分布更加均匀。中国对于全球化的融入已是全域性的。中国城市分布呈现"大分散，小集聚"特征，Gamma 级以上的世界城市均分布于沿海三大城市群。其中，京津冀、长三角、珠三角城市群分别呈现"一主（京）一次（津）""一大（沪）二小（南京与杭州）""广深双核"的空间结构，三大城市群以外也涌现出青岛、厦门、大连、武汉、重庆、成都、西安等潜在世界城市，反映出全球化要素从三大城市群向沿海其他地区及中西部内陆地区扩散的趋势。在未来高等级世界城市的崛起过程中，中国城市具有较大的发展潜力。

总的来说，2000 年以来，中国大陆的世界城市快速崛起，高等级的世界城市不断增加，排名前列的北上广深基本维持稳定。一大批中西部省会城市开始进入世界城市榜单，尽管这些城市仍处于低等级世界城市或世界城市的门槛阶段，但无疑这些城市将为中国高等级世界城市的崛起奠定重要基础。可以预见，不仅是中国的新型城镇化，而且是中国城市的全球化深度参与，以及中国对于"一带一路"沿线城市的带动，将共同成为中华民族伟大复兴和建设人类命运共同体的重要基石。

三、中国城市国际化发展展望

中国目前已是世界第二大经济体，但尚处于下中等收入水平。随着中国经济的崛起，将会出现一批具有世界影响的国际性城市。在全球化的舞台上，它们会在经济、文化、政治等领域发挥重要作用。从发展趋势上来看，中国城市国际化发展呈现如下展望：

（一）中国经济持续稳定增长为中国城市国际化增加影响力

从全球综合影响力看，目前中国与美国相比，尚有很大差距，特别是在构成上严重偏向经济因素。随着中国经济增长"换挡"，增速适当减缓，其对中国全球存在指数上升的支撑将趋于减弱。这意味着中国未来全球综合影响力提升将更多地源于软实力方面的提高。目前，相比经济因素，中国的软实力是明显"短板"。然而，中国在旅游、体育、文化、教育、科学、技术、合作发展等方面，尚有很大潜力，并已逐渐显现强劲的发展势头[①]。根据国家发展规划，到 2020 年进入创新型国家行列，基本建成中国特色国家创新体系，

---

① 周振华. 全球城市：演化原理与上海 2050［M］. 上海：格致出版社，2017：10.

到 2030 年跻身创新型国家前列，发展驱动力实现根本转换，到 2050 年建成世界科技创新强国，成为世界主要科学中心和创新高地。可以预见，未来 30 年，随着中国软实力不断提升，全球综合影响力将进一步扩大，不仅可以稳居世界第二位，而且还将缩小与美国的差距。根据麦肯锡《城市世界：变化中的全球商务格局》①报告预测，2025 年在世界 500 强企业中，中国地区将达到 120 家，占 24%。跨国公司总部的不平衡分布源于这样一个事实，即只有特定的国家具有很好的禀赋并有战略能力来确保吸引跨国公司总部的竞争优势。因此，跨国公司总部数量和总部城市数量的变化，可以在一定程度上反映一个国家的竞争力水平和市场规模。无疑，这将进一步增强中国城市国际化全球存在影响力。到 2050 年，中国将成为世界最大经济体，占世界 GDP 的最大份额。仅就中国作为世界最大经济体而言，经济总量巨大规模本身也足以在世界上产生重大影响，包括对全球化进程、世界城市网络建构、全球城市演化等深远影响。

（二）中国的"一带一路"工程正在加速推进中国城市国际化进程

过去 40 多年，中国在改革开放推动下，积极参与由发达国家主导的全球化进程，并形成了高度外向型经济。当前，中国已成为 120 多个国家的第一货物贸易大国，中国经济进入新常态，外部环境发生新变化，中国自身和世界的关系也发生了深刻变化。这给我们的对外开放提出了新要求，带来了新机遇和新挑战，也提供了新的发展机会。由此，中国对外开放进入新的发展阶段，实施对外开放新战略。除了中国成为世界最大经济体和进一步扩大全球综合影响力外，更为重要的是，未来 30 年中国通过开创"一带一路"全球伟大工程，"一带一路"建设成功，它将连接亚洲、欧洲和非洲，形成全世界最大的经济走廊，覆盖 44 亿人口、经济产值达 21 万亿美元，分别占全球人口的 63% 和全球 GDP 的 29%。它可能会改变欧亚和印度洋地区的战略和经济特征，其意义不亚于全世界经济地图的革命性转变。"一带一路"跨越世界主要文明，也有望为全球一体化带来新的机会和可能性。随着"一带一路"建设的推进，不仅沿线的基础设施建设、园区开发等项目投入及其创造的就业

---

① 周振华. 全球城市：演化原理与上海 2050 ［M］. 上海：格致出版社，2017：10.

机会将是巨大的，实际上在几乎每一个领域，贸易和商业复兴的前景都是巨大的，可能对整个世界经济产生引人注目的连锁反应，给中国城市商业、工业、发展、思想、发明和文化带来新的复兴，从而奠定中国城市在全球的重要地位。

（三）中国城市人口正在迅速增长

2018 年中国人口数量将达 137441 万人，预计 2020 年中国人口数量将为 137702 万人，2036 年中国人口数量为 139349 万人。中国人口的持续增长也必将引起中国城市人口的增长。直辖市和省会城市作为地区政治和经济中心，原先常住人口规模就已在 300 万~500 万人甚至更多，市域面积也较大。按照中国现有城市人口发展的规模和速度，未来 30 年，在中国大规模、快速城市化背景下，将允许城市继续以前所未有的速度发展，中国的城市人口将从目前的格局扩大到 2025 年的 9.26 亿人，新增的城市人口 3.5 亿人超过今天整个美国的人口。经济学人智库认为中国的城镇化进程还将持续几十年，城镇化率到 2020 年将达到 61%，到 2030 年达到 67%；在绝对数量上，城镇人口到 2030 年将接近 9.4 亿人，而农村人口将降至 4.5 亿人左右。未来十年内，中国将成为一个典型的城市国家，由主要的大都市及其周边人口在 100 万规模的卫星城构成①。在此过程中，完全有可能呈现相当一批城市爆炸式增长，从而开启中国城市集中爆炸式增长态势。

（四）城市空间结构不断升级

在经济全球化的背景下，当前我国的大城市、特大城市的活力正在被激发出来。城市社会经济有了长足发展，经济总量增长较快，城市规模还在持续扩大，城市空间结构也正在不断升级变化。依据当前已经进入世界城市名单的中国各主要国际化城市，如天津、重庆、广州、杭州、南京、成都、西安等的规模扩张依然强劲，人口规模迅速增长，市辖区面积和建成区面积也明显扩大。一般来讲，这些主要城市的规模迅速扩张对其他城市具有"挤出效应"，抑制其他城市的规模扩张，但这种情况在中国并没有出现。一些非省会城市的规模同样也是如此迅速扩张，迅速发展成为大型城市。如苏州、无锡、宁波等城市也是类似情况，青岛、大连、厦门等城市规模扩展，甚至比

---

① 吴思. 2030 年的中国城市化 [J]. 中国经济报告，2014，7（1）：93-98.

其省会城市更迅速。可以说，现代信息技术的发展使我国城市居民的工作、教育、生活、购物、就医、娱乐等打破了时空限制，大大地拓宽了城市的活动空间，使城市得以延伸其各种功能的地域分布，甚至带动整个区域的发展，城市空间布局结构也呈现扩散化趋向。受我国北京、上海、深圳、广州等大都市的辐射作用，中心城市的周围逐步发展出次中心城市和边缘城市。各地中心城市产业和人口的外迁和分散，导致城市外围出现了一些新的以不同产业为主的区域城镇群体，使中心城市的功能结构得到纯化，同时也使大城市的市区和边缘地区的边界变得越来越模糊。郊区城市化进程加速，全球城市——区域新的城市形态正在逐渐形成和演进。

（五）国际化城市功能发生本质性变化

目前，我国现有的国际化城市基本上由第二产业主导转型向第三产业的城市产业发展路径，除苏州这些比较特殊的城市外，现有国际化城市都已转向以服务业为主导。其中，广州服务业占比高于第二产业 34.8%，杭州高出 19.3%，深圳高出 17.6%，南京高出 17%，西安高出 15.5%，厦门高出 12.3%，成都高出近 10%[①]。目前，这一产业结构转换趋势还在进一步增强。随着经济转向内需拉动以及出口导向发展模式的转换，创新驱动发展、经济转型升级，正在为这些城市服务经济加速发展注入新的动力。而且，现代信息技术及互联网极大地改变了人们的消费方式和社交方式，新的服务消费不断涌现，城市服务经济未来发展空间也很大。因此，我国城市国际化进程中的城市产业结构将进一步升级，综合服务功能将更加完善。

总的来说，面对我国一大批城市国际化水平的不断提升局面，我国一方面应统筹规划国际化城市，在国家层面编制相关规划，找准城市定位，突出城市特色，对接世界城市网络，提出符合我国国情的城市国际化战略和目标，避免城市间的"国际化"竞争；另一方面应针对不同类型的国际化城市，制定不同的财政、税收、土地等扶持政策，有序推进城市国际化。通过这些措施，力求实现我国城市国际化的健康发展，真正构建分工合理、富有活力、具有国际竞争力的城市体系。

---

① 周振华. 全球城市：演化原理与上海 2050 [M]. 上海，格致出版社，2017：10.

第二章
世界主要国际化城市的成长道路

在全球城市体系，每一座国际化的世界名城，都有鲜明的个性和特色、都有独特的地位和作用。世界城市都是经过较长的历史发展起来的，无论是伦敦、巴黎，抑或是纽约、东京、中国香港，为杭州的城市国际化提供了很多值得学习的经验。全球城市伦敦、纽约，世界城市香港和新加坡，日内瓦的宜居和会展、罗马的人文和旅游、西雅图的技术创新和新兴产业，如何做到这样的"专精特"，也是杭州需要研究、借鉴和学习的。鉴于研究资源有限以及杭州城市国际化的需要，本章以伦敦、纽约、西雅图、深圳四个城市为例进行探究。

第一节　伦敦全球性国际化城市成长道路

伦敦（London）是大不列颠及北爱尔兰联合王国首都，欧洲第一大城和最大经济中心。两千多年前，罗马人建立了这座城市。几百年来，伦敦一直在世界上保持着巨大的影响力。19世纪初到20世纪，作为世界性帝国——大英帝国的首都，伦敦因在政治、经济、文化、科技等领域上的卓越成就，而成为世界上最大的城市。因此，探究世界上最大的城市其国际化特点有助于了解其成长特点及发展经验。

一、伦敦城市国际化发展基本现状

（一）伦敦城市的基本概况

伦敦（London）是英国的首都，也是英国最著名的城市。从地理位置的分布来看，伦敦位于英格兰东南部的平原上，跨泰晤士河下游两岸，距河口88千米，泰晤士河贯穿其中。大伦敦面积约1577平方千米，伦敦市区面积约310平方千米。从气候条件来看，伦敦受北大西洋暖流和西风影响，属温带海洋性气候，四季温差小，夏季凉爽，冬季温暖，空气湿润，多雨雾，秋冬尤甚。伦敦夏季的气温在18℃左右，有时也会达到30℃或更高。在春季和秋季，气温则维持在15℃左右。而在冬季，气温波动在6℃左右[①]。

伦敦历史悠久，从50年左右罗马人建城开始至今有2000多年。16世纪后，随着英国资本主义的兴起，伦敦的规模迅速扩大。1500年，伦敦的人口不过5万，1600年人口增至20万，1700年增至70万，18~19世纪，伦敦已成为世界上最大的金融和贸易中心。1900年，伦敦的人口增加到了200万。到了20世纪60年代，伦敦的人口已达到800多万。伦敦市的人口变动情况总体上呈现出"人口向心聚集—郊区化引发人口外流—中心城复兴带来人口的再度回流—人口趋向稳定"四个明显的阶段性特征，这与伦敦城市的城镇化发展趋势相顺应。

伦敦具有悠久的历史名城，人文气息浓厚，城市文明具有包容性和多元化的特征，其文明的形成融汇并汲取了多种文明的精髓，同时又能保持自己固有的文化特色。如伦敦的红色双层公交车、皇家马队等。据2016年人口普查，伦敦是英国民族多样性最高的城市，伦敦人口的组成十分具有多样性，外来人口占伦敦城市人口的1/4以上；大约有82%为白人，10%是亚裔，5%为黑人后裔，3%为混血人种。其中大约2%是华人。58.2%的人口信奉基督教，15.8%的人口无宗教信仰。大约有21.8%的伦敦居民出生在欧盟以外地区[②]。

---

① Home-London. Office for National Statistics，2018-02-18.

② Metropolitan Area Populations. European Statistic Bureau，2018-02-18.

（二）伦敦在全球城市中的地位背景

伦敦是大不列颠及北爱尔兰联合王国首都，世界第一大金融中心，与纽约和中国香港并称为"纽伦港"。伦敦是英国的政治、经济、文化、金融中心，是全世界博物馆和图书馆数量最多的城市。伦敦是一座全球领先的世界级城市，是全球最富裕、经济最发达、商业最繁荣、生活水平最高的城市之一，在政治、经济、文化、教育、科技、金融、商业、体育、传媒、时尚等各方面影响着全世界，是全球化的典范。有 19 家世界 500 强总部和 7 座世界排名前 100 的大学位于伦敦。2018 年伦敦地区生产总值已达到 6532 亿美元。伦敦是世界第一大金融中心，控制着全世界 45% 的外汇交易和黄金、白银、原油等大宗商品定价权，也是全球最大的银行、保险、期货和航运中心。伦敦平均每日的外汇交易额高达 2.7 万亿美元，为世界第一，居民财富总额位居世界第二。2018 年，伦敦在世界城市综合实力排行榜中连续第七年位居世界第一。2018 年，"科尔尼全球城市指数"排名发布，伦敦位列世界第二。2018 年 11 月，伦敦被 GaWC 评为 Alpha++ 级世界一线城市第 1 名。 在福布斯全球城市影响力排行榜上，伦敦是全世界最具影响力的城市。

（三）伦敦城市的空间布局

伦敦城一直是伦敦老牌的中央商务区，但是伦敦政府对历史悠久的老城区采取了保护和限制开发的策略，因此，在这样的背景下，伦敦形成了以泰晤士河码头区城市更新为代表的新城市化中心区，并逐渐成为伦敦第二个中央商务区——金丝雀中心商务区。伦敦出现城市中心、内城区、郊外新兴商务区的现代服务业集群多点发展的新模式。另外，伦敦市政府通过行政手段限制市内新工厂的建设、围绕市区建绿化带、外圈扩建城市，形成围绕中心城区的"环状路网+绿化带+卫星城"典型模式。其生产性服务业具有明显等级体系和功能定位，空间分布呈现"多极化、等级化、功能化"的特征，城市中心主要承担高级商业服务，国际化信息化程度较高，内城区和郊外的新兴商务区则主要面向国内或当地制造业，同时接受来自城市中心区的高等级产业辐射。

泰晤士河穿过伦敦，将城市划分为南、北两部分。自罗马人定居于此后，河上逐渐建起了一座座的桥梁，而其中最著名的就是伦敦塔桥。截至 2016

年，大伦敦都会区被划分为伦敦市和周围的 32 个自治市。大伦敦都会区又可划分为伦敦城、西伦敦、东伦敦和南伦敦四个区域。伦敦城是金融资本和贸易中心，西伦敦是英国王宫、首相官邸、议会和政府各部所在地，东伦敦是工业区和工人住宅区，而南伦敦则是工商业和住宅混合区。

二、伦敦城市发展的历程

在有史记载的 2000 多年发展进程中，伦敦经历了瘟疫、火灾、内战、空袭和外敌入侵，逐步成长为世界上最重要的金融和文化中心之一。伦敦建设城市比较早，并且在 16 世纪初就已经成为英格兰最大的城市。在之后国内制度的完善，技术的进步以及对外贸易和殖民地的经营使英国国力世界称霸，伦敦也因此成为国际大都市，其基本的发展路径及经历过的大事件可以用图 2-1 表示。

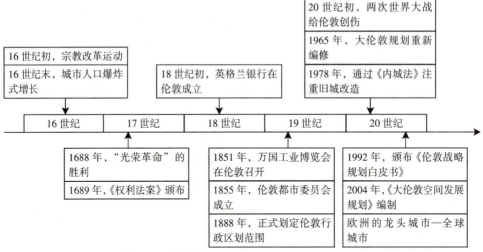

图 2-1 伦敦城市国际化发展主要经历的大事件

资料来源：李清娟，兰斓. 全球城市：服务经济与国际化——伦敦、纽约与上海比较研究 [M]. 上海：同济大学出版社，2017：12.

伦敦城市的关键发展可以大致分为以下几个阶段：

第一阶段，在 18~19 世纪期间。伦敦城市急速发展，随着工业革命和商业繁荣，伦敦的人口也不断增加。可以说，伦敦的发展历程是英国工业化、都市化和现代化的缩影，没有英国的工业化，就没有伦敦的现代化。都市化是工业文明的产物，也是工业化发展到一定阶段的必然趋势。产业革命极大地解放了生产力，使英国从 1750 年到 1850 年仅仅 100 年的时间里完成了从农业社会向工业社会的过渡，成为世界第一个完成工业化的国家。大批剩余劳动力加入产业工人大军，涌向城市地区，加速了伦敦都市化的进程。19 世纪初，铁路的兴起，大大加速了伦敦周围地区的城市化进程，城市建设范围得到很大发展。19 世纪初，英国人口约 3000 万人，而伦敦当时的人口已达百万人。

第二阶段，20 世纪初至第二次世界大战结束阶段。到 20 世纪 30 年代，伦敦人口已经有 660 万，是全世界最大的都市之一。随着伦敦城市的扩张和发展不断前行。城墙被拆除，人口大量涌入，人口密度不断提高，迫使城市不断向外扩张，占用郊区土地。1937 年，为解决伦敦人口问题，英国政府专门成立巴罗委员会，该委员会所撰写的《巴罗报告》指出，伦敦地区工业与人口不断集聚，是由于具有活力的工业所起的吸引作用，并认为在当时条件下，集中的弊端远大于有利因素，提出了疏散伦敦中心地区工业和人口的建议。1943 年的大伦敦规划基本奠定了伦敦近代乃至当代的主要城市结构，该规划方案体现了"城镇群"的概念。在半径约 48 千米的范围内，由内向外分为四层地域圈：内圈、近郊圈、绿带圈、外圈①。在伦敦城市的这一阶段的发展过程中，因第一次世界大战和第二次世界大战，伦敦也未能幸免于难，两次世界大战给伦敦造成了严重的破坏，其中在第二次世界大战期间受到的破坏仍然有部分可以在伦敦看到。尤其是在第二次世界大战的 20 世纪 40 年代初，纳粹德国空军飞机对包括伦敦在内的英国城市进行了密集轰炸，造成了财产和人命方面的严重损失。

第三阶段，第二次世界大战结束至 20 世纪 70 年代。第二次世界大战结束后，伦敦的发展开始进入强盛发展阶段。伦敦的城市定位是：巩固和加强伦敦作为国际商业、金融及贸易中心的地位，突出它的历史文化都市的风格，

---

① 周铭. 伦敦、巴黎近代城市发展历程比较探析 [C]. //中国城市规划学会. 规划创新——2010 中国城市规划年会论文集 [M]. 重庆：重庆出版社，2010.

使其成为国际性的旅游、观光、消费、休闲城市。英国是一个自由市场竞争的国度，但政府对城市发展的宏观管理和政策指导还是相当严格的，不允许出现各自为政的局面。政府通过各种法律、法规管理城市，对诸如城市建筑的高度、汽车尾气的排放、公共绿地的比例、商业网点的布局、公共交通的线路设置，都有严格规定。由于伦敦人口的急剧膨胀，权威人士提议并计划在距离伦敦城 20~30 英里的周边地区建立卫星城并吸引熟练工人从伦敦来到卫星城工作，从而减轻伦敦城市人口过多的压力。从 20 世纪 50 年代开始，伦敦进入繁荣时代，汽车和飞机制造业发展得很快。码头也非常繁忙，从业人员已经达到 30000 人。

第四阶段，20 世纪 70 年代以后。从 70 年代开始，因大英帝国的逐渐瓦解而受到影响。为了适应新的发展需要，同时针对大伦敦规划实施中的一些问题，英国政府制订了《大伦敦发展规划》来指导伦敦的城市建设。它改变了伦敦同心圆的城市发展模式，让城市沿着三条主要快速交通干线向外扩张，形成三条长廊地带，在长廊的终端分别建设了三座城市，进行反吸引。以此来解决伦敦及周围地区经济、人口和城市的合理均衡发展的问题。这个时期正值世界经济衰退期，在建设当中，逐步调整为重视内城的发展，强调保持伦敦城市中心的强大与活力。此后，在 20 世纪 70 年代编制的《东南部研究》，从一个更大的区域范围（伦敦的东南部，包括伦敦及其周围地区）对伦敦城市结构进行调整和规划，主要是协调区域人口和就业的分布[1]。在伦敦这一发展时期，严格限制中心城区的扩张，在中心城区外围地带建设新城市化中心。伦敦中心城区的发展以保护城市中心历史风格为重点，抑制西敏寺区等中心城区的扩张，制定了"限制性分区"政策，将主要公共活动严格限制在市中心区域，对古城和居住区采取严格保护。在保护中心区的同时，为了进一步适应商务发展的膨胀需求，在荒芜的东部地区建设了新的城市副中心道克兰区，道克兰区位于伦敦的东部，面积约为 20 平方千米。道克兰区的功能定位为：中心区域以商务办公为主，集休闲娱乐和居住为一体。城市副中心的形成缓解了城市中心区开发的压力，为城市经济结构的转型和国际竞争力的提

---

① 陈飞燕，陆萍. 国际化大都市中心城区的发展及其对上海的启示 [J]. 城市桥梁与防洪，2009 (9).

升创造了空间[1]。

三、伦敦城市国际化发展特征

城市的发展就是城市系统的整体发展，包括了产业经济、人文、教育、科技等多方面的内容。作为全球城市的伦敦，它们的行业体系十分发达，触角可以伸向世界各地，包括金融领域的行业，如银行业、证券业、保险业，以及法律服务业、会展业、旅游业、博物馆业、时装业，等等，可以说，各行各业都可以看到这些伦敦全球城市的标签。

(一) 以服务经济占比高的经济产业结构发展模式

英国的服务业占英国产出的 75%，而伦敦为英国贡献了 10% 的生产总值，是英国经济发展的动力。主要服务部门包括时尚产业、科技产业、私人护理产业、保险业、金融业、电子产业、媒体产业、数字产业、旅游业等。同时，伦敦服务经济包罗万象，从以企业为主发挥职能的社会服务，如物流、金融、邮政、电信、运输、旅游、体育、商贸、餐饮、物业、信息、文化等行业服务，到以政府事业单位等为主发挥职能的公共服务，如教育、医疗卫生、人口和计划生育、社会保障等[2]。

1. 历史悠久的伦敦金融服务业

伦敦服务经济离不开其作为国际金融中心这一重要角色。伦敦金融中心形成的起源可以追溯到 500 年以前，20 世纪 100 多年的时间里伦敦"凤凰涅槃"般地迅速成长为全球最有影响力的金融中心。虽然伦敦的金融服务业经常被指责是一个贪婪的巨型赌场，并引发了经济危机和经济衰退，但不可否认的是，伦敦国际金融中心在全球经济发展中起到了至关重要的作用。伦敦金融中心出现的"温布尔顿"现象、伦敦制造业的衰退等不同历史时期出现的问题是各界讨论的热点。伦敦的金融服务业在全球市场的地位可以用全球

---

[1] 陈飞燕，陆萍. 国际化大都市中心城区的发展及其对上海的启示 [J]. 城市桥梁与防洪，2009 (9).

[2] 李清娟，兰澜. 全球城市：服务经济与国际化——伦敦、纽约与上海比较研究 [M]. 上海：同济大学出版社，2017：12.

金融中心指数（Global Financial Centers Inder，GFCI）[①] 来反映，它是全球各金融中心竞争力的排名。从表 2-1 可以看出，全球四大金融中心——伦敦、纽约、新加坡和中国香港，始终保持了稳固的地位，上海排名全球第 5，北京排第 8。

表 2-1　第 23、24 期全球金融中心指数前 10 名排名统计

城市	GFCI24		GFCI23		较上期变化	
	排名	得分	排名	得分	排名	得分
纽约	1	788	2	793	增1	减5
伦敦	2	786	1	794	减1	减8
中国香港	3	783	3	781	0	增2
新加坡	4	769	4	765	0	增4
上海	5	766	6	741	增1	增25
东京	6	746	5	749	减1	减3
悉尼	7	734	9	724	增2	增10
北京	8	733	—	721	增3	增12
苏黎世	9	732	—	713	增7	增19
法兰克福	10	730	—	708	增10	增22

资料来源：http：//finance.ifeng.com/a/20180917/16510823_0.shtml.

2. 繁荣的创意产业

英国的文化创意产业在国际上具有标杆作用。英国是世界上最早提出创意理念的国家，也是第一个利用公共政策推动文化创意产业发展的国家。在伦敦经济中，创意产业是仅次于金融服务业的第二大产业[②]。创意产业也是伦敦经济增长最快的几个产业之一，调查显示，创意产业中诸如数码、音乐、设计和时尚等部门的增速将远远地超过产业平均增速。伦敦的创意产业最集

[①] 2007 年 3 月，英国伦敦 Z/Yen 集团发布了第一期全球金融中心指数（GFCI1），该指数持续对全球主要金融中心进行竞争力评估和排名。2016 年 7 月，中国（深圳）综合开发研究院（CDI）与伦敦 Z/Yen 集团建立了战略伙伴关系，共同开展金融中心研究，继续合作编制全球金融中心指数。全球金融中心指数分别于每年 3 月和 9 月更新一次，持续受到全球金融界的广泛关注。该指数为政策研究和投资决策提供了宝贵的参考依据。

[②] 李清娟，兰澜. 全球城市：服务经济与国际化——伦敦、纽约与上海比较研究 [M]. 上海：同济大学出版社，2017：12.

中体现在三个方面：一是丰富多彩的节庆活动。伦敦的节庆创意经济的飞速发展也得益于其丰富的基础设施，如世界著名的教育和文化机构，和它作为世界上最多样化的城市之一的地位。在伦敦，创意产业的艺术基础设施占了全国的40％，集中了全国90%的音乐活动和70%的影视活动。二是众星云集的时尚产业。英国伦敦的音乐产业，占全球音乐产业的15%，音乐销售市场位列世界第三，出口的净收益高于传统占主要优势的钢铁工业。三是伦敦拥有在整个欧洲最大的媒体产业之一。英国各大媒体组织都将总部设在伦敦金融城。在伦敦工作的所有人中，有1/5以各种方式参与到媒体产业中来，使这个充满活力的行业日渐繁荣。

3. 伦敦的旅游商业服务

伦敦早已被视为通往英国的国际门户，它不仅是一个国际性都市，而且是一座不排外的城市，这一点毫无疑问。伦敦同样也是世界其他城市的基准和竞争对手。有59%的海外游客通过伦敦的某个机场进入英国。有一半以上（56%）来英国的海外游客将时间花费在伦敦，45%的海外游客只到访伦敦[1]。许多乘坐火车、汽车和轮船到英国的游客也把首都伦敦作为他们的首选目的地。因此，伦敦在全球旅游市场上的成功对英国旅游经济具有重大的影响。伦敦的旅游业在增长，据伦敦计划草案的预测，住宿和餐饮业提供的就业机会仅次于金融和商务服务业。

（二）多元化的文化交汇之城

在有史记载的2000多年发展进程中，伦敦经历了瘟疫、火灾、内战、空袭和外敌入侵，逐步成长为世界上最重要的金融和文化中心之一。从历史上看，英国在成为"日不落"帝国的对外殖民过程中，19世纪向外移民的规模不亚于20世纪向内移民的数量。据统计，向北美和澳大利亚的移民，1871~1980年为157万人，1881~1990年为238.8万人，1891~1900年为146万人，1901~1910年为231.6万人，1911~1914年为130.1万人[2]。这与19世纪后期

---

①② 李清娟，兰斓. 全球城市：服务经济与国际化——伦敦、纽约与上海比较研究 [M]. 上海：同济大学出版社，2017：12.

以来流向伦敦的移民规模相比，可谓有过之而无不及。这种人口的双向流动，形成了伦敦以至于英国国民性格的全球性和开放性，由此形成了多元化的语言文化交汇之城。据统计，在伦敦可以听到300多种语言，意味着每天有各种文化背景的人生活在伦敦。伦敦的多元化和开放性不仅吸引了各行业的精英来此寻求更好的职业前景，还吸引着世界各地的游客徜徉其中，流连忘返。

多元文化和世界文明遗产如磁石般吸引着全球来客。从20世纪80年代开始，对于移民和种族关系问题的处理从偏重政治转向了注重文化，这种转变有助于消除种族隔阂，创造新的文化。20世纪90年代，约翰·梅杰（John Major）首相执政时期倡导"轻松自在"的生活方式，多元文化融合逐步成为社会主流。研究表明，1998~2005年移民对伦敦GDP贡献了3%。伦敦多元文化的交汇和包容性吸引着世界各地的游客，旅游业已成为英国外汇收入的重要来源，是英国化工和金融服务之后的第三大出口产业，每年3000多万海外游客消费180亿英镑，贡献30亿英镑的财政收入。包括国内旅游在内的旅游业每年可带来1150亿英镑收入和260万人就业，旅游业收入大约占英国经济总量的25.5%，其中伦敦的旅游业收入占全国旅游业收入的52%左右。位于牛津附近的比斯特购物村比上海赵巷和日本箱根的奥特莱斯规模要小很多，但几乎成为来自世界各地游客的必游之地，生意相当火爆。同时，英国大学每年吸引44.5万名国际留学生，目前有超过9万名中国学生在英国留学，中国学生数量约占留学生数量的1/5。全球金融危机对旅游业几乎没有影响，英国旅游业成为增长最快的产业。

移民文化构成独特的集市商业街。在上海，对于年轻人来说，"集市"似乎已经是个很遥远甚至落后的商业形式了。近几年，圣诞集市、手工集市等在外国人的带动下成为一种时尚。在伦敦，却有超过350多个集市分散在城市的各个角落，上规模的集市也有七八十个。集市中上演着多元文化融合的"纪录片"，世界各地的特色都呈现在游客的眼前。逛伦敦集市买到的不是旅游纪念品，不是全球奢侈品，而是真正有生命力的东西，它们凝聚了时间、故事和心意。其中尤以科芬园（Covent Garden）、博罗市场（Borough Market）、波多贝罗路集市（Portobello Road Market）和格林威治集市（CGreenwich Market）名气最响。另外，每年圣诞期间在泰晤士河岸的"冰上集市"（发端于河面冰层上，后因气温回升迁到了泰晤士河岸）的狗拉雪橇、冰雕、圣诞小饰品等平添了几分节日气氛，三天的开市时间吸引近 15 万游客光顾。伦敦最显著的特征之一就是这个国度的开放性，各色人等杂居于此，但成熟的城市管理体系使来者不逾矩，令他们很快就融入了当地的生活节奏中。

除了金融、零售商贸、创意产业等新兴产业外，还有一些显示出发展潜力的"冷门"产业。以私人护理业为例，该部门在 2009 年实现产值 290 亿英镑。目前英国政府在健康上的预期支出超过了 1700 亿英镑，健康需求的增长和公共部门供给存在不平衡，健康护理成本的增长正在超过整体经济的增长。一份 2010 年由经济合作与发展组织公布的报告中指出，全英国的理疗师数量增长了约 35%（由平均每千人 2 名理疗师增长到 2.7 名），护理人员同期增长了 11%。这也意味着人们将要为从前免费享受的服务付费①。

四、伦敦城市发展的经验

（一）伦敦都市圈的规划战略引领伦敦迈向全球化城市

伦敦几十年来的城市化演变颇具特色，走的是一条"以城带乡"的发展之路，伦敦都市圈的发展由封闭到放射，最后形成圈域型城市群结构，前后历经了 60 余年。

近 60 余年来，伦敦都市圈的战略规划具有规划体系合理、交通体系完备、功能体系健全等特点②。主要表现在四个方面：

其一，四个"同心圆"的城市规划设计奠定了伦敦都市圈发展基础。伦敦都市圈的雏形最早起源于"巴罗委员会"规划的四个同心圈设计。它以伦敦—利物浦为轴线，涵盖了伦敦、伯明翰、谢菲尔德、曼彻斯特、利物浦等大城市及周边中小城镇，占地约 4.5 万平方千米，占英国的 18.4%；人口 3650 万；经济总量达英国的 80% 左右。伴随着伦敦城市集群化的不断推进，以伦敦为圆心，辐射带动周边城市及小城镇发展，使得伦敦都市圈不仅是世界经济、金融、贸易中心，同时也成为高新科技中心、国际文化艺术交流中心和国际信息传播中心。

---

①② 资料来源：伦敦经济规划网，http://www.uncsbrp.org/finance.htm。

其二，具有特色的"反磁力吸引"体系有效吸引了工业和人口集聚。在20世纪五六十年代，政府在离伦敦市中心50千米的半径内建设了八座新城（卫星城），而后以伦敦为起点，沿主要快速交通干线向外扩展，开始在区域范围内构建"反磁力吸引"体系，"反磁力吸引"功能的区域和城市开始千方百计地引进工业，配有完善的基本生活服务设施，并为迁移居民提供各种工作岗位，有效发挥了大城市过剩人口疏散点的作用，同时在自身特色产业的基础之上也成为该区域的经济发展中心。

其三，准确的产业定位与协作体系形成了多中心产业网络格局。经历了几个世纪的发展，伦敦由一个工业中心逐渐演变成世界金融和贸易中心，政府首先开始实施"创意伦敦"的概念运作，现代化的伦敦不仅是全球的政治经济中心，同时还被誉为"国际设计之都"，随着创意产业的高速发展，其将超过金融服务业而成为最大的产业部门。在"反磁力吸引体系"的布局上，伦敦沿交通干线发展城镇带，充分发挥了中心城市的辐射作用，把新建工业分散至各卫星城中，并为其经济、文化发展提供各种条件，促进它们专业化的分工协作，使它们成为有主导产业的各个副中心。

其四，制度健全的环境保护战略促使伦敦成为最宜居城市。伦敦一度被称为"雾都"，但随着一系列环境政策的出台和制度体系的日渐完备，今日的伦敦已成为最适合人类居住的城市之一。目前，为了进一步加强大伦敦地区的城市环境保护，政府在净化空气质量、处理废弃物、控制交通和环境噪声以及治理水污染等方面提出了更高、更细的要求。一是采取多种措施净化空气质量。二是回收利用、填埋和焚烧等多种方式处理废弃物。三是控制环境噪声污染。伦敦市政府确定了环境噪声战略方案，包括提高伦敦公路路面质量，取消夜间航行，更好地规划设计新住宅等。四是治理水污染。从19世纪中叶起，为拯救泰晤士河，英国历届政府采取了各种措施和方式来治理水污染。

（二）制定了国际上产业架构最完整的伦敦创意城市发展策略

以知识经济为主导的新经济、以网络和数字化为主的信息通信技术乃至消费结构的转变推动了创意产业的崛起。伦敦是第一个提出发展创意产业的国际化都市，"创意伦敦"概念在这种背景下应运而生，伦敦成为全球创意中心。伦敦市政府制定了目前国际上产业架构最完整的文化产业政策。不仅从理论上对创意产业进行了完整的研究和论证，提出定义和范畴，而且从资金上、政策上给予创意产业大力扶持。一是政策扶持。从 2000 年起，伦敦发展局推出和实施一系列促进伦敦的创意产业发展的方案和项目。早期政策主要集中在支持和鼓励关键创意产业的文化产业链，从思想创新、生产、传播、交付机制到消费。2002 年下半年和 2003 年早期，创意产业市长委员会提出和实施了更多的政策方案，促进和激励这一新产业的增长。通过创意产业的组织管理与战略规划、专业人才培养与创新氛围营造等发展策略，乃至产业资金支持网络及知识产权保护体制等优势，共同提升了区域创意能力，促进了创意经济的稳步发展。二是鼓励中小企业的创新活动。部分文化创意企业在发展初期面临规模小、资金短缺等问题，伦敦发展局利用官方资金和民间投资创建各种形式的创业基金，发掘和扶持具有潜力的个人和企业，为其提供发展所需资金。建立各种信息通道，使投资者了解到创意产业，也使创意产业者明白各种资金的来源，从而更好地进行选择。三是政府积极营造城市创意文化氛围。伦敦政府大力扶持创意产业集聚区的发展，将文化创意产业与城市复兴相融合。伦敦的创意产业集聚区演化成一个更大的"区域"环境，除了扶持创意产业集聚区，伦敦非常重视本土居民创意感知和城市创意文化氛围的营造。伦敦市政府将创意产业与休闲娱乐、商业开发、居住与旅游目的地等综合链接起来，互动发展，注重社区活力的再造和打造节日品牌。

　　除了政府层面的支持外，伦敦创意产业的发展还得益于以下几点：一是拥有丰富的文化物质资产。伦敦拥有四项世界遗产，其他历史遗迹数高达18901 处。此外，伦敦还拥有 11 家国家级博物馆和 162 家其他级别的博物馆。二是消费结构转变。随着休闲时间的不断增多和可支配收入的不断提高，伦敦人对休闲产品与服务的需求也在不断增加。以服务业持续增长为标志和以知识经济为主导的新经济的到来，以及消费结构的转变构成了创意产业崛起的经济背景。三是城市居民多样化，致力于国际化消费视野。多样化的人口和民族多样化带来的文化多样性也是伦敦的一个优势。伦敦市政府充分认识到多样性的价值，对"差异"态度显得更自由和包容。

（三）伦敦现代城市交通体系的建构，是伦敦完成国际化城市的重要步骤

　　伦敦通过近百年在城市交通体系上的规划和实践，伦敦城市圈已经形成非常完善的现代交通体系。伦敦在现代城市交通体系建设中的经验：一是交通体系呈现立体式的建构，主次分明，既符合伦敦城市发展的自然形态，也符合伦敦城市交通发展的内在逻辑。二是交通体系的建构是采用最先进的技术手段。在城市道路、城市桥梁的建设，地铁隧道的开挖，交通工具的革新等方面，伦敦都走在世界的前列。三是伦敦现代城市交通建构了市中心与郊区之间的发展，使伦敦城市中心与郊区形成一种共生的格局。四是伦敦现代城市交通体系具有"公共福利"特征。伦敦市政府通过采用立法的手段，降低乘客的费用，从而使城市交通具有明显的公共产品性质。

第二节 纽约城市国际化发展道路

纽约市（New York City，NYC）位于美国纽约州东南部大西洋沿岸，是美国第一大城市及第一大港口，纽约都市圈为世界第一大城市。纽约依托美国第二次世界大战后在全球经济地位的迅速攀升谋取了全球城市霸主地位，21世纪以来，纽约在全球商业和金融方面也发挥着巨大的影响力。因此，探究纽约城市的国际化成长经历对杭州城市国际化也有借鉴意义。

一、纽约城市国际化发展的基本概况

（一）纽约城市的基本概况

纽约是纽约都会区的核心，也是美国最大城市。为了与其所在的纽约州相区分，被称为纽约市。纽约位于美国东海岸的东北部，是美国人口最多的城市，也是个多族裔聚居的多元化城市。纽约市大部分的土地遭人为变动过，从荷兰统治时期开始就有大量的填海造地工程，特别是在曼哈顿下城，如20世纪七八十年代的炮台公园城市计划。在气候条件方面，纽约市属于北温带，四季分明，雨水充沛，气候宜人。夏季平均温度为23℃，冬季平均温度为1℃。

纽约是全美人口最多的城市，也是个多族裔聚居的城市，拥有来自97个国家和地区的移民，截至 2018 年，纽约市人口约为 851 万。其中包括西裔在内的白人约占 67.9%、非裔占 15.9%、亚裔占 5.5%。报道称①，到 2018 年 7 月，纽约市人口同比下降 0.47%，降至 840 万人。纽约城市规划局的官员们说，在过去十年里，受年轻新居民推动的该市人口强劲增长似乎已开始不可避免地放缓。总体上看，从 2010 年到 2018 年，纽约五大区的居民人数增长了 2.7%。

(二) 纽约在全球城市中的地位背景

如果说国际大都市是一座城市的最高赞誉，那么纽约则是国际大都市的"定义者"，是各大城市全球化的标杆加典范。纽约是美国的经济中心，也是世界的经济中心，曼哈顿下城和华尔街更是被誉为世界的金融中心，在纽约证券交易所上市公司达 2800 家，总市值达到了 15 万亿美元。这里的一举一动都影响着美国的金融市场和金融机构。在世界 500 强企业中，有 73 家企业位于纽约。曼哈顿中城是世界上最大的 CBD 及摩天大楼集中地，曼哈顿下城是全美第三大的 CBD（仅次于芝加哥）。自 2013 年纽约 GDP 超越东京，现位居世界第一。人均 GDP13.88 万美元，居世界城市第一名。然而纽约的影响力不只是在金融方面，其影响力还覆盖美国的政治、媒体、文化、娱乐以及时尚界。在媒体方面，世界各大媒体的演播室和新闻中心都聚集在纽约时报广场，他们在报道有关美国的新闻时都喜欢把镜头切到时报广场演播室，以繁华的景色为背景，也削弱一定的政治化。在文化艺术方面，纽约拥有众多的博物馆、美术馆、图书馆、科学研究机构和艺术中心，百老汇在舞台剧和格局中的地位不用多说。而在时尚方面，纽约更是"风向标"般的存在，各种顶级的奢侈品和品牌的旗舰店坐落在第五大道，个性化的潮店、古装店更是不计其数。

纽约有 18 家（2017）世界 500 强总部和 3 座世界排名前 100 的大学位于纽约（哥伦比亚大学、纽约大学、洛克菲勒大学）。2018 年纽约地区生产总值已达到 9007 亿美元②（2018 年）。纽约是世界第一大经济金融中心，是世界

---

① https://baijiahao.baidu.com/s? id=1631303015777672437&wfr=spider&for=pc.
② https://www.souid.com/archives/p42357.html.

上最大的资本市场，尤其是以股票市场闻名。2018 年，纽约在世界城市综合实力排行榜中连续第七年位居世界第二①。纽约在降低法人税和创业环境等方面受到高度评价，与排在第 3 位的东京之间的分数差由 2017 年的 33.8 分扩大到了 103.3 分。2018 年，"科尔尼全球城市指数"排名发布，纽约位列世界第一，伦敦位居第二，巴黎位居第三。2018 年 11 月，纽约被 GaWC 评为 Alpha++ 级世界一线城市第 2 名。在福布斯全球城市影响力排行榜上，全世界最具影响力的城市排名第二。

（三）纽约城市的空间布局

纽约是世界上最重要的商业和金融中心之一，对全球政治、经济、文化、教育、传媒等有直接而重要的影响②。纽约都市圈是由包括纽约市 5 个区及其周边 18 个县所组成的一个社会经济区域，区域范围涉及美国宾夕法尼亚州、康涅狄格州、新泽西州和纽约四个联邦州，其核心是纽约市（纽约市面积仅占都会区面积的 3.52%）。纽约大都市地区的土地利用类型分为 11 种。大体上呈现出同心圈层结构，从中心区的曼哈顿向四周，土地利用类型从商业用地渐变为居住用地和林地。受区位影响，以船运为主工业企业集中分布在滨水港口地区。就空间位置而言，曼哈顿岛承载了纽约市的大部分金融商务功能，是纽约市的 CBD 所在地，其他四个区主要以居住为主，间杂着一些商业小区。工业和交通用地主要分布在滨水沿岸地区。此外，在纽约市区还分布一些以中央公园为代表的休闲娱乐用地。

二、纽约城市发展的历程

纽约自 1686 年建市以来，在短短 300 年时间里，发展成一座拥有 800 多万人的国际大都市。其基本的发展路径及经历过的大事件如下：

第一阶段，1492~1890 年。1492 年，哥伦布发现美洲大陆后，欧洲各国殖民者纷纷涌来建立殖民贸易点，这里逐渐形成自由港，这就是纽约的前身。

---

① http://www.jinciwei.cn/l461293.html.
② 王剑，薛娟，孙智勇. 世界城市功能区空间结构演变浅析——以纽约、东京、伦敦为例 [J]. 北京财贸职业学院学报，2011（6）：22-27.

1664 年，爆发英荷之战荷兰人自知无力与之抗争，英国取得"新阿姆斯特丹"的领土，命名为"纽约"（New York），成为英国的殖民地。1776 年底，美利坚合众国独立，1781 年英美双方签订《巴黎和约》，英国承认美国独立，划分密西西比河以东的土地给美国。1783 年撤离日英国从纽约撤出（纽约也是英国最后一个撤离的港口）。1785 年，邦联会议将纽约定为美国首都，也是美国宪法下的第一个美国首都。1789 年，美国第一任总统乔治·华盛顿在华尔街联邦厅宣誓就职。在同一地点还召集了美国第一届国会和最高法院，起草了《美国权利法案》。1790 年，纽约超越费城成为美国第一大城市①。

第二阶段，第一次世界大战前后（1898~1929 年）——发展的黄金阶段。根据经济地理学界首肯的"中心地学说"，区域经济发展到一定程度势必产生规模不等的城市，其中必然有居首要地位的城市，也就是首位性城市；由于经济规律的作用，这些城市将成比例发展，均匀分布。纽约的兴起是符合这一论断。也可以说占尽天时地利人和的纽约，必然成为北美经济发展的中心、全国的首位性城市。19 世纪中叶以纽约为主干的东北部经济核心区的形成，和交通的革命为中西部的兴起和其他地区的开发准备了条件，对于现代美国区域经济结构的形成起到了某种催化作用，这也是 19 世纪后期美国经济得以高速发展的原因之一。这一核心区形成后曾有部分调整，但无大的波动，一直持续到今，显然有其符合经济规律的合理因素。

第三阶段，第二次世界大战时期（1929~1945 年）——曲折中前进。1929~1933 年，美国经历了人类历史上空前严重的经济和政治危机。1933 年 3 月，富兰克林·罗斯福上台执政，实行新政。通过强化国家全面干预金融财政、工业、农业、公共工程、社会保障等领域，缓解了经济危机的严重恶果，保护了劳动生产力，避免了美国走上法西斯主义的道路，并为美国在第二次世界大战中的胜利准备了物质条件。罗斯福新政的改良措施是有利于现代化发展的进步改革举措，它的全面强化国家干预政策使垄断主义发展到国家垄断资本的新阶段，标志着现代资本主义发展的成熟，对于现代纽约城市发展及美国历史的发展具有多方面的深远影响。

---

① https: //baike.baidu.com/item/%E7%BA%BD%E7%BA%A6/6230? fr=aladdin.

第四阶段，战后最初 25 年的产业结构变化（1945~1969 年）——世界城市的确定。第二次世界大战后，在第三次科技革命席卷全球的情况下，以纽约为代表的国际化大都市的产业结构也发生了深刻的变化，传统的制造业逐渐衰退，纽约经历了从前工业化时代连接欧美的普通港口城市，到工业革命后成为全美最大的贸易口岸商业银行中心和最大的工业基地，并发展为全国的首位城市，纽约在整个工业化进程中，一直以轻工业为主，基本上没有发展过重工业，纽约制造业兴起于工业革命初期，虽是多种产品的制造业中心（美国服装生产中心糖加工工业和机器制造业中心等），但以劳动密集型和资本密集型的轻工业为主，没有发展像钢铁汽车航空等类的重化工业，当美国工业于世纪初进入重化工业阶段时，纽约的工业结构也没有变化，只是在轻工业内部出现由低端向高端的转移。在城市功能上，纽约注重优化城市内部功能，有效引导纽约产业集群发展方向。20 世纪六七十年代，纽约市政府为解决曼哈顿产业不平衡的矛盾，对第五大道和格林威治街进行改造，以改善投资环境，建筑了许多办公楼、住宅楼、展览中心等，修建了穿过市中心的地铁政府。还颁布了曼哈顿规划，在南端建成了环形高速公路、世贸中心（"9·11"事件已毁），1.5 万套公寓及办公楼。改造后的曼哈顿更加充满活力，为国际金融机构商贸服务业集群发展提供了更加适宜的环境。

第五阶段，城市功能新整合阶段（1969~2000 年）——继续巩固世界城市。纽约历史上一直以轻工业为主，变化在于标准化批量生产到个性化产品，进入 20 世纪后，纽约更成为文化艺术中心、保健中心、室内设计中心、时装中心、旅游中心、信心中心，随着城市经济发展和功能属性的转变，纽约在发展的道路上出现了新的特点，制造业从城市中心转移出去，更重要的是提升了整个城市聚集和辐射能力。纽约产业结构的诸多现象并非偶然因素所致，而是发展的必由之路，经济发展的必然规律。20 世纪 80 年代，纽约对中城区进行了功能定位：以商贸、商务为主，兼具消费、娱乐等多重功能。中城区聚集着各式各样的购物中心、写字楼、娱乐会展中心及酒店。纽约采用城市更新规划对中城区进行扩张，以此来支撑纽约世界级商务中心的地位。中城区的发展强化了纽约在美国东北部大西洋沿岸城市带中的商贸中心地位，并为城市带其他城市商贸中心的形成起到示范效用。之后，纽约中心城区功能相对稳定下来。纽约大都市圈规划，则是美国进一步发展纽约的国际化大都市地位，在全球化条件下，增强纽约发展活力的一个重要举措。

第六阶段，进入 21 世纪与纽约城市恐怖袭击事件（2001 年）。美国正式批准实施东北部沿岸城市带规划，确立了建设纽约都市圈的全新理念。这一理念是基于全球化之下提高地区竞争力的目的，使纽约与新泽西州、康涅狄格州等实现共同繁荣，以及促进"再连接、再中心化"的思路。纽约区域规划协会（RPA）负责编制纽约的都市规划，其指导思想是致力于"中心城市—周边城市"良性互动的可持续发展，也就是说，围绕着将纽约定位和打造为全美最卓越城市地区和世界一流城市的战略目标，努力寻求周边 3 个州在大都市规划上的大力支持，对空间资源的优化做出统筹。这次规划的结果是，区域经济得以整体、协调发展，中心城市纽约以其科技、资本和产业优势，在产业结构调整中发挥了先导和创新作用，最终使中心城市的实力和地位得以增强，而周边地区也获得了更好的发展契机。在美国时间 2001 年 9 月 11 日早上 8 点 45 分左右，伊斯兰教激进分子劫持两架民航飞机撞上了世贸大厦，造成重大人员伤亡事件，震惊全球。这是 25 年以来的首次"零枪击案件周末"，上一次发生这种情况还是 1993 年。

三、纽约城市国际化发展特征

纽约是一个以第三产业为主，特别是以金融、贸易、旅游为主的城市，其服装、印刷、化妆品等行业均居全国首位，机器制造、军火生产、石油加工和食品加工也占有重要地位。纽约是美国文化艺术中心，它积聚着众多的博物馆、美术馆、图书馆、科学研究机构和艺术中心，美国三大广播电视公司和一些最有影响的报纸都把总部设在这里。百老汇歌剧、麦迪逊大道时装、自由女神像、卡耐基音乐厅等已经成为纽约文化的代名词。

（一）纽约的服务经济

纽约的服务经济发达，全球或区域性金融业、生产性服务业、国际性的旅游和会展等服务业占比高，竞争力强。一是全球或区域性金融业。纽约拥有世界上最大的资本市场，尤其是以股票市场闻名。纽约市场交易所不论从上市公司总数和规模上，还是从每年交易量上，都远超其他城市的证券市场，因此，纽约可以凭借其强大的资本市场开展全球的资源配置、信息集散、金融产品定价和风险管理与控制等活动①。二是生产性服务业。纽约具有高度发达的生产性服务业，包括法律服务、广告业、房地产业等。高度的国际化支撑了这些产业在纽约市的高额业务量，使其在次贷危机之后仍然具有活力和弹性。大量具有跨国业务背景的高端生产性服务业在纽约市集聚，强化了纽约市与其他全球城市之间的联系，巩固了纽约市在全球城市联系网络中的核心地位。报告显示，2015 年，全球法律服务市场总收入约 5934 亿美元（折合人民币超过 4 万亿元），美国是市场中当之无愧的第一，占据了 48.8% 的收入份额，达到 2895.8 亿美元（近 2 万亿元人民币），同比增长 4.0%②。三是国际性的旅游和会展。旅游业的就业岗位数在纽约所有产业中名列第五，并在次贷危机后为稳定纽约经济做出了重要贡献。纽约市与旅游相关的企业呈现出种类丰富、数量庞大的特点。纽约市旅游业，纽约每年都会接待包括一日游在内的 470 万国内外游客③。另外，会议和贸易展览也是纽约市经济发展的重要驱动力，吸引着全世界的游客、企业家和投资者。纽约市的整体吸引力、便捷的公共交通网络以及丰富的酒店和娱乐设施资源是其强大的竞争优势。

（二）纽约的文化和创意产业

财富创造形式的变革，使竞争方式必须重视通过以文化、价值观、制度和政策吸引力等内容为主的间接手段，促使人才、知识和信息资源的流入，并发挥效力。文化创意产业被认为是新的高附加值的经济引擎。著名学者理查德·佛罗里达（Richard Florida）认为，发展创意产业对城市有两个主要益处：一是预示着城市拥有更高的生活质量；二是文化产业是城市和区域经济的活力点，支持其他产业，包括金融、公共关系等。纽约的传媒产业具有全球影响力，拥有权威的新闻机构和覆盖世界的广播及有线电视网。纽约市人口占全美人口约 2.7%，而杂志出版商的就业比例达到 20.4%，图书出版商的

---

① 王兰，刘刚，邱松，布伦特·D. 瑞安. 纽约的全球城市发展战略与规划 [J]. 国际城市规划，2015（6）：18-25.

② http://wemedia.ifeng.com/21179807/wemedia.shtml.

③ https://baike.baidu.com/item/%E7%BA%BD%E7%BA%A6%E5%B8%82%E6%97%85%E6%B8%B8%E4%B8%9A/14106101? fr=aladdin.

就业比例为 15.4%，电影行业的就业比例为 11.5%[①]。文化与创意产业的发展不仅带来了巨额的直接经济效益，同时通过间接的方式带动旅游、艺术、文化活动的发展，创造了大量税收，推动了商业的增长和就业率的提高。同时以文化产业为核心形成的感召力和吸引力又聚集了更多的人才、资本和物质资源，良性发展，循环往复。纽约为数众多且内容丰富多样的博物馆也满足了游客和市民的文化生活需求。如大都会艺术博物馆（Metropolitan Museum of Art），纽约的大都会艺术博物馆馆内收藏了 200 万余件艺术品，包括各国的艺术品、乐器、武器、盔甲，还有很多木乃伊、雕塑，等等。现代美术馆（Museum of Modern Art）是在纽约众多博物馆中现代艺术品收集最丰富的地方，总收藏共计 10 万多件；美国自然历史博物馆（American Museum of Natural History），在同类博物馆中其规模最大，自 1869 年成立以来发展成一个有 45 处展厅、跨越 4 个街区的大型博物馆；另外，还有古根汉美术馆（The Solomon R. Guggenheim Museum）、惠特尼国家艺术博物馆（Whitney Museum of AmericanArt）、弗立克美术馆（Frick Collection）、布鲁克林博物馆（Brooklyn Museum）、美国民俗博物馆（Museum of American Folk Art）等[②]。

（三）科技创新产业

科技创新在纽约州多个地区，纽约州的学院和大学 42% 的研发支出投给了纽约上州（纽约州北部），51% 投给纽约市，7% 投给长岛和西切斯特[③]。纽约科技创新产业的优势在于拥有科技行业创业公司所需要的雄厚的投资资金和诸多与科技关系密切的行业。纽约以互联网经济为代表的创新经济具有良好的市场基础，尤其在消费类、电商、广告、媒体和时装等领域，纽约提供广泛的市场空间和客户群，尤其是愿意付费的客户。纽约多元化的创新生态系统、迅速崛起的创业社区、充裕的资金和人才、发达的媒体、时尚和金融

---

① 王兰，刘刚，邱松，布伦特·D. 瑞安. 纽约的全球城市发展战略与规划 [J]. 国际城市规划，2015（6）：18–25.

② 李清娟，兰斓. 全球城市：服务经济与国际化——伦敦、纽约与上海比较研究 [M]. 上海：同济大学出版社，2017：12.

③ http://mini.itunes123.com/a/20180404195421168/3/.

环境等，都对创新经济和创业者具有强大的吸引力①。此外，尽管存在高商务成本明显劣势，但不同于制造业时代的成本决胜，高创新效率、高汇聚效应、低机会成本、综合创新和创业配套服务等都可以抵消大都市固有的高商务成本，形成独特优势。

（四）信息、通信、交通枢纽

纽约城市的电信基础设施在全球化中扮演着重要角色，快速的信息获取和交换是城市信息经济发展的基础，电信通信保障了城市的运转。纽约市网站流量大约占全世界网站流量的3%，尽管纽约市人口只占全球人口总量的0.1%②。在交通业务方面，全球航空业务为纽约带来了巨大的经济收益。在基础设施方面，纽约市的通信和交通等设施正面临老化和缺乏检修的问题，以及极端气象灾害的威胁，包括风暴潮和沿海风暴带来的洪水、大暴雨以及海平面上升。目前大量重要的交通基础设施包括主要港口和机场都位于百年一遇洪水的泛洪区内，在计算年内有1%或者更高的概率遭受到洪水的侵袭。气候变化对城市基础设施的影响成为纽约城市发展中日益严峻的问题。

（五）精英人才聚集

纽约与伦敦并称世界顶级的全球城市，历来是世界跨国企业总部的所在地。许多跨国企业都将全球或区域公司总部设在纽约，其中包括法律服务、广告业、时尚设计业和传媒业等生产性服务部类的企业。纽约城市的总部经济使全球精英人才聚集，纽约市拥有广阔的人才市场。在过去20年里，越来越多来自快速发展中的国家如印度和中国的学生在美国的本科学校和研究生院接受教育。在整个纽约市，高校已成为越来越重要的就业岗位来源。在教育水平更高的地区，就业增长更加持续和稳定。64家纽约州立大学和23家纽约私立大学院校、独立学院组成了全纽约州的优秀人才资源。

四、纽约城市国际化发展经验

纽约是国际大都市的典范。但这个城市也是从被称为"坏苹果"的混乱

---

① http：//mini.itunes123.com/a/20180404195421168/3/.

② https：//baike.baidu.com/item/%E7%BA%BD%E7%BA%A6%E4%BA%A4%E9%80%9A/12609946？fr=aladdin.

城市不断的完善过程中才形成日臻完美的世界性经济政治文化中心。除了天然的客观资源因素以外，人的因素至关重要。

其一，纽约国际化得益于经济国际化，纽约国际化经济的形成是纽约经济结构调整的结果，同时也得益于纽约城市资源的发展。美国纽约城市在全球城市地位的确定与城市生产性服务业的发展有紧密关系。全球城市的衡量标准最主要的应该有两个方面：一方面，要看其所拥有的跨国公司总部的数量；另一方面，也是更为重要的，就是看它是否拥有全球化的生产服务业。因为跨国公司总部的集中之地就是全球生产的控制节点，而协助跨国公司总部实现这种控制的则是生产服务业[1]。纽约之所以成为最有影响力的全球城市之一，是因为它聚集了众多的跨国公司总部，从而使其成为全球经济控制的一个重要节点，能够对全球经济进行控制与协调。而纽约市的产业转型和生产服务业的走强，则为这些跨国公司对全球经济的控制与协调发挥了极大的辅助作用。而纽约市本身所具有的信息基础条件，又使其在这一产业结构的转型过程中得心应手，很快拥有了全球最强的生产服务业，到20世纪80年代成为与伦敦和东京并驾齐驱的全球城市。

其二，纽约—大都市区的管制、规划与分工合作孕育出世界城市。20世纪90年代初，以中心集聚为主的城市化使中心城市与郊区政府矛盾十分普遍，而走向一体化的全球经济迫切需要诸多功能性的城市网络去支配其空间经济运行和增长，美国首先产生了基于区域利益协调的大都市区管制模式。这一模式是社会各种力量之间的权利平衡，通过多种集团的对话、协调、合作以达到最大限度动员资源的统治方式，以补充市场经济和政府调控的不足。为解决城市发展中的问题并走向可持续发展，从1921年到1996年纽约大都市区经历了以"再中心化""铺开的城市""3E（经济Economy、公平Equity、环境Environment）先行"为主题的三次大都市区规划。从疏散中心城区办公就业，到把纽约改造成为多中心的大城市，再到提高地区的生活质量，使大都市区逐步具有了着眼全球以及经济、社会与环境并重的发展理念。纽约从

① 孙群郎，王乘鹏.纽约全球城市地位的确立及其面临的挑战［J］.福建师范大学学报（哲学社会科学版），2012（2）：117-126.

港口商业城市转变为工商并举城市，进一步发展成为以第三产业为主的世界金融中心，与该大都市区成熟的分工合作、有机整体的孕育密切关联。

其三，从"点"的孤立增长到"面"的区域整合。1870年前的孤立分散城市发展阶段是纽约大都市圈空间的点轴扩展模式。起初，只有在沿海的重要港口聚集少数经济中心，由于各城市间的联系较少，显现出彼此独立发展的状况，呈斑点状分布。随着产业结构的变化和横贯大陆铁路网的形成，城市数量急剧增加，规模不断扩大，区域内的城市化水平提高，各城市的建设区也基本成型，形成了单中心城市体系。1920~1950年是美国社会经济进入工业化后期的发展阶段，各城市的建设区已经成型，中心城市规模较前一阶段继续在扩大，城市发展不断地向周边郊区扩展，超越了建成区的地域界限。整个区域逐渐形成了以纽约、费城两个超级城市为核心的城市发展轴线。在极化和轴线的扩散作用不断增强的情况下，中心城市与周边区域慢慢连接起来，形成了都市圈的雏形。1950年后，是纽约大都市圈发展的成熟阶段。此时，科学技术发展迅速，交通和通信革命随后而起，产业结构向知识密集型转变，加速了城市产业结构的优化。随着城市郊区化的出现，次中心区域开始形成，沿海交通主干线将各个中心城市及区域连接起来。都市圈的空间范围沿着以纽约、费城两个超级城市为核心的城市发展轴线方向向外扩展融合，整个都市圈区域建立了具有联系密切的功能性网络，形成了区域发展的空间一体化。20世纪80年代以来，纽约大都市圈的空间扩展模式已经从"点"扩展到"面"。城市一方面不断通过改造和提升中心城区来增加城市吸引力；另一方面在更大的范围内进行功能的整合与调整，通过区域合作扩大城市竞争力。纽约逐步与周边城市和地区共同组成城市经济区，形成包括波士顿、纽约、费城和华盛顿四个城市群的纽约都市圈，并大力保护自然环境和生态基底。

第三节 西雅图城市国际化的成长道路

科技是推动城市改变的催化剂和动因，而亚马逊正是最好的例证。西雅图人口并不是凭空增长的，它得益于亚马逊带来的大量高薪职业。西雅图是美国华盛顿州的首府，也是美国太平洋西北部的最大城市。西雅图是波音公司的大本营，云集着微软、亚马逊、星巴克等一批全球知名的顶尖企业与品牌。西雅图充满着创新的活力，同时又被公认是美国最具生活品质的城市。西雅图在云计算与城市环境等方面的发展路径，可以为同样拥有电商巨头阿里巴巴的杭州城市正在向西雅图的方向迈进提供参照。杭州与西雅图虽然不是友好城市，但因为精神气质的相通，这两年的互动与交流日益频繁，已经举行过两届"杭州遇见西雅图"的文化交流活动，美国电商巨头亚马逊还与阿里巴巴签订了合作备忘录。因此，选择西雅图城市国际化的成长道路对于杭州城市国际化的建设有一些参考价值。

一、西雅图城市国际化发展的基本概况

（一）西雅图城市的基本概况

西雅图（Seattle）建于1869年，是美国太平洋西北部商业、文化和高科技的中心，是美国太平洋西北区最大的城市，也是贯穿太平洋及欧洲斯堪的纳维亚半岛的主要旅游及贸易港口城市。截至2019年，西雅图共下辖塔科马、奥林匹亚、斯波坎、贝尔维尤和奥本五个区域，总面积为369.2平方千米。西雅图位于美国华盛顿州西北部的太平洋沿岸，普吉特海湾和华盛顿湖之间，西临奥林匹克山脉，东临华盛顿湖，城市中心坐标为北纬47°37′35″，西经122°19′59″，距离加拿大与美国边境约174千米。在气候方面，西雅图的气候非常适宜居住。西雅图自然资源丰富，西雅图森林面积达60000平方千米，约占全市面积的36%。西雅图是个多民族城市，根据人口普查局的估计数据，最近几年，西雅图实现了人口快速增长，人口数为478万。

（二）西雅图在国际化城市中的地位

西雅图在航天、计算机软件、生物信息科学、基因科学、远程医疗、电子设备、医疗设备、环境工程等先进技术处于领导地位。西雅图是一个表演艺术的中心。西雅图交响乐团有上百年的历史，是世界上出版唱片最多的交响乐团之一；西雅图在流行音乐和现代音乐方面也非常多样和活跃。西雅图被认为是垃圾音乐的诞生之地，也是油渍摇滚的诞生地。

西雅图知名人物众多，如微软公司创始人比尔·盖茨等。西雅图被《货币》杂志评为"全美最佳居住地"，被《财富》杂志评为"最佳生活工作城市"，被公认为美国生活质量最高的城市。科尔尼 2019 年全球城市营商环境指数暨百强城市排行榜，西雅图位列第 32 位，2016 年世界城市排行榜位列二线城市Beta-阵容第 16 名。

（三）西雅图城市的空间布局

西雅图的城市空间结构与空间拓展有效地适应了其产业演替，逐步形成与资源特征和产业需求相匹配的空间布局和"智能增长"模式。在生态保护的核心策略指导下，西雅图的城市及产业布局，最大限度地与地区特征、产业结构相匹配，形成北部、东部、南部、西部、中部特色鲜明的结构特征（见表 2-2）。

表 2-2　西雅图城市不同片区的资源特征与主要城市功能分布

片区	主要城市功能	资源及特征
中部	面向海湾的中心商务区（金融、商业、办公）	滨海优势地区/高密度集聚效益
南部	双港及产业园区 （生物技术、航海和制造业、可持续的建筑/替代能源、食品供应、航空制造、海港物流等产业）	依托塔科马国际机场和西雅图港的带动，形成多元复合型的南部产业区。聚集了大批国际知名企业，如 Nintendo、NcCaw、Sunstrand、Egghead、Aldus、Data I/O、Amazon.com、Gonet、Attachmate，还有 Immunex 和 ICOS 等一些尖端生物技术产业集团
北部	旅游度假/高档居住地/高等院校	借助自然环境优势，以华盛顿大学西雅图分校为带动，形成科技研发、旅游度假、高等院校集聚区
东部	生态及高尚社区/企业总部	微软总部落户西雅图东部，有效地带动了该片区发展
西部	岸线利用/航海经济	西部沿海岸地区，航海经济发达，且岸线利用与保护兼顾

资料来源：魏正波.空间结构、产业布局与经济效率的关联性思考——基于西雅图城市空间结构的案例研究 [J].建筑论坛，2015（12）：1846-1847.

二、西雅图城市发展的历程

西雅图自 1869 年正式成为一个市以来，在短短 150 年时间里，发展成一座拥有 470 多万人的国际大都市。西雅图作为美国高技术产业作用下城市繁荣的典型代表，伴随着有重要影响力的波音公司和微软公司的成长而迅速发展，经历由渔港城镇到军工一体化再到高科技新城的两次转型，发展为举世瞩目的世界科技中心，其基本的发展历程可分为以下几个阶段：

第一阶段，早期发展：渔港小镇—木材工业—淘金热。西雅图的早期发展与它丰富的自然资源优势不可分离，木材加工业、渔业、采煤业一度成为西雅图的支柱产业。在 1883~1890 年，西雅图人口由 7000 人增到 42000 多人，比它的竞争对手塔科马市人口多 6000 人，成为太平洋西北部仅次于波特兰的第二大城市。1897 年夏，阿拉斯加克朗代克地区发现黄金，淘金热兴起，越来越多的人前往，而西雅图是通往阿拉斯加的重要港口，甚至有人认为西雅图是阿拉斯加地区的首府城市，很多人在未到达阿拉斯加之前不得不在西雅图消费掉一笔资金。同时，市民积极宣传推动西雅图的发展，使西雅图在原有基础上再跃进一步。阿拉斯加州克朗代克金矿的发现永久地打破了太平洋沿岸西北部的平衡。城市兴办人的努力、运气和以往的贸易关系，西雅图人口在 1910 年增长至 23.7 万人[①]。

第二阶段，军工一体化——波音时代：1916 年，波音公司落户西雅图，成为其发展历史上的重要事件，西雅图依托波音公司逐渐走向国际化轨道，但也形成了"牵一发而动全身"的单一产业结构。1916 年，波音公司在此安营扎寨，成为西雅图发展历史上重要的事件，对西雅图产生重要的影响，因为波音公司将西雅图带入了国际化轨道，而西雅图技术城的进程与波音公司的发展是密不可分的，而真正促使西雅图经济结构发生改变的是第二次世界大战。得益于战争的刺激，飞机制造业成为西雅图的支柱产业，大多数人供职波音公司或与飞机制造业相关部门。经济结构的调整必然带来城市发展的

---

① ［美］尤金·罗杰斯著. 高高飞翔——波音公司发展之路 [M]. 卢燕飞，陈笑郁，谢雨琴译. 杭州：浙江人民出版社，1998：275.

转型，而特殊的高科技背景及特定的第二次世界大战后这一时期造就了西雅图两次城市转型[1]。第二次世界大战促成了波音公司的腾飞，改变了西雅图的经济结构，为西雅图最终由渔港城镇走向军工大都市迈出关键性一步。1943年，波音军方合同订单已价值100万美元，几乎是华盛顿州1939年全部制造业产值的两倍，飞机制造业所占的地方空间从80万平方英尺发展到4亿平方英尺，波音员工从1940年的7500人增长到1943年的3.2万人，其中包括雷顿地区的1万人。铝的生产一下子从战前的0跃升至占整个州全部产值的1/3。到1914年的时候，波音已经拥有员工5万人和10倍于西雅图地区1939年的工业产值[2]。此时，西雅图发生了重大的变化，到第二次世界大战结束的时候，西雅图地区人口从1940年的504000人升至1950年的732992人[3]。

第三阶段，高科技新城——突破军工主导，高科技多样化发展之路：尽管波音公司在西雅图甚至在华盛顿州都占有重要地位，波音公司积聚的雄厚资本为西雅图在新经济形势下成功转型提供物质基础，走向高技术产业发展的道路，迈进数字化城市大门，实现城市转型的两次突破。20世纪60年代首发于加州北部旧金山湾区的美国新科技革命浪潮快速席卷了美国西海岸众多城市，西雅图在这次革命中再次成为时代的弄潮儿，走在高科技城市的前列。所谓"新技术革命"是相对于第二次世界大战前后发生的以原子能利用、电子技术和空间技术为主要内容的技术革命而言的，与后者有着密切关系，一般认为发生于20世纪70年代，可以说是后者的延续和新的发展阶段。其主要内容是信息技术、生物技术和新材料技术。西雅图拥有这样的高技术产业公司如阿道比系统公司（Adobe System）、麦考蜂窝通信公司（Macaw Cellular）、因美妮公司（Immunex）、亚马逊公司（Amazon）、微软公司（Microsoft）等。时至今日，西雅图已经发展了许多不完全依赖航空工业的产业，1978年，微软公司全体搬到西雅图，同时还有世界最大的集装箱运输港之一——

---

① T. M. Sell, Wings of power. Boeing and the politics of Growth in the Northwest, Seattle and London, University of Washington Press, 2001: 16.
② T.M.Sell, Wings of power: Boeing and the Politics of Growth in the Northwest, 19.
③ 尤金·罗杰斯著. 高高飞翔——波音公司发展之路 [M]. 陈笑郁, 谢雨琴, 徐雪英, 卢燕飞译. 杭州：浙江人民出版社, 1998.

塔科马国家海港。微软公司对地区经济的影响在 20 世纪后 30 年不断显现出来，不仅仅表现为百万富翁的产生及员工人数的递增，还表现为一定程度上影响力超越波音公司，以各种形式表现为投资及一种风险资本的资源，并将西雅图带上多样化发展之路，领进高科技之门①。

三、西雅图城市国际化特征

（一）西雅图城市经济增长快

美国 2017 年度排名前 15 的城市 GDP 分别是：纽约、洛杉矶、芝加哥、达拉斯、华盛顿、旧金山、休斯敦、费城、波士顿和亚特兰大。其中排在第一位的是纽约市，它在 2017 年 GDP 总额达到了 17177.12 亿美元，和 2016 年相比增长了 550.41 亿美元，算是有比较大的提升。从增长率看，西雅图位列美国大城市中经济增长速度第二快的城市。不难发现，华盛顿州的西雅图周边的经济正在蓬勃发展。

（二）老牌科技之城复兴

1979 年，比尔·盖茨将微软总部从新墨西哥州迁往他的家乡西雅图。这座由于波音而名声大噪的航空城，也因此成为互联网时代的"领头羊"——这里不仅孕育了电商巨头亚马逊，其互联网精神也远渡重洋，点燃了马云打造阿里巴巴的火种。但与同样位于美国西海岸的硅谷相比，西雅图似乎慢了一拍。直到最近，越来越多的创客开始将目光投向这座被亚马逊占据话题榜首的城市。在考夫曼基金会发布的一份报告中②，1990~2010 年这 20 年间，西雅图的高科技创新企业的密集程度、增长速度在全美十大高科技聚集城市中排名第一。2017 年，世邦魏理仕③发布的《年度科技人才评分报告》显示，西雅图成为仅次于旧金山的美国第二大科技人才市场。其中，西雅图共有136910 个科技相关岗位，与 2011 年相比增长 33%。多项数据显示，大量高质

---

① Scott Kirsner, "Seattle Reboots Its Future", Seattle Times, April, 2001.

② 考夫曼基金会（Ewing Marion Kauffman Foundation）是美国最大的专门支持创业教育的基金会。是由美国已故企业家慈善家埃温·玛瑞恩·考夫曼在 20 世纪 60 年代中期创立的非营利性私募基金会。

③ 世邦魏理仕（纽约证券交易所代号：CBRE）总部位于美国加利福尼亚州洛杉矶，是财富 500 强和标准普尔 500 强企业。公司拥有员工超过 80000 名（不含联营公司），通过全球 450 多家办事处（不含联营公司）为地产业主、投资者及承租者提供服务。

量、精准的人力资源成为西雅图吸引公司的最大宝藏。同样在去年，领英（LinkedIn）[①] 对美国注册用户的流动性进行了统计，结果发现，每 10000 个旧金山用户就有 4.14 个跳槽到西雅图，它也是"逃离硅谷"后被选择最多的落脚点。而非营利机构 Code.org 的联合创始人、总裁 HadiPartovi 则指出，西雅图建市以来的教育优先理念完成其人才的原始积累——据统计，华盛顿大学的计算机科学专业在全美排名前十，而 90% 的毕业生均留在了西雅图。另外，波音、微软、亚马逊等公司也为西雅图吸引了更多的科技人才，特别是 20 世纪八九十年代，微软的几次大量招工累积效应，使西雅图的软件开发者在数量上超过多数科技型城市，如位于硅谷的圣何塞—森尼维尔—圣克拉拉城市群。

（三）大公司总部与研发中心云集

西雅图是全美第二大科技城市，很多全球 500 强企业的总部都聚集于此。西雅图除了有本土那些耳熟能详的科技巨头，比如微软、亚马逊、波音、星巴克、Costco，近几年越来越多的其他地方的科技巨头们也纷纷进驻西雅图。

（四）优雅的人文宜居环境

西雅图是华盛顿州最大的城市，而华盛顿州是以美国第一任总统乔治·华盛顿的名字命名的，北接加拿大的不列颠哥伦比亚省，南接俄勒冈州，东接爱达荷州，西邻太平洋。西雅图非常适宜人的居住，是全美最适宜居住的城市，这也是吸引移民非常重要的一个原因。从天气气候来看，西雅图的天气很有特点：西雅图的夏天，最热的 7~8 月的气温也在 28℃ 以下，一般不会超过 30℃。每年 6~10 月，这里几乎一滴雨都不会下，很多人都把家居搬到室外或者楼顶，直接沐浴大自然的阳光雨露。正是这些适宜人居住的气候条件，西雅图在吸引人才方面具有天然的优势。

除了天然的自然居住环境优美以外，西雅图的人才资源环境也是其城市国际化的一个特点。根据世邦魏理仕（CBRE）的报告，西雅图是全美教育程度最高的城市。依据 Wallethub 的最新报告[②]：西雅图在可负担性、经济状况、

---

① 领英（LinkedIn）是全球知名的职场社交平台，覆盖全球 6.1 亿会员。领英致力于打造"一站式职业发展平台"，帮助职场人连接无限机会。用 LinkedIn 领英，走好职业发展的每一步。

② http://www.199it.com/archives/632701.html.

教育和医疗、生活品质、公共安全五个方面，在最适宜居住的美国大城市中，位列第二。在"经济状况"和"教育与医疗"方面，西雅图排名第一；"生活品质"方面则排名第四。根据地产服务公司 CBRE 最新公布的一份报告显示，西雅图现在已经赶超华府 Washington D.C.，成为紧随旧金山湾区之后的美国第二强科技城市，背后最主要的驱动力是本地和外来科技公司的蓬勃发展，吸引了大批高学历人才。

四、西雅图城市国际化的经验

西雅图已发展为高技术产业群的典型城市，代表着世界科技的中心。而西雅图之所以能取得今天的成就是有因果关联的。西雅图是第二次世界大战的直接受益者，西雅图的经济腾飞是第二次世界大战后西部城市的共性。可以说第二次世界大战及之后的朝鲜战争及冷战为西雅图战后城市转型走上高技术产业化道路提供了契机。然而，这些因素只是外在条件，对于美国许多城市具有普遍性，并不是西雅图第二次世界大战后实现城市转型的决定性因素。内因是事物变化的关键，外因要通过内因才能起作用。西雅图保住城市税收的主要贡献者，依靠干净、健康的工业推动经济发展，包括生物技术、航海和制造业、可持续的建筑/替代能源、食品供应等。在城市国际化发展策略上，西雅图有以下经验值得借鉴：

首先，地方政府在城市国际化发展的整体规划上的亲力亲为。华盛顿州和西雅图市地方政府制订合理的城市规划方案，改善市容为西雅图战后繁荣夯实了根基，市政为西雅图发展为技术城提供了官方支援。第二次世界大战后初期，华盛顿州国家资源发展部（National Resources Planning Board）积极规划本州事务发展，强调发展工业的重要性，形成工业化发展的浪潮[①]。西雅图市政积极推动西雅图高技术产业的发展，因为"走在前列"的定位要求他们必须跟上时代发展的步伐，建立科技城。如投资大学科技研发、推动企业发展等。另外，在发展过程中，华盛顿大学为西雅图高技术产业的发展提供了强有力的科技支持及丰富的人力资源，高技术企业在此不必担心招揽不到

---

① 王文君. 高科技作用下的城市转型：二战后的西雅图 [D]. 厦门大学，2007.

人才；同时，波音公司和微软公司等主导型企业的高科技定位带动了整个西雅图高技术产业的发展，为西雅图走上高科技道路奠定了基础。

其次，西雅图静态城市发展模式。在 20 世纪 90 年代到 21 世纪初，西雅图的科技产业呈现出一种只有大企业与小型企业，缺乏中间企业的"哑铃型"格局，由于微软和亚马逊的强势，让大部分小企业最终走向兼并的命运。而直到现在，西雅图的创新生态仍然受这种结构的影响。比尔·盖茨曾指出，与快速跳槽、快速出售的硅谷相比，西雅图是一种更为静态的发展模式。它的优势在于，能够营造一种更多样化、更适宜居住的城市环境，以此来吸引更多人才在此兴业。西雅图现任市长爱德·默里（Ed Murray）在上任后的第一件事，就是推动保障性住房的建立。在他推动的新一轮 10 年的 5000 个住宅的房屋建设项目中，40%是为低收入居民提供的。其目的是"让城市不要走上旧金山的老路"。在保持城市的多样性上，他的做法涉及方方面面。其中一点是，他希望能够保持西雅图的工人基础，保留城市的主要港口、渔船队以及钢铁厂。他在 2014 年上任后的一次讲话中曾对外表示："西雅图不会在增强科技部门的同时减弱制造业。"与硅谷的"Build to Sell"模式相比，西雅图的模式则是"Build to Last"。

再次，西雅图城市空间资源的高效配置和空间结构的弹性和可控。丰富的资源要素决定了西雅图可以提供多样化的发展空间，但从整体上对这些资源进行最为高效的配置，西雅图避免出现了产业布局由企业主导的局面，大量优质资源被未被一般性项目所占据，没有出现导致资源利用的效率极低的情况；西雅图各个片区的主导产业都很好地适应了该片区资源环境的特点，而这种差异化的发展也为西雅图避免单一产业的风险提供了支撑。同时，西雅图组团式、与生态有机融合的空间结构是建立在历史对产业布局的调控基础上的，当波音公司在西雅图独大时，并没有让其占据海岸、内湖等适宜发展服务业的地区，微软的布局也是与高校紧密联系，而不是在市中心建设，这种产业经济与空间地理的高度匹配，针对不同地区的弹性和可控发展。

最后，城市构筑"梧桐树"以此引来"金凤凰"。世界级的公司需要世界级的城市，需要与之相配套的自然环境、公共设施、人文建设等，西雅图在这一方面显然走在了世界城市的前列。西雅图天然的海港、茂密的森林孕育了丰富的林业和渔业资源，陡峭的山峰、怡人的景观、舒适的气候打造出和谐氛围。所谓"天生丽质"来形容西雅图一点也不为过。良好的居住和生活环境，使西雅图吸引了众多知名企业总部入驻，而很多移民来到这个城市只是为了更加贴近自然。生活质量成为比交通运输成本更重要的因素。西雅图城市建设中对生态环境的保护与对可持续发展的坚持，使其变为能够引来"金凤凰"的梧桐树，显示出巨大的后发优势，进而使西雅图城市生生不息，充满无限活力。

第四节　深圳世界名城国际化城市成长道路

深圳是中国经济中心城市之一，经济总量长期位列中国大陆城市第四位，是中国大陆经济效益最好的城市之一。深圳地处历史悠久的香港和广州这两座世界名城之间，却在短短的 30 多年的历史中，发展成为世界知名国际化城市，探究其发展特征及经验做法也有助于推进杭州城市国际化发展。

一、深圳城市国际化发展基本现状

深圳，简称"深"，别称"鹏城"。深圳市设立于 1979 年，1980 年全国人大常委会批准在深圳市设置经济特区，是国家副省级计划单列市。全市下辖 9 个行政区和 1 个新区，总面积 1997.47 平方千米。截至 2018 年末，深圳常住人口 1302.66 万人，其中常住户籍人口 454.70 万人，实际管理人口超过 2000 万人，城市化率 100%。

深圳是中国设立的第一个经济特区，是中国改革开放的窗口和新兴移民城市，已发展成为有一定影响力的现代化国际化大都市，创造了举世瞩目的"深圳速度"，享有"设计之都""时尚之城""创客之城""志愿者之城"等美誉。深圳经济总量相当于中国一个中等省份，位居全国大中城市第四位，是中国大陆经济效益最好的城市之一，在中国高新技术产业、金融服务、外贸出口、海洋运输、创意文化等多方面占据重要地位。深圳发展定位为建设

"国家综合配套改革试验区""全国经济中心城市""国家创新型城市""中国特色社会主义示范市""国际化城市"等。深圳"国家中心城市指数"居中国第四位,并被 GaWC 评为世界一线城市。2019 年 6 月,未来网络试验设施开通运行。

二、深圳城市的发展历程

深圳的经济特区发展史虽然只有 30 多年,却拥有着 6700 多年的人类活动史(新石器时代中期就有土著居民繁衍生息在深圳土地上)、1700 多年的郡县史、600 多年的南头城史、大鹏城史和 300 多年的客家人移民史[①]。1980 年 8 月 26 日,经中华人民共和国第五次全国人大常委会第 15 次会议决定批准,在深圳市境内划出 327.5 平方千米(补更调查数据为 395.992 平方千米)地域设置经济特区。经过 30 多年的发展,深圳从一个无名小镇快速崛起成为一座功能完备、设施先进、环境优美、充满活力的现代化大都市,创造了世界城市化、工业化和现代化发展史上的奇迹。建设国际化城市是深圳面对后金融危机时期国际、国内形势的新发展,迎接各类挑战的战略选择。

三、深圳城市国际化发展特征

(一)独特的区位优势

深圳地处中国三大城市群之一的珠三角城市群,毗邻香港使其获得诸多有益借鉴。深圳有良好的远洋海港,是泛珠三角经济广区最好的出海通道,是这个地区参与全球经济合作与竞争的最好平台。2016 年,深圳港口集装箱吞吐量在我国沿海和内河港口中排名位列第二,同时拥有多条高速公路和铁路联系广阔的内地市场,交通枢纽地位正在确立。粤港澳大湾区建设写进党的十九大报告,成为深圳当前发展的重大历史性机遇,世界第四大湾区经济的打造将使深圳开启另一次发展大跨越。

(二)实力雄厚的现代经济

深圳整体经济实力强劲。深圳市新兴产业、现代服务业成为经济增长双

[①] 深圳市百度百科资料,https://baike.baidu.com/item/。

引擎。深圳市形成了以生物、互联网、新能源等七大战略性新兴产业和海洋、航空航天等五大未来产业构成的新兴产业体系，尤其是服务业中现代服务业占比高。跨境金融、要素市场、财富管理等创新金融领域快速发展，文化与科技、旅游、商贸高度融合，高端化特征初步显现，高技术含量、高附加值的服务业加快发展。其特点主要体现在以下几个方面：一是经济运行总体稳健。初步核算并经广东省统计局核定，2018年全市本地生产总值24221.98亿元①，按可比价计算，比2017年（下同）增长7.6%。2019年，深圳实现地区生产总值26927.09亿元，同比增长6.7%②。二是工业生产增速提升。2019年，全市规模以上工业增加值增长4.7%。其中，先进制造业增加值增长5.5%，高技术制造业增加值增长5.9%。从主要行业看，计算机、通信和其他电子设备制造业增长5.5%，电气机械和器材制造业增长7.1%，专用设备制造业增长8.9%，通用设备制造业增长7.2%，医药制造业增长10.2%。三是固定资产投资较快增长。2019年，全市固定资产投资增长18.8%。其中，房地产开发项目投资增长15.9%，非房地产开发项目投资增长21.0%。基础设施投资增长33.6%。工业投资增长11.5%，其中工业技术改造投资增长20.7%。民间投资增长9.2%。四是社会消费品零售总额平稳增长。2019年，全市社会消费品零售总额6582.85亿元（未经第四次经济普查数据修订），增长6.7%。其中，批发和零售业5754.74亿元，增长6.1%；住宿和餐饮业828.11亿元，增长11.2%。五是规模以上服务业较快增长。2019年，深圳全市规模以上服务业（不含金融、房地产开发、批零住餐等行业）营业收入11672.27亿元，增长13.0%。六是进出口增速总体稳定。据海关统计，2019年全市进出口总额29773.86亿元，下降0.6%。其中，出口总额16708.95亿元，增长2.7%；进口总额13064.92亿元，下降4.7%。七是财政金融形势良好。2019年，全市一般公共预算收入3773.21亿元，增长6.5%；一般公共预算支出4551.03亿元，增长6.2%。截至2019年12月末，全市金融机构（含外资）本外币存款余额83942.45亿元，增长15.7%；金融机构（含外资）本

---

① 深圳市统计在线，http：//tjj.sz.gov.cn/xxgk/zfxxgkml/tjsj/tjfx/201902/t20190201_15673085.htm。
② 深圳市统计在线，http：//www.sz.gov.cn/cn/xxgk/zfxxgj/tjsj/tjfx/。

外币贷款余额 59461.39 亿元，增长 13.2%。

（三）充满活力的包容性文化

作为移民城市，深圳市人口流动性大、社会开放、文化多元。深圳市融汇了全国各地、东西方风俗习惯、民俗文化，五方杂处、兼容并包，多元的价值追求得到充分尊重，使得深圳城市文化具有强大包容性，也形成了深圳人开放自由、独立进取的人格特质，这是世界名城建设的重要人文环境。

四、深圳城市国际化建设的主要做法

（一）深圳市强化推动改革创新

创新立市是深圳市作为国际化城市的最主要特征之一。深圳市以政府为引导打造良好创新环境，以企业为主体高度市场化运作，以完善的创新生态链为支撑，构建了一个综合的创新生态体系。一是不断完善自主创新政策法规。2008 年是深圳转型升级的关键期，市委、市政府推出《关于加快建设国家创新型城市的若干意见》，出台了全国首部国家创新型城市总体规划，先后出台自主创新"33 条"等一系列政策。市人大《深圳经济特区科技创新促进条例》将自主创新纳入法制化轨道，颁布、修订实施了一系列知识产权保护的规定、条例等，设立全国第一个知识产权法庭，营造创新法制环境。二是不断加大科技研发投入。自 2013 年起，深圳市通过实施银政企合作、科技保险费资助等撬动银行业、保险业资源，引导天使投资、完善科技金融服务体系，以充分利用财政资金引导、放大和激励作用，创造了良好的投融资环境。2016 年深圳全社会研究与发展经费（R&D）投入超过 800 亿元，占 GDP 比重提高至 4.1%，研发强度仅次于以色列[1]。三是加强创新载体创设。实施"孔雀计划"等，吸引海内外引进高层次人才及团队；发挥教育部、中科院、广东省等产学研合作优势，组建高水平的产学研创新联盟和基地；落实深港创新圈三年行动计划，集聚香港优势创新资源；建设深圳联合产权交易中心；建成一批支持企业技改和研发活动的公共技术平台[2]。2016 年，深圳市各类

---

[1] 陈泽秀. 深圳创新密码：研发投入强度仅次于以色列 [EB/OL]. 中国干部学习网 [2018-01-04]. http://study.ccln.gov.cn/fenke/jingjixue/jjjpwz/jjqyjj/398961.shtml.

[2] 杨世国，程全兵. 深圳："创新之城"是如何炼成的 [N]. 人民日报（海外版），2015-04-15（7）.

各级重点实验室、研究中心等创新载体累计达 1493 家，其中国家级 94 家①，其创新载体体系覆盖了国民经济社会发展的主要领域。四是创新根植市场。深圳市充分发挥市场在创新资源配置中的决定性作用，充分发挥企业的创新功能。深圳创新的显著特征是 4 个 90%，即 90% 的研发人员、90% 的研发机构、90% 的研发投入，以及 90% 的专利均来自企业。高度市场化保证发明创新能够以最低成本、最快速度产业化，形成创新与市场的良性循环。华为、腾讯及一大批"瞪羚型""核弹型""独角兽型"企业或成为业界翘楚，或跻身国际前列，发挥了重要的市场引领作用。

（二）深圳市持续深入推进对外开放

作为改革开放的窗口，30 多年来，世界各地的资金、技术、项目集聚深圳并辐射内地巨大市场。其对外贸易领先全国，出口规模连续 24 年居全国内地城市首位，出口目的地遍布全球 226 个国家和地区；世界 500 强在深圳的投资不断创新高，至 2018 年初，在深圳投资的世界 500 强企业总数累计达 297 家，投资不断向高端领域迈进；对外投资总量巨大，截至 2018 年底，深圳对外直接投资累计净额（存量）1023.85 亿美元，位列内地城市第一。

改革是推进对外开放的直接动力。以前海为例，深港两地在产业集聚、金融合作、贸易合作等领域均实现重大突破。前海承担了金融业对外开放试验示范窗口的作用，规模领先全国。前海蛇口自贸片区为对接国际贸易投资新规则，把制度创新作为核心任务，截至 2017 年中，累计推出制度创新成果 253 项。普华永道等第三方评估显示，蛇口片区在扩大投资开放、金融制度改革、法治环境改善等领域领先全国，部分领域已接近国际自由贸易水平。近年深圳进一步构建对外开放新格局。2017 年深港正式签署《关于港深推进落马洲河套地区共同发展的合作备忘录》，共建香港最大的科技创新园区港深创新及科技园，形成"西有前海，东有河套"的局面；紧抓国家开放发展大战略，将深圳打造成"一带一路"枢纽，本土龙头企业组成集群沿"一带一路"加快"走出去"，成为全球瞩目的"深圳力量"，仅对外承包工程即占全国"一带一路"工程承包总量的近 10%。

---

① 喻剑. 深圳持续发力源头创新 [N]. 经济日报，2017-04-26（15）.

（三）打造宜居宜业城市环境

首先，深圳市近年在国际化人居环境、创业环境方面不断加大改革发展力度，环境质量持续改善。深圳牢固树立绿色发展理念，加快推进生态文明建设。政策推进环保的力度前所未有，创新性地在市政府层面建立环境形势分析会制度，出台大气质量提升、水环境治理等系列文件，有力地促进了全市各项污染治理工作。环保考核倒逼发展方式转变。在全国率先开展生态文明建设考核工作，考核结果与政绩评价等工作挂钩。加快经济发展方式转变。加大产业转型升级力度，大力发展新经济，大力发展现代服务业，布局前瞻性未来产业等。2018年，年灰霾天数已控制在25天以内，连续5年在全国GDP排名前20位城市中空气质量排名第一，全市14条主要河流中13条平均综合污染指数大幅下降，全市森林覆盖率、人均公园绿地面积、建成区绿化覆盖率等指标居全国大中城市前列①。

其次，各类治理工作逐步走向成熟。如在垃圾分类方面，2013年率先成立正处级事业单位专门负责组织推进、监督考核全市垃圾分类减量工作；2017年，实施《深圳市生活垃圾强制分类工作方案》，生活垃圾分类从以往的鼓励为主转变为全面强制。深圳市已经初步建立起了七大类别的垃圾分流分类体系。在交通治理方面，深圳市机动车总量多达320万辆，深圳市通过首创的潮汐车道，以及拉链通行、多乘员车道等措施，精细组织盘活交通存量、提升通行效率；通过数据情报精准疏导交通，通过智能化措施提高服务效率，提升市民满意度。交通部等权威机构共同发布的研究结果显示，作为一线城市的深圳拥堵程度排在全国第255位。

最后，积极打造国际化社区。深圳市重点打造城中村商业型、高档居住型、产业园型等8种国际化社区类型。其中，打造城中村水围社区为集休闲、购物、居住为一体的水围国际青年社区，有机融合了岭南文化与国际风情，为城中村改造探索了一条切实可行的新路径；打造东海社区为高档居住型国际化社区，增设特色对外服务窗口，聘用双语社工，各类标牌、信息发布均

---

① 深圳持续改善人居环境，打造人与自然和谐共生美丽中国典范城市〔EB/OL〕. 深圳特区报〔2018-10-29〕. http://www.sznews.com/news/content/2018-10/29/content_21176641.htm.

采用双语制。同时，引导社会资本多元主体参与社区治理和服务构建国际化氛围；打造沿山社区为产业园区国际化社区，通过多种渠道夯实社区治理法治化，增强国际化基础设施和服务能力建设，依托社会组织提供专业的多元服务。

第五节　典型国际化城市形成规律与建设路径分析

通过对上述四个城市国际化建设历程的研究，我们可以总结出一般规律，发现这些城市建设路径及其关键经验，这些城市国际化建设发展规律、建设路径及关键经验有助于杭州城市国际化建设路径的探讨分析。

一、典型国际化城市形成的一般规律

从上面世界各主要国际化城市成长道路分析中，我们可以总结出如下一些基本规律：

第一，综合型全球城市处于国际综合交通信息枢纽上。国际综合交通信息枢纽是指一座城市不仅是国际重要港口，还是国际航空运输中心和铁路、公路的运输中心，以及信息交流中心。国际人流、物流、资金流、信息流的综合汇聚中心和辐射源，是综合型国际化城市的本质特征，而成为国际综合交通信息枢纽是实现国际人流、物流、资金流、信息流的综合汇聚中心和辐射源的前提。伦敦作为一座国际化城市的兴起，首先在于它位于泰晤士河入海口，建港条件优良，素来为英国与欧洲及世界其他地区贸易的最重要海港。伦敦是英国无可争议的航空运输中心，在欧洲乃至世界都是著名的空港。同时，伦敦也是英国的铁路和公路运输中心、国际信息交流中心。这些优越的交通信息条件是伦敦发展成为世界城市的重要原因。

第二，综合型国际化城市有广阔的经济腹地。经济腹地是指经济中心的吸收和辐射能力能够达到并能促进其经济发展的地域范围。经济腹地与经济

中心是唇齿相依的关系，如果没有经济腹地，经济中心也就失去了赖以存在的基础，而没有经济腹地，也就无所谓经济中心。一个经济中心能够发展成为多大规模的城市，取决于这座城市服务的经济腹地有多大。综合型国际化城市作为大型经济中心城市，其经济腹地相较而言，比一般经济中心城市经济腹地要大。纽约因为阿巴拉契亚山脉的阻碍，其经济腹地本来并不大。19世纪贯通美国东西铁路的开通，特别是伊利运河的完工，使纽约与北美五大湖和广大中西部地区联系变得便捷起来，广阔的北美五大湖和广大中西部地区成了纽约的经济腹地，而且这也是全球城市中经济腹地最大的城市之一。因此，纽约在19世纪以后，迅速崛起成为一座世界城市。

第三，综合型国际化城市自身经济规模比较大。城市存在的根本原因是城市中有集聚效益，而城市只有到了一定的规模，集聚效益才会更明显。当然伴随着城市规模的扩张，在集聚效益快速增加的同时，集聚成本也在上升。只要集聚效益大于集聚成本，城市就会继续自然扩张。通观世界城市发展史，也可以发现一个规律：城市发展存在"马太效应"，即各种城市的发展资源、发展要素会因为一座城市规模越大，越往那里集中，那座城市规模也越来越大，这是因为各种城市发展的要素本能地会去追逐最高效益，各种城市的发展资源也本能地会流向效益最高的地方。全世界综合型国际化城市无一例外都是规模庞大的巨型城市，根源就在于此。比如纽约都市带的 GDP 占全美国的 24%，大伦敦占英国的 22%。

第四，专业型国际化城市有相对独特的成长原因。专业型国际化城市成长与综合型国际化城市有很大的不同，即它们是因为自身具有某种独特的，且在国际上其他地区没有，或者其他地区的这种资源质量大不如这座城市所拥有的。这样，国际上追逐这种资源的人流、物流、资金流、信息流就会向这座城市集聚，这座城市也就发展成为专业型的国际化城市。

二、典型国际化城市的成长原因分析

一座城市之所以成为国际化城市，其中必有缘由。这些缘由可能是地理的、政治的、经济的等多方面的因素，既有外部环境因素，也有城市自身的发展缘由。通过对四个城市国际化建设的相关探究，总结出这些典型城市的成长原因。

第一，世界经济格局的变化决定了全球国际化城市的兴衰嬗变。世界经济重心特别是全球经济增长极的变化、转移，是全球国际化城市发展变化的根源。工业革命让英国成为 18 世纪和 19 世纪全球先进制造业的中心，英国的这种经济地位催生了近代历史上第一座全球性国际化城市伦敦。1700 年伦敦人口是 55 万人，巴黎是 53 万人。到 1875 年时，伦敦人口是世界第二大城市巴黎的 1 倍，伦敦达到了它在世界城市体系中的最高峰。在这之后，美国经济迅速崛起，世界先进制造业的中心向美国的大西洋东北海岸——五大湖沿岸城市群转移，1900 年纽约人口接近伦敦，并在以后十多年里迅速超过伦敦成为世界最大城市，也成了当时世界上最重要的全球性国际化城市。"二战"结束后，日本经济迅速崛起，GDP 跃居世界第二，这使东京很快跃升为继纽约、伦敦之后的全球性国际化城市。20 世纪 60 年代开始的全球产业向"亚洲四小龙"转移，中国香港、新加坡、韩国首尔开始成为与它们的全球经济分量相称的全球区域性国际化城市。

第二，经济体大小不同决定了城市国际化道路的不同。一是大国经济体背景的城市的国际化，它们选择了以服务国内经济发展、支撑本国经济在全球扩张为主要职能的国际化道路，其经济制度总体上保持与国内其他地区一样，走的路径是：全国区域性中心城市—全国中心城市—区域性国际化城市—全球性国际化城市。这中间，经济腹地最大的中心城市往往成为代表这个大国经济体的全球性国际化城市，比如美国的纽约和日本的东京；经济腹地处于次一级水平的中心城市，比如美国的洛杉矶、日本的大阪，只能成为区域性国际化城市。二是小国经济体背景的城市国际化，它们选择了另外一条道路，即以实现本城市发展为首要目标，以建立以自由港为重要标志的全面自由化的经济制度为主要手段，使其迅速成为它们所在区域国家或地区的经济与全球市场相联系和全球其他地区的经济体的资本、产品进入这个区域的桥梁和纽带，从而实现城市的国际化，比如中国香港、新加坡，还有正在崛起中的迪拜。

第三，产业结构高端与否决定了城市国际化的层次与水平。始终占据全球产业链的高端是一座国际化城市能够不断提升其城市的国际化层次和水平的根本原因。1900 年时，美国纽约集中了全美国 11% 的产业工人，是全球制造业中心。从"二战"结束到 20 世纪 70 年代中期开始，为消费者服务的第三产业迅速跃升为全市第一大产业，完成纽约经济结构的第一次递进。从那时到现在，为生产者服务的第三产业在产值和就业人数上超过为消费者服务的部分，实现了经济结构的第二次递进。纵观中国香港经济的发展历程，可以看到它的发展路径是转口贸易—出口加工贸易—工业化升级—高新技术产业和服务业迅速发展—以服务业为主。

第四，资源的质量和数量决定了一座城市国际化的进程和速度。以纽约为例，纽约一是建造了美国东海岸最优良的深水海港，建立起快捷联系美国东北部和五大湖沿岸城市群以及广大美国内陆地区的立体交通体系，拥有庞大的经济腹地；二是建立了发达的金融、保险业，能够将全球资本汇聚纽约；三是凝聚了全球性贸易、会计、法律、物流、信息等新兴生产者服务业，总部经济发达，能够为制造业发展提供完备的服务；四是集聚了大量优秀文化资源，造就了优越的文化生活环境；五是吸纳了全球优秀人力资源和科教资源，支撑了纽约国际化城市发展的需要；六是打造了曼哈顿中心商务区，为纽约的国际化提供了良好的空间载体。纽约所集聚的这些资源造就了纽约在全球城市体系中的快速崛起和它的龙头老大地位。

三、典型国际化城市建设的具体路径

伦敦——政府控制下的由粗放到精细发展层层推进的现代化国际都市。具体可以概括为：20 世纪 60 年代"政府主导性增长战略"下快速、高度集中的城市化和不均衡的城市发展模式——20 世纪 70~80 年代政府通过规划、行政、经济政策致力于城市规模限制与疏解——20 世纪 80 年代末至 90 年代利用奥运会、世博会大幅度改善市政建设，大力建设伦敦都市圈，完善相应功能，制造业高端化，服务业强势兴起——进入 21 世纪以来，经济国际化深入发展，文化影响力提升，以"城市设计"为代表的城市规划、建设、治理使伦敦城市全面成长为全球城市。

深圳——改革驱动，创新立市、开放成长、不断补强的新兴名城。具体可概括为：用好用足国家各项政策，全方位改革创新——发挥地缘优势，全方位提升城市软硬件环境，发挥好对外开放窗口作用——以经济建设为引领，新经济、新产业全面推进完成转型升级——城市规模急速扩张的情况下，理念不断更新，能力不断强化，城市治理不断现代化——充分认识自身不足，发展过程中不断通过内部培育、外部引进，补足自身短板，争取经济社会全方位健康发展。

四、典型国际化城市建设的关键经验

通过分析世界知名全球城市伦敦、纽约，与杭州可以对标定位的美国西雅图和中国内陆城市深圳的城市国际化建设路径，可以归纳分析出如下几个方面的城市国际化建设的关键经验：

第一，世界知名国际化城市（全球城市）建设必须规划先行。科学的城市发展规划是伦敦、纽约等全球城市成为世界名城的关键举措：一是规划应脚踏实地充分发挥城市禀赋优势。立足城市基本定位，立足本国或本地区地理交通、资源禀赋是伦敦、纽约等城市规划成功的基础，这将极大地促进城市品牌形象的树立。二是规划理念必须适度超前。充分借鉴已有世界名城的发展理念，结合当前经济社会发展总体趋势，以超前理念思维，高起点编制城市总体规划。三是具体规划必须具有极大的前瞻性。世界知名的全球城市的建设必然涉及未来几十年的发展，是规模、人口集聚趋势、现代科技手段运用、主导性经济产业更替等是城市管理、社会治理必须考虑的问题，这些因素在规划过程中必须加以通盘考虑。四是规划必须尽可能具备系统性、精细性。城市空间布局、发展重心转换、交通网络设计、工作生活便利等方面的系统性、精细性有助于规划的科学性，避免城市运行中的效率损失。五是强化规划的公众参与意识。城市规划事关各行各业、千家万户的切身利益，增强规划的科学性，增强公众参与规划意识，建立参与机制，使政府与公众在城市规划方面形成良性互动。

第二，通过开放与创新的经济发展筑牢世界知名国际化城市建设的物质基础。伦敦、纽约、西雅图、深圳等城市的经济成功：一是得益于深入开放。坚持政府的积极推动作用，政府在对外开放中扮演了非常重要的主导角色，通过国家这一"看得见的手"来对资金、资源做倾斜分配，加速国家现代化目标实现；坚持全领域、全业链式开放，通过要素的流动、各领域的竞合、经验的借鉴，推动城市发展已经成为共识。二是得益于不断创新。创新是城市活力之源，伦敦打造了卓越的创意产业，推动城市成为国际知名"创意之都"，创意产业成为城市亮丽名片；转型与创新始终贯穿于深圳市30多年的发展历程，真正形成了"创新引领"，成功实现经济转型。打造城市创新软环境，以政府为主导，对各类创新活动进行政策及立法支持，为企业及个人创新、创业提供制度化、便利化软环境；以创新推动城市向全球价值链高端迈进，在开放、创新的氛围下，上述城市或者孕育了富于全球影响力的企业、产业集群，或者成为大型跨国公司的投资目的地，这是世界名城建设的重要内容，也是成为世界名城的必要经济基础。当前我国众多城市正致力于推进城市国际化，经济发展的国际化无疑是最为重要和根本的切入点。

第三，提升国际交往能力使城市发展融入全球城市网络。全球化把城市紧密联系在一起，城市之间关系由垂直等级关系转变为一个相互紧密联系的无边界网络，各城市为在这一网络体系中占据有利地位而展开激烈的竞争将成为未来10~20年全球城市发展的主基调。全球知名国际化城市的建设要寻求与国际潮流、国际惯例的对接，实现城市架构的国际化。一是提高国际交往便利度。国际航线、班列的广泛覆盖是其重要内容，在这一方面伦敦、纽约已经成为国际交通枢纽，我国内地城市深圳也依据国家规划成为国内重点打造的国际性综合交通枢纽，这将大大提升深圳在全球城市网络中的能级。二是着力打造国际口岸性城市。借助国际交通的便利性，加快各类保税区、物流中心的建设工作，积极融入全国通关一体化改革进程。三是加快建立国际性通信枢纽。加强信息基础设施建设，提升信息通道能力和信息集散能力，努力推进国家下一代互联网城市建设。四是着力提升城市国际交往软实力。世界知名全球城市或国际化城市应当具备必要的涉外软环境。应当积极推进完善语言标识系统，提高市民国际化素质，提高窗口行业外语服务水平，完善国际信息服务系统，建立有利于涉外环境建设的法律法规体系。

第四，做大城市格局以开拓世界名城发展空间。做大城市格局、拓展城市发展空间是各类全球城市的普遍做法。其中纽约的卫星城建设巧妙缓解了城市压力，深圳则进一步融入粤港澳大湾区建设：一是推动城市融入区域发展大格局。综合性世界名城一般均有区域性经济体系作支持，如世界三大著名湾区经济。必须提升规划等级，打破行政区域界限，做到面向国际的开放、创新及宜居宜业，培育人流、物流、信息流、资金流相对自由流动的统一大市场，推动形成功能互补、竞合有序的区域功能定位，强化发展的协同集聚效应，提升域内城市的整体竞争力。二是拓展城市发展新空间。在中国经济社会快速发展的当下，一线及准一线城市人口不断扩张是基本趋势，城市发展新空间的拓展是解决交通拥挤、管理混乱的重要基础。一方面应实现各类资源的节约利用，实现城市紧凑发展，另一方面必须科学规划新城、新区或卫星城市，避免大而无当。三是强化轨道交通等基础设施建设。从国内外大城市的发展经验来看，轨道交通是扩大城市格局，改变市民传统区域和习惯最重要的手段。只有当快速轨道交通成为现实的时候，城市大格局才会真正形成。这也是伦敦、纽约等城市发展的基本经验。

第五，建设与国际惯例接轨的现代化城市治理体系。治理体系现代化是世界知名国际化城市建设的内在要求。我国城市治理能力及体系的建设必须立足中国国情，寻求与国际惯例接轨，大力改革创新：一是打造城市规划体系。依法治理是世界知名国际化城市建设基本原则，是依法治国的重要组成部分。从法规内容、奖惩规定及操作执行等各方面都应当做到精细化，以适应城市紧凑、集聚且规模不断扩大的发展趋势。二是吸收国际成熟模式经验推动社区治理。在坚持党的领导和社会主义制度的前提下，下放管理权限，科学减少管理环节，最大限度地激发社区自治活力。三是积极创新社会组织培育和发展机制。相比伦敦、纽约、西雅图等城市，我国城市社会组织少，尤其专业组织数量更少，应积极发展群众性、公益性、服务性、互助性的社会组织，以购买服务等方式转移部分政府职能给专业化社会组织，构建政府、社会等多方共治模式。

第六，打造"宜居宜业"的世界名城软硬环境。国际化、市场化、法治化的公平、高效就业、营商环境是世界知名国际化城市（全球城市）的必备条件，也是提升城市国际竞争力的关键环节：一是深入推动简政放权，深化商事制度改革。此类软环境建设已经成为深圳、杭州等我国内地城市竞争新热点。深圳近年在政府权力清单制度的建立与完善、企业注册登记等商事制度改革方面做了大量工作。建设公平竞争的市场营商环境，必须用好"看不见的手"和"看得见的手"，理顺两者间的关系。二是加快与国际投资、贸易通行规则相衔接。新一轮贸易投资规则谈判已成为全球经济格局调整的一个重要趋势，与国际通行规则相衔接的营商环境是参与新一轮国际分工，融入全球城市网络的重要一步。伦敦、纽约等城市由于历史及地缘政治的关系，在这方面具有先天优势。由主动衔接、主动参与到顺势引领是中国城市发展的重要任务目标。三是打造城市生态环境的"绿色竞争力"。以宜居宜业为核心，塑造城市绿色发展观，完善城市生态法规制度，发展绿色经济、绿色人文，发展绿色新优势。推动实现城市地理自然生态与城市产业间的有效深度融合，打造城市绿色竞争力。四是优化城市公共服务供给。建立与国际经济、社会、文化发展接轨的公共服务制度、标准及服务体系，如在国际化教育、卫生等方面，大力提升包括设施、语言、交通、质量等方面的服务能力。

第七，大事件提升世界名城影响力。大事件对于城市的发展来说具有非常高的附加价值，可以系统性地提升城市综合服务能级，提高城市文明度。全球性、国际性大事件的策划、发布与承办，已经成为所在城市是否为世界城市网络节点的重要标志，伦敦历史上举办的奥运会就是一个成功的例子：一是通过大事件创新城市空间结构体系。全球知名国际化城市建设中应主动将大事件与城市整体发展规划、区域发展规划接轨，突破既有城市框架结构，打开新布局及增长空间。二是通过大事件提升城市文化品位。从目前国际性大事件举办经验来看，整体过程是城市本土传统文化与时尚元素、国际元素对话、融合的过程，能够大大地促进多元文化环境的形成。同时，大事件通常有广大市民的直接参与，可以直接促进城市整体文明素质的提升。三是通过大事件带动城市转型升级。其中综合性赛会活动表现非常明显，这类活动规模和影响越来越大，产业关联度越来越高，催生大量经济、产业及消费需求，能够带动高层次现代服务业和新兴产业迅猛发展。四是借助大事件重新定位城市发展战略。大事件通常借助鲜明主题达到全球性传播效应，同样能够为城市发展提供新的战略目标与政策取向。借助大事件出台发展规划，并形成相应配套公共政策体系已是普遍做法。

第八，打造世界知名国际化城市包容性文化。文化是世界知名国际化城市（全球城市）的"根"与"魂"，决定了世界知名国际化城市的个性与特色、品位与魅力，实际上一大批城市借助类似资源发展成为世界知名全球城市。伦敦、巴黎、罗马等世界名城之所以具有鲜明的城市特色和个性，就在于其独特的城市文化：一是充分运用先天文化禀赋，这将使世界名城建设事半功倍。先天禀赋对世界知名城市建设起着重要作用。我国北京、成都拥有丰富的历史、文化资源，这些城市对传统文化的保护开发，以及尊重传统、结合当下的发展思路值得借鉴。二是后天打造包容性、国际性城市文化。当先天禀赋不足时，世界知名国际化城市建设必须培育具有国际可识别性的特色与优势文化。要在大力建设城市主流文化的同时，着力培养开放的城市文化心态，对异质化兼收并蓄、包容扬弃。坚持"政府主导、主场主体"的文化发展体制，同时建设"精英与大众"共同参与机制。深圳充分利用了珠三角区域优势，充分引导移民群体不同文化的碰撞和交融，吸收港澳灵活开放的元素，学习西方科学理性特色，打造独特的包容性城市文化。这一文化特质是构成深圳软环境的重要特征之一，是深圳"创新之城"的重要支撑。

第三章
后 G20 时代杭州城市国际化水平
测度体系构建与测评

　　城市国际化是全球化背景下大城市发展到特定阶段后的必然趋势，是在劳动分工国际化、国际贸易全球化、世界经济一体化和经济区域集团化过程中，形成的一类具有全球性经济、政治、文化功能的中心城市。杭州作为长三角中心城市、浙江省省会，早在新世纪伊始便开始了国际化建设的探索。2004 年，杭州启动实施了"旅游国际化"发展战略，2008 年中共杭州市委、市政府出台《杭州城市发展六大战略》，正式提出发展城市国际化战略。2012 年提出城市国际化和城乡一体化成为推动杭州发展的两大主抓手，2015 年杭州市城市国际化行动纲要得到了国务院批复。2016 年 G20 峰会的成功召开，杭州已经进入了城市国际化全面加速的"窗口期"和"机遇期"。面对 2022 年亚运会等重大机遇，杭州城市国际化发展进入了重要"窗口期"。因此，对杭州城市国际化进程中所达到的程度和所处的阶段，与城市在产业、科技、城市建设、经济外向程度、国际交流等方面的发展程度进行探究，对促进杭州城市国际化建设有重要意义。本章在对国内外城市国际化水平评价指标探究的基础上，构建杭州城市国际化进程水平的评价指标体系，对杭州城市国际化水平及进程进行评价探究，以提出杭州城市国际化建设路径的策略。

第一节 具有国际影响力的城市国际化水平主要评价指标体系

构建城市国际化水平评价指标体系是定量研究城市国际化水平的基础。自以斯瑞福特（Thrift）、弗里德曼（Friedmann）、萨森（Sassen）、泰勒（Taylor）等学者对世界城市的国际化水平进行评价排名以来，城市国际化水平评价研究一直是学者们关注的内容。近年来，随着学界对于城市国际化研究的深入，对于城市国际化发展水平评价指标体系的研究亦不断深化。目前，就城市国际化水平及城市影响力等方面的评价已经形成权威的城市全球化报告①，如全球化与世界城市研究组发布的世界城市排名报告、英国《经济学人》智库发布的全球城市竞争力报告、美国科尔尼（A. T. Kearney）管理咨询公司测算的全球城市指数、日本森纪念财团计算的城市竞争力评价指数以及中国社会科学院发布的全球城市竞争力报告。为较全面了解城市国际化水平的比较研究体系，我们对这些城市国际化水平评价体系做简要的分析。

一、GaWC 世界城市排名

（一）GaWC 排名简介

全球化与世界级城市研究小组与网络（Globalization and World Cities Study Group and Network，GaWC）以英国拉夫堡大学为基地，它以城市间相互关系为着眼点，是研究全球化背景下城市网络等级的著名国际机构，GaWC 已成为全世界各个国家和机构认定为最权威的世界城市排名之一。1999 年，GaWC 发布了第一个系统、权威的世界城市体系排名，此后基本上 2~4 年发布一次最新的排名情况。GaWC 发布的名册是以先进生产性服务业公司在世

---

① 刘怀宽，杨忍，薛德升. 新世纪以来中德世界城市全球化模式对比分析［J］. 人文地理，2018（2）：50-59.

界各大城市中的办公网络为指标，对世界 707 座城市进行排名。GaWC 用六大"高级生产者服务业机构"在世界各大城市中的分布为指标对世界城市进行排名，主要包括银行、保险、法律、咨询管理、广告和会计，关注的是该城市在全球活动中具有的主导作用和带动能力。GaWC 评估世界城市的指标并不包括直接的 GDP 和制造业产值等。也就是说，这些行业的国际性机构在城市中分布得越多，等级越高，城市的得分就越高，越被 GaWC 认为是有影响力的世界城市。GaWC 将世界城市分为四个大的等级——Alpha（一线城市）、Beta（二线城市）、Gamma（三线城市）、Sufficiency（自给自足城市，也可以理解为四线城市），而每个大的等级中又区分出多个带加减号的次等级。

理解 GaWC 世界城市排名的内涵，首先需了解其具体的方法论和计算方法。根据泰勒等（Taylor et al.，2002）学者的研究，其城市排名的依据在于城市在全球城市网络中的联系度（Global Network Connectivity，GNC）。具体方法简单概括如下[①]：首先，统计 100 个顶级跨国高端生产性服务业公司（所谓的"GaWC100"）的全球分支机构分布，其中包括 18 家会计公司、15 家广告公司、23 家银行或金融公司、11 家保险公司、16 家法律公司以及 17 家管理咨询公司。其次，根据这些公司的区位战略，即某公司是否有机构设立在某城市，并根据分支机构的重要性（例如是公司总部、地区总部或是办事处等）赋予权重，从而建立"城市—公司"的矩阵关系。最后，如果某一公司在两个城市同时设有机构，则这两个城市存在联系这一基本假设。服务值 V_{ij}（Service Value）表示公司 j 在城市 i 的分支机构数量；r_{ab} 表示城市 a 与城市 b 之间由于公司分支机构而产生的流量，即联系度 ［式（3-1）］。则对于每个城市而言，r_{ab} 之和即表示城市 a 在网络中的区位，称为节点联系度 N_a ［式（3-2）］。

$$r_{ab} = \sum_j V_{aj} \times V_{bj} \tag{3-1}$$

$$N_b = \sum_j r_{ab} \quad a \neq b \tag{3-2}$$

经过上述计算过程，可以通过"城市—公司"的矩阵关系计算出 r_{ab}，并

---

① 程遥，赵民. GaWC 世界城市排名的内涵解读及其在中国的应用思辨［J］. 城市规划学刊，2018（6）：54-62.

以此为基础建立"城市—城市"的矩阵关系，并绘制城市之间的联系网络。最终，以网络中各个城市的节点联系度 N_a 作为其对应 GNC 指标，并以此作为世界城市排名的指标依据。

（二）GaWC 的城市等级评价指标内涵

GaWC 认为全球化背景下对于城市发展最为重要的是城市间关系，城市间关系构成的网络，以及城市与城市网络相关性，这些是城市间竞争与合作的关键要素。GaWC 评价反映了全球化背景下城市的网络整合能力，GaWC 的城市网络节点整合能力评价将城市划分为十个等级（因此 GaWC 评价城市等级）：α++、α+、α、α-、β+、β、β-、γ+、γ、γ-。GaWC 的城市等级不是定义城市实力，而是反映各城市在全球城市网络中的（功能）地位和协调协作能力。表 3-1 是 GaWC 的城市网络节点整合能力评价等级划分的定义说明。如其中 α+标志着城市虽然在功能能级上低于世界级城市但已作为重要节点融入全球城市网络。

表 3-1　GaWC 的城市等级评价指标内涵

等级	定义内容	功能等级
α++	世界级城市，具有高能级的，对全球城市网络具有整合能力的城市，如纽约和伦敦	地区总部功能
α+	融入全球城市网络，且能级低于全球世界级城市，但在亚太地区有众多业务活动的城市	全球城市网络重要节点
α、α-	主要经济圈和世界经济有重要联系的，超重要世界城市	分支机构或分公司
β	与地区和世界经济相联系的重要世界都市	
γ	在全球化中将中小规模地区与世界经济形成联系的城市，或者虽然在全球城市网络中没有重要地位的重要的国际化城市	商务出行的节点
H.S.とS.	不是国际化城市，但是具有满足国际化城市服务功能的城市。如区域核心城市或传统制造业中心	未开发节点

资料来源：春燕. 亚洲主要城市创新环境评价的比较：GPCI、GaWC 和 GCCC［R］. 国际城市观察，2019（3）. "The World According to GaWC"，http：//www.lboro.ac.uk/gawc/gawcworlds.html.

就学术角度而言，GaWC 的全球城市体系研究及城市链接度排名是很有意义和启示性的工作。但需要清醒地认识到，任何排名都有其局限性，关键在于准确解读其内涵并明了其适用性。对包括 GaWC 在内的一系列世界城市排名的内涵，国内学界和规划业界尚缺乏系统性的解读。将城市排名与重要性位序直接挂钩，并直接应用在城市发展战略的制定中，并不可取①。GaWC 的重要成员之一，荷兰根特大学的德鲁德（Ben Derudder）教授曾经在 2017 年 1 月明确指出，GaWC 的世界城市排名仅用于揭示其方法论所对应的有限内涵，而不宜做过多的解读，在实践中需谨慎地应用。

（三）中国主要城市及杭州在其评价系统的位置

如表 3-2 所示，杭州首次进入 GaWC 排行榜是在 2010 年，进入自足系列，排列 262 位；2012 年排名有所上升，排位于高度自足系列，排列 211 位；2016 年排名再次升级，位于第三城市之列的 γ 级，排列 140 位；2018 年上升为排行中的第二梯队的 β+ 级，位列 68 位。2019 年在 2018 年的基础上排名则

表 3-2　2000~2019 年中国主要城市（包括杭州）在 GaWC 排名体系中的变化

城市 ＼ 年份	2019	2018	2016	2012	2010	2008	2000
香港	α+ (3)	α+ (3)	α+ (4)	α+ (3)	α+ (3)	α+ (3)	α+ (3)
北京	α+ (4)	α+ (4)	α+ (6)	α+ (8)	α- (12)	α- (10)	β+ (36)
上海	α+ (6)	α+ (6)	α+ (9)	α- (6)	α- (7)	α-(9)	α- (31)
台北	α (26)	α (26)	α- (36)	α- (41)	α- (43)	α- (28)	α- (20)
广州	α (27)	α (27)	α- (40)	β+ (50)	β (67)	β- (73)	γ- (107)
深圳	α- (55)	α- (55)	β (85)	β- (130)	β- (106)	γ (102)	S (200)
成都	β+ (71)	β+ (64)	β- (100)	HS (188)	S (252)	S (179)	—
杭州	β+ (75)	β+ (68)	γ+ (140)	HS (211)	S (262)	—	—
天津	β (86)	β (79)	β- (113)	γ- (162)	HS (188)	S (205)	—
南京	β (94)	β (87)	γ+ (139)	HS (220)	S (245)	S (215)	—
武汉	β (95)	β (88)	γ- (190)	S (273)	—	—	—
重庆	β- (105)	β- (105)	γ (163)	HS (222)	—	—	—
苏州	β- (112)	β- (106)	γ- (198)	—	—	—	—
大连	β- (118)	β- (111)	γ (160)	S (275)	S (275)	S (218)	—
厦门	β- (121)	β- (114)	γ (171)	S (249)	—	—	—

资料来源：根据 GaWC 发布的报告进行整理而得。

---

① 程遥，赵民. GaWC 世界城市排名的内涵解读及其在中国的应用思辨 [J]. 城市规划学刊，2018（6）：54-62.

有所下降，排名为 75 位。可见，杭州城市的国际化水平在 GaWC 的排名体系下，很多指标的提升度很大，时间也较短。对于杭州这样的长三角副中心城市而言，既要积极参与全球经济、文化等竞争和获取全球城市网络中的地位，更要关注于服务和引领区域发展，打造卓越的全球知名城市。

二、全球城市指数（GCI）排名

（一）全球城市指数（GCI）简介

美国科尔尼（A.T. Kearney）管理咨询公司测算的全球城市指数（Global Cities Index，GCI）。科尔尼是一家国际知名的管理咨询公司，1926 年在芝加哥成立，目前在 40 多个国家设有分支机构。2008 年开始，科尔尼发布全球城市排行榜，榜单由"全球城市指数"综合实力榜（CGI）和"全球潜力城市指数"榜（CGO）两部分组成，评估城市发展的综合实力、前景和提升其国际地位的可能性。报告在 2008~2014 年，每两年发布一次，从 2014 年起，改为每年发布一次，2019 年是第 9 份报告。中国城市主要有北京、上海、香港和台北等上榜。

（二）全球化城市指数（GCI）指标体系

科尔尼发布的全球城市指数榜单，最初从五个维度对来自 40 个国家的 60 个城市进行了综合排名，而目前已扩展到 135 个全球城市。"全球城市指数"榜单的评估体系和维度也从原来的 24 项完善到 27 项，主要包括商业活动（资本流动、市场动态等）、人力资本（教育水平等）、信息交流（网络和媒体普及度等）、文化体验以及政治参与五个维度。如表 3-3 所示，显示了详细的 27 项指标体系。

表 3-3　全球化城市指数（GCI）指标

一级指标	二级指标	权重（%）
商业活动	跨国企业总部设立数；服务业比重；资本市场价值；国际会议召开次数；港口机场；商品流通量	30
人力资本	外国人口数；大学院校质量；国际学校数量；留学生数量；常驻的大学学位数量；拥有大学文凭的人口比例	30
信息交流	常见主要新闻电视频道数量；网上现有新闻社数量；言论自由表达程度；宽带注册用户比率	15

一级指标	二级指标	权重（%）
文化体验	举办重要运动会数量；博物馆数量；艺术表演场馆数量；多种餐饮企业数量；国际旅客数量；友好城市数量	15
政治参与	大使馆和领事馆数量；主要智囊团数量；常驻的国际组织；国际范围的当地公共机构数量；主办的政治会议数量	10

　　资料来源：吴伟强，李俊. 后 G20 时代杭州城市国际化的关键指标——基于全球化城市指数（GCI）[J]. 浙江工业大学学报（社会科学版），2016，15（4）：369-374.

　　该指数对全球各大城市的影响力、表现以及发展水平进行了深入分析并提供了独到见解。它也为多个不同城市之间的核心竞争力和差异化优势提供了比较。

（三）中国城市在"全球城市指数"综合排行及杭州城市的排名位置

　　科尔尼官网介绍称，全球化背景之下，城市比国家更适宜作为关注的焦点。相比其他通常只关注商业因素的排名而言，"全球城市指数"排名是一项更加综合、更加全面地对城市全球化影响力的评估。2019 年 5 月 29 日，科尔尼发布《2018 全球城市报告》（2018 Global Cities Report）。其报告题为《向东方学习：从中国城市的成功中汲取灵感》，重点关注了十年来中国城市高速发展的态势。报告指出，在"全球城市指数"综合排行榜中，中国城市已从2008 年仅有 7 个城市入榜，增长到 2018 年的 27 个城市入榜。4 个城市进入前五十，分别为香港第 5，北京第 9，上海第 19，台北第 45。中国城市的表现继续超越全球其他城市。2019 年的研究显示，中国城市增长势头不减，在综合指数排名平均得分增长速度是北美城市的 3 倍，而在潜力城市排名中，增长速度是欧洲城市的 3.4 倍。在全球城市综合排名榜单中，中国城市取得了可圈可点的成绩：北京雄踞榜单第九位，与第六位的总分差距仅有 2015 年的 1/3，其迅猛势头得益于人力资本、信息交流、文化体验、政治事务四大方面的突出进步和商业活动方面的稳定表现；苏州首次进入百强，与全球顶尖城市的差距快速缩短，其商业活动的繁荣，尤其是货运量的提升功不可没；长沙排名上升 11 位，也可归因于商业活动、人力资本分数的上升。长沙正成为中国中南部新的辐射、增长极；重庆排名上升 9 位，主要原因为人力资本的带动作用；郑州排名上升 9 位，其最大驱动力是商业活动指数的增加。另外，宁波、无锡、佛山、烟台均是全球城市综合排名榜单中的新面孔，其排名较 2018 年首次入围时均有所上升。如表 3-4 所示，显示了 2012~2019 年发布的中国城市的排名汇总情况，但是杭州城市的排名整体落后于中国的其他省份城市的排名。在中国城市的阵列中位列第 10 位。

表 3-4　2012~2019 年中国城市在"全球城市指数"综合排名情况

城市	2012~ 2019 年	2012 年	2104 年	2015 年	2016 年	2017 年	2018 年	2019 年
香港	—	5	5	5	5	5	5	5
北京	5	14	8	9	9	9	9	9
上海	2	21	18	21	20	19	19	19
台北	-4	40	40	44	43	47	45	44
广州	-11	60	66	71	71	71	71	71
深圳	-14	65	73	84	83	80	79	79
南京	—			92	86	86	88	86
天津	—			102	94	91	87	88
成都	—			96	96	87	89	89
杭州	—		—	113	115	116	117	91
苏州	—			105	109	112	115	95
武汉	—		—	104	107	100	102	104
重庆	-39	66	84	114	113	115	114	105

资料来源：根据科尔尼发布的排名整理而成。

三、英国《经济学人》智库全球最宜居城市报告（GLC)

（一）英国《经济学人》智库简介

英国《经济学人》智库发布的全球城市竞争力报告（Global City Competitiveness，GCC)。作为经济学人集团旗下的研究和分析部门及《经济学人》（The Economist）杂志姊妹公司，EIU 每年发布两次全球宜居城市调查报告。

英国的经济学人智库（Economist Intelligence Unit）的《2018 年全球宜居城市指数报告》正式发布。经济学人智库表示，排名靠前的城市通常是富裕国家的中型城市，人口密度相对较低，因为较大、较拥挤的城市通常犯罪率也高，基础建设耗损大，像是英国首都伦敦就仅排名第 48。过去几年，欧洲城市时常因为恐怖主义威胁影响安全分数，但过去一年恢复正常。维也纳和墨尔本在健康医疗、教育及基建都拿下 100 分满分，2018 年维也纳受恐怖威胁减少，加上低犯罪率，最终其以稳定性的满分夺冠，澳大利亚墨尔本只能屈居第二名。如表 3-5 所示。2019 年全球十大最宜居城市排名数据显示，奥地利维也纳超越此前连续 7 年第一的墨尔本，成为全球最宜居的城市。第 3 名到第 10 名分别是：悉尼、大阪、卡尔加里、温哥华、东京、多伦多、哥本哈根、阿德莱德。澳大利亚、加拿大在 TOP10 中分别占据了 3 席。

表 3-5　2019 年全球最宜居十大城市

排名	城市	所属国家	分项得分					总分
			稳定性	医疗卫生	文化和环境	教育	基础设施	
1	维也纳	奥地利	100	100	96.3	100	100	99.1
2	墨尔本	澳大利亚	95	100	98.6	100	100	98.4
3	悉尼	澳大利亚	95	100	97.2	100	100	98.1
4	大阪	日本	100	100	93.5	100	96.4	97.7
5	卡尔加里	加拿大	100	100	90	100	100	97.5
6	温哥华	加拿大	95	100	100	100	92.9	97.3
7	东京	日本	100	100	97.2	100	89.3	97.2
8	多伦多	加拿大	100	100	94.4	100	92.9	97.2
9	哥本哈根	丹麦	95	95.8	95.4	100	100	96.8
10	阿德莱德	澳大利亚	95	100	94.2	100	96.4	96.6

（二）英国《经济学人》智库全球最宜居城市报告（GLC）指标体系

该报告通过对全球 140 个城市生活方式可能面临的挑战进行了量化打分，城市稳定性、医疗保障、文化与环境、教育及公共建设与基础设施五大类指标，涉及 30 多个定量定性因子。如表 3-6 所示，《经济学人》智库的评价指标体系。

（三）中国城市在全球宜居城市中的排名及杭州城市的排位位置

2018 年中国十大最宜居城市，在该排行榜前 100 名，中国入榜的宜居城市有 10 个。其中，得分最高的香港排名第 35，相比 2017 年排名上升了 10

表 3-6 《经济学人》智库发布的全球最宜居城市报告指标体系

分级类别	指标	权重（%）
城市稳定性	轻微犯罪、暴力犯罪、恐怖威胁、军事冲突、社会动荡和冲突威胁	25
医疗保障	提供私营医疗服务、私营医疗服务质素、提供公共医疗服务能力、公共医疗质量、可获得的非处方药、通用医疗指标	20
文化与环境	湿度/温度额定值、气候对旅行者的不适、腐败程度评价、社会或宗教限制、审查程度、运动场所、文化指标、饮食指标、消费品与服务	25
教育	接受私立教育的机会、私立教育质素、公共教育指标	10
公共建设与基础设施	公路网质量、公共交通的质量、国际联系的质量、优质住房的可持续性、能源供应的质量、供水质量、电信的质量	20

资料来源：根据《经济学人》智库正式发布的全球最宜居城市报告整理所得。

位，在亚洲仅次于日本的大阪和东京。在中国排名第二、第三的分别是台北（58）、苏州（74）。北上广深也均上榜，另外天津、大连、青岛 3 座城市入围。香港（35）、台北（58）、苏州（74）、北京（75）、天津（77）、上海（81）、深圳（82）、大连（90）、广州（95）、青岛（97）。2019 年排名中，香港排名第 38 位，排名有所下降，苏州排名第 75 位，比 2018 年下降 1 位，北京排名第 76 位，上海排名第 80 位。杭州市未列入《经济学人》智库发布的 2017 年、2018 年、2019 年全球最宜居城市之列。

四、全球城市实力指数排名（GPCI）

（一）全球城市实力指数简介

据悉，根据日本森纪念财团城市研究所基于"全球动力城市指数"（Global Power Cities Index，GPCI）对全球 40 个领先城市进行排名。"森纪念财团"自 2008 年开始公布该排行榜，2019 年是第 12 年。伦敦已经连续 8 年位居榜首，2019 年的调查分数也持续增加。尽管英国预定 2019 年 3 月"脱欧"，但目前对伦敦的影响尚未显现。因脱欧带来的人员和物资交流受限也可能拉低伦敦的魅力。纽约在降低法人税和创业环境等方面受到高度评价，与排在第 3 位的东京之间的分数差由 2018 年的 103.3 分扩大到了 121 分。如表 3-7 所示，显示了 2017~2019 年三年的评价结果。连续八年排名第一的是伦敦，排名第二的是纽约。巴黎排名第四，截至第五位都与去年相同，中国的北京、上海、台北等城市的排名有所下降，迪拜从去年的第 31 位上升至第 19 位。

表 3-7 2017~2019 年全球城市实力指数排名（部分城市）

城市	2019 年	2018 年	2017 年	城市	2019 年	2018 年	2017 年
伦敦	1	1	1	北京	24	23	13
纽约	2	2	2	巴塞罗那	25	24	24
东京	3	3	3	布鲁塞尔	27	25	21
巴黎	4	4	4	上海	30	26	15
新加坡	5	5	5	华盛顿	31	27	29
阿姆斯特丹	6	6	7	大阪	33	28	26
首尔	7	7	6	迪拜	19	29	23
柏林	8	8	8	日内瓦	35	30	34
香港	9	9	9	米兰	36	31	32
悉尼	10	10	10	台北	39	35	36

资料来源：根据全球城市实力指数排名报告统计而得。

（二）GPCI 城市质量的评价指标

GPCI 评价是当前全球城市综合实力评价中较有影响力的报告之一。该评价以城市实际建设（存量）为基础，归纳的城市经济、研发、文化交流、居住、环境、交通出行六大领域的 70 项指标，从质的方面对全球 42 个有地区代表性城市所处发展水平进行了综合描述和评价比较，因此 GPCI 评价也称为城市质量评价。GPCI 全球城市综合实力评价从 2008 年起每年定期以研究报告的形式向全球发布，报告的 GPCI 城市评价分四个等级，每 10 个城市排列为一个等级，分别表示各城市相关领域的优、良、一般和差。如表 3-8 所示，显示了 GPCI 评价的 2019 年比较新的指标体系。

表 3-8 GPCI 城市质量的评价指标

	评价视角	相关指标
经济	市场魅力	GDP，人均 GDP，GDP 增长速度
	商务环境	证券交易所的股票时价总额，世界 300 强企业数，就业人数
		完全失业率，服务业就业比例、租金水平，人才确保程度，人均商务面积
		法律制度及风险，经济自由度，法人税，商机与风险

	评价视角	相关指标
研发	研究环境	研究者数、世界排名 200 学校数、数学与科学的学科能力
	接受及制度	外国研究员的接受情况、研究开发经费
	研发成果	专利登记，主要技术的受奖情况，研究者交流机会
文化交流	文化交流能力	发布规模、国际会展举办数量、主要的世界文化活动举办数、艺术家创造环境
	住宿环境	星级酒店客房数，旅店数量（集客资源）
	集客设施	联合国教科文组织的世界遗产（100 千米圈），文化历史的接触机会，剧场和演唱厅的数量，体育场数量
	接受环境	购物魅力、饮食魅力
	交流效果	外国人居住者数量，海外访问学者数量，留学生数量
居住	就业环境	总劳动时间，就业者的生活满足度
	居住成本	住房租赁平均价格，物价水平
	安全及安心	人口平均杀人案件，灾害对应的能力，健康寿命，社区交流的良好性
	城市生活环境	人口密度、人口平均医师数量、外国人人口平均外国人学校数量，小商品超市的充实程度、饮食店的充实程度
环境	生态	"ISO14000" 企业获得数，再生能源比例，回收率，CO_2 排放量
	污染状况	SPM 浓度，SO_2 浓度，NO_2 浓度，水质量
	自然环境	城市中心的绿色覆盖率，气温的舒适度
交通出行	国际交通网络	城市中心到国际机场的时间，国际航班直航城市数量，国际线旅客数量，机场跑道数量
	市内交通服务	公共交通（地铁）站点的密度，公共交通的充实度与正点率，通勤上学的便利性，出租车的价格

资料来源：春燕. 亚洲主要城市创新环境评价的比较：GPCI、GaWC 和 GCCC ［J］. 国际城市观察，2019（3）：29.

（三）中国城市在 2017~2019 年全球城市实力指数排名及杭州的排名位置

自 2012 年以来，上海和北京的排位进入前 20，但波动比较大。从表 3-9 所示的报告发现，中国的城市中，北京从第 12 位下滑到第 24 位，上海从第 15 位下滑到第 30 位。在"环境"领域，更换指标数据似乎造成了影响。北京和上海由于在分数方面与多个城市不相上下，分数稍有下滑，排名就会大幅下降。中国广州、深圳、杭州等城市均未列入排行榜。

表 3-9　中国城市列入全球城市实力指数排名的城市名单及排行情况

城市	2019 年排名位置	2018 年排名位置	2017 年排名位置	2016 年排名位置
香港	9	9	9	7
北京	24	23	13	12
上海	30	26	15	17
台北	39	35	36	33

第二节　具有国内影响力的城市国际化水平测度报告体系

国内对城市国际化水平测度研究起步较晚，源于 20 世纪 90 年代，由于研究切入的理论视角不同、侧重点不同、构建思路不同，国内城市国际化水平测度报告的指标体系差异较大。评价内容主要注重城市建设和产业发展、注重城市现代化和国际化、注重国际影响力等方面。从发布者来看，主要来自国内的城市研究机构公开发布的评价报告和研究者通过媒体公开发布的研究成果。

一、城市国际化水平评估研究机构发布的排行

在国内也有很多研究机构对中国城市进行排行，最佳商业城市、最佳旅游业城市等。这里主要列举与城市国际化水平比较接近的相关排行情况。

(一)《机遇之城》排行榜

1.《机遇之城》排名简介

中国发展研究基金会与普华永道连续五年联合发布的《机遇之城》报告，关注的是我国重点城市的产业发展、创新潜力、区域协调发展、人民生活与生态保护的协同发展等内容，此报告是普华永道研究《全球城市发展的机遇之都》报告的中国版。《机遇之城》借鉴了《机遇之都》的视角和分析框架，同时又结合我国的实际情况，构建了符合我国特色的发展现状指标体系，对城

市发展的竞争力、影响力和潜力进行综合评估，为城市的全面发展提供对标，近年来在国内已经产生了广泛的影响。在 2017 年《机遇之城》工作的基础上，2018 年观察样本城市扩展到了 30 个，2019 年扩展到中国 38 个城市，还对粤港澳湾区、雄安等国家战略区域的发展给予特别关注。这 38 个城市，绝大部分都是我国大城市群的中心城市[①]。

2. 指标体系

《机遇之城》采用的是普华永道城市调研评估工具。这个评估工具与通常的城市比较研究采用的方法大体一样，都是设计几个层级的变量，然后广泛采集数据进行评估。一级指标共 10 个，在每个维度中还设计了 4~7 个不等、总数为 57 个的变量。维度不设权重，只表明观察角度；变量之间是平行的，是对观察角度的进一步细分。维度中变量的数量，反映了统计数据采集的难易程度；同时，也在一定程度上表达了观察者对观察维度关注的程度。如表3-10 所示，为《机遇之城》2019 年采用的评价指标体系。

表 3-10 《机遇之城》2019 年度评价指标体系

维度	指标
智力资本和创新	专任教师变动率、中等职业教育规模、科技支出比重、研究与开发水平、创业环境、创新应用
技术成熟度	"互联网+"、数字经济、软件与多媒体设计、技术市场规模和科技企业孵化器数量
区域重要城市	星级酒店、国际游客、飞机起降航班、客运总量、货运总量和会展经济发展指数
健康、安全与治安	医护资源、医疗设施、养老服务、城市交通安全指数、灾害损失
交通和城市规划	人均道路面积、公共交通系统、轨道交通覆盖面、城市扩展速度、城市流动人口状况、绿化面积、居民住房保障
可持续发展与自然环境	居民人均水资源、污水集中处理率和生活垃圾无害化处理率、劳动力供给、流动人口变动率、碳排放
文化与居民生活	文化活力、交通拥挤状况、空气质量、生活质量
经济影响力	知名企业数量、金融从业人员、吸引外商投资、城市服务业比重、地区生产总值名义增长率、农业机械总动力
成本	职工平均工资、公共交通成本、商业用地成本、住宅价格、食品价格、生活服务务价格

① 中国发展研究基金会发布的 2019 年《机遇之城 2019》报告。

维度	指标
宜商环境	创业便利性、人均劳动纠纷数、物流效率、资本市场参与度、商业运营风险、财政收支平衡度、外贸依存度

资料来源：根据中国发展研究基金会发布的 2019 年《机遇之城 2019》报告整理而成。

3. 杭州在中国城市排名中的位置

普华永道与中国发展研究基金会联合发布第六期《机遇之城 2019》报告，榜单中列出 38 个城市。《机遇之城 2019》得出的中国城市前 10 名依次是：北京、上海、香港、广州、深圳、杭州、成都、武汉、厦门、南京。排在前面的是北上香广深五大一线城市，也就是说最有机遇的城市仍然是这五座一线城市，北京位居榜首，上海紧随其后，深圳紧跟广州。除北上香广深五城以外，33 座城市的综合数据梳理结果：杭州位居第一，延续了 2018 年的排列次序，随后是成都、武汉、厦门、南京，至此排序与 2018 年排序有差异；回顾过往六年数据，杭州以综合实力在总排名中上升最为显著，但是杭州的短板也比较明显，智力资本与创新，区域重要城市，健康、安全与治安，交通和城市规划等维度上不具有优势，排名比较靠后。《机遇之城 2019》的 10 个维度中 38 座城市位列前五的城市如表 3-11 所示。

表 3-11 《机遇之城 2019》的 10 个维度中 38 座城市位列前五城市

分析维度	第 1 城市	第 2 城市	第 3 城市	第 4 城市	第 5 城市
智力资本与创新	北京	上海	南京	长沙	武汉
技术成熟度	深圳	广州	北京	杭州	上海
区域重要城市	上海	北京	香港	广州	重庆
健康、安全与治安	香港	上海	澳门	北京	广州
交通和城市规划	珠海	南京	西安	广州	深圳
可持续发展与自然环境	海口	深圳	佛山	厦门	中山
文化与居民生活	澳门	香港	长沙	上海	福州
经济影响力	北京	香港	深圳	上海	杭州
成本	保定	石家庄	唐山	太原	沈阳
宜商环境	香港	厦门	宁波	杭州	上海

资料来源：根据中国发展研究基金会发布的 2019 年《机遇之城 2019》报告整理而成。

（二）中国城市综合实力排行榜

1. 2018 中国城市综合实力排行榜简介

由《经济日报》、华顿经济研究院联合共同对外发布了《2018 中国城市综合实力排行榜》。华顿经济研究院（Warton Economic Institute，WEI），前身为 1988 年成立的上海经济发展研究所（Shanghai Institute of Economic Development），是中国首家对宏观经济、区域经济和企业发展进行全方位、综合性研究的咨询机构。排行榜中对我国综合实力 20 强城市进行了排名，排名分别为：北京、上海、广州、深圳、武汉、成都、重庆、天津、南京、杭州、苏州、长沙、西安、郑州、大连、青岛、沈阳、宁波、无锡、厦门。

2. 指标与核算方法

排名总分根据该城市的 GDP 分值、教育科研与医疗、交通完善与通达、城建水平、综合经济竞争力五个参数为标准。其中，①GDP 分值的核算方法为：100 - （该城市 2017 年 GDP）× 0.001。②教育科研与医疗的核算方法：该城市教育普及率、重点大学数量、科研机构实力、科研产出投入以及城市医疗水平、三甲医院数量。③交通完善与通达核算方法：城市已开通地铁里程、高铁通达率、高速公路覆盖率、城市交通设施完善度。④城建水平核算方法：城市地铁覆盖率、城市高楼指数、道路整洁度、城市建成面积城市整体美观度、城市天际线。⑤综合经济竞争力核算方式：城市经济环境发展水平与效率、GDP 密度与增量。如表 3–12 所示。

表 3–12　中国城市综合实力排行榜评价指标

维度	指标
GDP 分值	100 - （该城市 2018 年 GDP）× 0.001
教育科研与医疗	城市教育普及率、重点大学数量、科研机构实力、科研产出投入以及城市医疗水平、三甲医院数量
交通完善与通达	城市已开通地铁里程、高铁通达率、高速公路覆盖率、城市交通设施完善度
城建水平	城市地铁覆盖率、城市高楼指数、道路整洁度、城市建成面积城市整体美观度、城市天际线
综合经济竞争力	城市经济环境发展水平与效率、GDP 密度与增量

3. 杭州的排名位置

如表 3-13 所示，"北上广深"四大一线城市地位牢固。中国第五城的争夺，竞争激烈，强市众多。武汉以总分 451.26648 的分数，位列第五位，成为"中国第五城"。排行榜中列出了各个城市五项指标的分数情况，武汉在教育、科研与医疗，交通完善与通达这两项指标上，表现得尤其突出，杭州排名第10，但武汉、成都、重庆、天津、南京、杭州这六个城市的差距在 5 分比值内，杭州其实与这六个城市在分值上的差距比不大，其真实的实力实际差距不大。

表 3-13　2018 年中国城市综合实力 TOP10 排名情况

排名	城市	GDP 分值	教育、科研与医疗	交通完善与通达	城建水平	综合经济竞争力	总分值
1	北京	97.86654	94.14	99.61	98.17	94.49	483.27654
2	上海	100	85.56	98.57	98.89	97.28	480.3
3	广州	91.36929	84.53	97.71	95.51	95.53	464.64929
4	深圳	92.30453	67.31	97.13	97.63	100	454.37453
5	武汉	83.27648	84.67	96.68	93.31	93.33	451.26648
6	成都	83.75553	84.54	95.74	93.98	91.03	449.04553
7	重庆	89.36641	80.25	95.89	93.12	87.85	446.47641
8	天津	88.46152	72.82	95.43	93.14	94.22	444.07152
9	南京	81.58124	75.87	96.12	93.14	93.34	441.42124
10	杭州	82.4223	80.81	95.41	93.58	88.13	440.3523

（三）浙江大学经济学院发布的杭州城市国际化水平评价报告

2016 年 7 月，浙江大学经济学院、杭州市发展和改革委员会（市国推办）在紫金港国际饭店联合举行发布会，发布了杭州城市国际化评价指标体系。评价指标体系共分为经济开放、城市宜居、科技与创新、国际影响四个方面，信息（智慧）经济增加值占 GDP 比重、国际学校数、国际医院数、人均公园绿地面积、交通通达性、世界排名前 500 的大学、国际友好城市数、国际航班数、世界文化遗产数等 33 个三级指标。具体的指标如表 3-14 所示。

表 3-14 杭州城市国际化指标体系

一级指标与权重	二级指标与权重	三级指标与权重
经济开放 (30%)	贸易国际化 (10%)	货物贸易进出口总额占 GDP 比重（5%）；服务贸易进出口总额占 GDP 比重（5%）
	资本国际化 (10%)	外商直接投资占全社会固定资产投资总额比重（3%）；对外直接投资占全社会固定资产投资总额比重（3%）；外国金融机构数量（4%）
	经济发展度 (10%)	人均 GDP（4%）；三产增加值占 GDP 比重（3%）；信息经济增加值占 GDP 比重（3%）
城市宜居 (25%)	基础设施国际化 (10%)	国际学校数（2%）；国际医院数（2%）；国际街区数量（2%）；互联网国际通信专用通道（2%）；国际标识普及率（2%）
	生活宜居度 (15%)	人均公园绿地面积（3%）；环境空气质量达标天数（3%）；生活成本指数（3%）；交通通达性（3%）；城市安全状况满意度（3%）
文化与创新 (20%)	文化覆盖度 (8%)	人均博物馆数量（2%）；受过高等教育人口占总人口比重（3%）；世界文化遗产数（3%）
	科技创新度 (12%)	世界排名前 500 的大学数（3%）；国际主流学术期刊发表论文数（3%）；国际专利申请量（3%）；研究与试验发展经费支出占 GDP 比重（3%）
国际影响 (25%)	国际影响度 (16%)	国际友好城市数（3%）；互联网检索数（3%）；举办重要国际会议次数（3%）；国际组织总部和地区代表处（含大使馆、领事馆或办事处）（4%）；本土企业入选 500 强数（3%）
	国际吸引力 (9%)	世界 500 强海外企业入驻数（3%）；国际航班线路数（3%）；国际旅客占常住人口比重（3%）

资料来源：2017 年浙江大学杭州城市国际化评价指标体系发布会公开资料。

根据评价体系，杭州市国推办选取 2016 年中国 GDP 规模最大的十大城市（北京、上海、深圳、广州、杭州、苏州、武汉、成都、天津和重庆）进行国际化水平排名，如表 3-15 所示，总体来看，北京和上海优势比较明显，总得

表 3-15 杭州城市国际化相对水平评估

指标	北京	上海	深圳	广州	杭州	苏州	武汉	成都	天津	重庆
经济开放	21.87	23.16	26.32	21.00	17.97	18.32	14.15	14.42	17.51	12.69
城市宜居	16.20	20.46	14.66	14.94	15.16	16.57	14.09	15.49	13.36	15.73
文化与创新	18.80	12.68	12.10	10.13	11.92	9.89	11.70	9.55	9.43	8.71
国际影响	23.39	30.80	13.32	15.84	13.82	11.13	12.01	12.08	10.76	11.05
总分	80.77	77.09	66.40	61.91	58.88	55.92	51.96	51.53	51.06	48.17
总排名	1	2	3	4	5	6	7	8	9	10

资料来源：2017 年浙江大学杭州城市国际化评价指标体系发布会公开的资料。

分分别为 80.27 分和 77.09 分，深圳以 66.40 分位列第三。杭州得分 58.88 分，排名十个城市第五。四大指标分别为经济开放第六、城市宜居第六、文化与创新第四、国际影响第四。

报告还提出相关建议：杭州在会展、旅游、文化等方面具有良好的基础，在城市硬件、软件和国际影响上还要下功夫；杭州城市国际化的目标定位应该是"有特色的专业型兼具综合城市功能的国际化城市"，国际上学习"旧金山"，国内学习"深圳"。接下来杭州要重点打造具有全球影响力的"互联网+"创新创业中心、国际会议目的地城市、国际重要的旅游休闲中心、东方文化国际交流重要城市的"四大个性特色"，加快形成一流生态宜居环境、亚太地区重要国际门户枢纽、现代城市治理体系、区域协同发展新格局，为建成具有"独特韵味、别样精彩"的世界名城提供强大支撑。

二、国内学者提出的城市国际化水平评估体系

除了研究机构对我国城市国际化水平测度进行排名以外，在学术层面，也有较多的研究者从不同视角对我国城市的国际化水平测度进行研究，提出了相关城市国际化水平评估方法、评估指标体系及相关的评估结果。以下针对学者提出的国内主要城市国际化水平测度的指标体系进行归纳总结概述。

构建城市国际化水平评价指标体系是定量研究城市国际化水平的基础。我国从 20 世纪 80 年代开始对城市国际化的研究，最早的评价指标是中国人民大学舆论研究所会同青岛市政府办公厅利用"特尔斐法"进行的研究，选出了年资金融通总量、年人均 GDP、港口吞吐量、外汇市场日交易量、外贸转口额 5 项"最为关键的指标"以及 13 项"基本指标"和 13 项"参考指标"[①]。随着城市发展的不断进步，国内学者对城市国际化的评价方法普遍采用综合指标体系进行，城市国际化水平的评价指标开始呈现"日益综合"的特点，评价体系的构建也将日趋完善。以下我们列举 2010~2018 年期间国内学者对我国主要的大型城市进行城市国际化水平测度的指标体系。

---

① 喻国明. 建设现代化国际城市的基本指标体系及操作空间——来自青岛市建设现代化国际城市"特尔菲法"研究的报告 [J]. 城市问题，1995（1）：14-37.

（一）北京世界城市指标体系

齐心、张佰瑞、赵继敏（2011）等构建了包括总体实力、软实力和支撑条件三个评价维度在内的北京市世界城市水平测度指标体系[①]。如表 3-16 所示。

表 3-16　北京世界城市水平评价指标体系

维度	一级指标	二级指标
总体实力	硬实力	GDP 规模；第三产业占 GDP 比重；全球金融中心指数；现代制造业增加值
	软实力	世界排名 500 强大学（所）；城市品牌指数
	基础设施	轨道交通运营里程（KM）；五星级酒店数（个）；宽带用户比例（%）
软实力	国际人流	航空客运量（万人次）；入境旅游人数（万人次）；留学生数量（人）
	国际机构	全球 500 强企业总部数（家）；国际组织总部数量（家）；国际零售商的比例（%）
	国际活动	年举办国际会议次数（次）；举办大型国际体育赛事次数（次）；友好城市数量（个）
支撑条件	活力之都	外籍人口占总人口比重（%）；城市基尼系数（%）；劳动年龄人口比例（%）
	创新之都	每万人口高校在校生数（人）；人均专利申请指数；创意产业人口占总就业人口比例（%）
	宜居之都	失业率（%）；人均预期寿命（岁）；空气污染指数（微克/立方米）

（二）国内一线城市国际化水平综合评价体系

易斌、于涛、翟国方（2013）等以契合国际化城市内涵为原则详细筛选出了 18 个指标构成城市国际化水平综合评价指标体系，并基于该指标体系，采用层次分析法和信息熵法，对上海、北京、广州、深圳和天津的国际化水平进行比较分析，对指标体系的合理性进行了实践检验以期为我国城市的国际化建设提供参考依据[②]。如表 3-17 所示，针对我国城市国际化水平最高的一线城市构建的城市国际化水平评估测度体系。对比研究结果表示，五城市的国际化水平排序为上海、北京、深圳、广州、天津。

---

① 齐心，张佰瑞，赵继敏. 北京世界城市指标体系的构建与测评 [J]. 城市发展研究，2011（4）：1-7.
② 易斌，于涛，翟国方. 城市国际化水平综合评价体系构建与实证研究 [J]. 经济地理，2013，33（9）：37-42.

表 3-17　我国一线城市国际化水平测度体系

准则层	权重	指标层	权重
经济国际化水平	0.339	全球 500 强公司入驻数量	0.0546
		实际利用外资总额	0.0538
		金融业增加值占 GDP 比重	0.0524
		外贸依存度	0.0533
		进出口总额	0.0560
		外商和港澳台投资企业占注册企业数量比重	0.0669
人才交流国际化水平	0.155	大学教育中国际人口的比重	0.0503
		常住人口中外籍人口的比重	0.0540
		国际航空运输量	0.0509
文化国际吸引力	0.164	主办国际会议与展览的次数	0.0548
		接待入境旅游外汇收入	0.0540
		国际游客年接待规模	0.0552
政治国际影响力	0.130	外国驻华大使馆和总领事馆数目	0.0758
		友好城市和友好交流关系城市数目	0.0540
生态发展水平	0.212	万元 GDP 能耗	0.0508
		万元工业增加值电耗	0.0505
		地均 GDP	0.0595
		人均公园绿地面积	0.0511

（三）广州城市国际化发展水平指标体系

改革开放以来，广州城市国际化发展水平不断提高。周春山、王朝宇、吴晓松（2016）等从影响力、支撑力两个维度构建了经济国际化发展水平、政治国际影响力、人文国际吸引力、生态发展水平、科技创新能力、对外连通能力六个要素的评价指标体系，如表 3-18 所示[①]。依据该指标体系，从国内、国际两个层面测度广州城市国际化发展水平，并以广州城市国际化发展水平纵向测度为基础，分析影响广州城市国际化发展的主要驱动要素，总结广州城市国际化发展的特征及存在问题，并对提升广州城市国际化水平提出

---

① 周春山，王朝宇，吴晓松. 广州城市国际化发展水平比较研究［J］. 城市观察，2016（4）：5-16.

对策建议。

表 3-18　广州城市国际化水平评价指标体系

准则层		指标层	权重
影响力	经济国际化水平	实际利用外资	0.0448
		金融业增加值占 GDP 比重	0.0436
		进出口总额	0.0510
		外贸依存度	0.0504
		跨国公司指数	0.0588
		总部经济指数	0.0355
	政治国际影响力	友好城市数目	0.0418
		国际组织数量	0.0752
		外国驻华大使馆和总领事馆数目	0.0652
	人文国际吸引力	举办国际会议次数	0.0762
		外籍人口数量	0.0569
		国际旅游外汇收入	0.0297
		接待外国游客数	0.0354
支撑能力	生态发展水平	建成区绿化覆盖率	0.0318
		万元 GDP 能耗	0.0261
	科技创新能力	R&D 经费支出占 GDP 比重	0.0393
		专利授权量	0.0609
	对外连通能力	国际航线条数	0.0563
		航空港旅客吞吐量	0.0372
		港口货物吞吐量	0.0365
		全球联系指数	0.0495

三、国内学者以杭州城市国际化水平进行测度的指标体系

杭州市是浙江省省会、长三角副中心城市，自 2008 年杭州市委、市政府提出城市国际化战略目标以来，尤其是 2016 年 9 月的 G20 峰会胜利召开，杭州城市在世界范围内的知名度不断提升，国内学者对城市国际化水平测度中有专门针对杭州城市国际化进行测评，也有学者把杭州作为重要的对比城市进行测度，构建的测评指标体系有以下几种：

（一）基于全球化城市指数（GCI）的杭州城市国际化测评指标

基于全球化城市指数（GCI）后 G20 时代杭州城市国际化关键指标。吴伟强、李俊（2016）基于全球化城市指数作为杭州城市国际化水平测度指标体系［这里不再列出指标体系，参见本章第一节全球城市指数（GCI）的指标体系］，对杭州城市国际化水平进行比较研究，比较研究的对象选择了国外世界知名城市纽约、伦敦、东京、西雅图、大阪等城市，国内选择了北京、上海、广州、深圳、南京、西安、重庆等城市进行对比分析。分析结果表明，杭州与国际化水平最高的城市相比，在友好城市数量上超过纽约、伦敦、东京，国际会议次数超过伦敦，其他指标全面落后，但 LTE 网络覆盖率相对较为接近。与西雅图、大阪相比，很多数据较为接近，召开国际会议次数、博物馆数量和友好城市数量超过上述两个城市，但服务业所占比重劣势明显，领事馆数量为零，说明在国际影响力方面差距较大。杭州与国内城市相比，杭州与北京、上海相比全面落后，与广州、深圳相比仅在国际会议召开次数和博物馆数量上占优，与相近的南京、重庆、西安进行比较，有一定优势，但在高校数量上明显落后①。

（二）长三角五大都市圈中心城市国际化水平测度指标体系

宋炳林、陈琳（2017）等根据《长江三角洲城市群发展规划》，构建了长三角城市国际化水平测度指标体系，以上海为参照，对杭宁苏等长三角五大都市圈中心城市进行国际化水平比较研究。如表 3-19 所示为长三角五大都市圈中心城市国际化水平测度指标体系。

评估结果显示，如表 3-20 所示，苏州凭借经济国际化领域的较大优势，综合得分排名首位；杭州、南京、宁波各有所长，分列二至四位；合肥则亟须以经济国际化为引领，带动城市国际化的全面提升②。数据显示，杭州的综合指标分数值与苏州有差距，与南京的分数则比较接近。

---

① 吴伟强，李俊. 后 G20 时代杭州城市国际化的关键指标——基于全球化城市指数（GCI）[J]. 浙江工业大学学报（社会科学版），2016，15（4）：369-374.
② 宋炳林，陈琳. 长三角五大都市圈中心城市国际化水平比较研究 [J]. 浙江社会科学，2017（6）：57-66.

表 3-19　长三角五大都市圈中心城市国际化水平测度指标体系

一级指标与权重	二级指标与权重	三级指标与权重
经济发展国际化（25%）	综合经济（6%）	人均 GDP（2%）；城镇居民人均可支配收入（2%）；第三产业占比（2%）
	国际贸易（6%）	进出口总额（2%）；贸易依存度（2%）；离岸服务外包总额（2%）
	产业发展（6%）	实际利用外资（1.5%）；境外投资额（1.5%）；研发投入占 GDP 比重（1.5%）；引进全球 500 强企业数（1.5%）
	开放平台（7%）	国家级开放区数量（3%）；国际会展场次（2%）；外资金融机构数（2%）
基础设施国际化（25%）	港口发展（6%）	国际标准集装箱吞吐量（3%）；货物吞吐量（3%）
	空港发展（7%）	国际航班航线数（a）（3%）；空港货邮吞吐量（a）（4%）
	交通里程（7%）	高速路网密度（3%）；铁路客运量（2%）；地铁运营里程（2%）
	网络覆盖（5%）	国际互联网普及率（3%）；无线网络覆盖率（b）（2%）
人居环境国际化（25%）	生态环境（8%）	人均公共绿地面积（4%）；空气质量指数（4%）
	语言环境（8%）	外籍常住人口数（4%）；外语媒体（电视电台栏目）数（4%）
	公共服务（9%）	每万人拥有医生（3%）；国际医疗机构落户数（3%）；落地签证或 72 小时过境免签政策（3%）
人文交流国际化（25%）	创新文化（8%）	国际专利申请量（3%）；入选国家"千人计划"人数（3%）；境外创新、研发机构落户数（2%）
	国际文化（9%）	国际文化展演数（1.5%）；国际体育赛事数（1.5%）；国际游客数（1%）；出境旅客数（1%）；每十万人拥有博物馆数（1%）；留学生数（1%）
	国际影响（8%）	国际友好城市与友好交流城市数（4%）；国际组织总部和地区代表处（商会、协会代表处）数（4%）

表 3-20　杭州在长三角五大中心城市国际化水平综合排名情况

一级指标	苏州	杭州	南京	宁波	合肥	平均
经济发展国际化	66.99（1）	51.87（2）	44.04（4）	44.70（3）	28.81（5）	47.28
基础设施国际化	37.53（3）	29.15（4）	38.58（2）	43.23（1）	18.19（5）	33.34
人居环境国际化	55.59（5）	64.72（3）	68.67（1）	65.84（2）	59.47（4）	62.46
人文交流国际化	43.38（2）	43.72（1）	37.81（3）	24.66（4）	14.80（5）	28.23
综合得分	50.37（1）	47.37（2）	47.28（3）	44.61（4）	30.32（5）	43.99
综合排名	1	2	3	4	5	

资料来源：宋炳林，陈琳. 长三角五大都市圈中心城市国际化水平比较研究［J］. 浙江社会科学，2017（6）：57-66.

（三）中国 36 个大城市的国际化水平测度指标体系

中国 36 个大城市的国际化水平测度指标体系及杭州的排名。李京武、沈昊靖（2017）等以中国 36 个主要大城市为研究对象，构建城市国际化水平测度指标体系，并运用主成分分析法、标准比较法和聚类分析法测度各城市的国际化水平[1]，如表 3-21 所示。

表 3-21　中国 36 个大城市国际化水平测度指标体系

要素层	复合指标层	具体指标
核心指标	政治国际化水平	外国领事馆数量；国际友好城市数量
	经济国际化水平	全球 500 强企业入驻数量；实际利用外资；货物进出口总额；国际旅游外汇收入
	国际交流水平	入境旅游人数；客运量；航线数
	社会国际化水平	国际知名度；国际互联网使用率；移动电话用户数
基础指标	城市规模水平	GDP 总量；总人口
	社会经济水平	地方财政预算内收入；第三产业占 GDP 比重；在岗职工平均工资；城镇居民人均可支配收入
	文化水平	人均教育支出；每百人公共图书馆藏书数；普通高等学校在校学生数
	公共服务和基础设施水平	人均城市道路面积；剧场影院数；医院卫生院数

表 3-22　杭州在 36 个大城市国际化水平测度中的位置（摘录前 24 位的城市）

排名	城市	得分	排名	城市	得分	排名	城市	得分
1	北京	13.483	9	武汉	1.642	17	沈阳	−0.293
2	上海	12.677	10	杭州	1.251	18	长沙	−0.312
3	深圳	6.953	11	西安	0.449	19	济南	−0.339
4	广州	6.086	12	厦门	0.325	20	合肥	−0.381
5	重庆	6.030	13	青岛	0.300	21	石家庄	−0.961
6	成都	5.450	14	大连	0.277	22	宁波	−1.454
7	天津	2.096	15	哈尔滨	0.162	23	福州	−1.473
8	南京	1.645	16	郑州	−0.232	24	长春	−1.637

资料来源：李京武，沈昊靖. 中国 36 个大城市的国际化水平测度与定位［J］. 西北师范大学学报（自然科学版），2017（5）.

---

[1] 李京武，沈昊靖. 中国 36 个大城市的国际化水平测度与定位［J］. 西北师范大学学报（自然科学版），2017（5）.

通过表 3-22 的城市排名数据显示，杭州城市国际化水平排在第 10 位，落后于重庆、成都、天津、南京、武汉等省会城市的排名。

第三节　杭州城市国际化水平测度指标体系的构建

城市国际化水平是一个城市在国际化发展中与国际联系的密切程度，可以通过构建评价指标体系进行测度。城市的国际化水平应该用国际公认的通用指标评价，并得到国际认可，否则就会失去城市的"世界性"。对照国际指标，客观评价杭州城市国际化水平，才能发现城市国际化建设中的关键指标。

一、国内外城市国际化水平评估体系对杭州的借鉴与启示

通过对国内外权威的城市国际化水平测度报告的分析，发现国内外各类权威测度报告的指标都不尽相同，每一类权威测度报告所反映的内容也不尽相同。从对杭州城市国际化水平测度指标体系的构建来看，我们可以通过分析其指标及其杭州城市在其体系中的排位来获得一些借鉴和启示，以帮助我们构建杭州城市国际化水平测度指标体系：

（一）在国外城市国际化水平排名中杭州有较高排名的测度指标体系分析

国外的城市国际化水平排名中，主要在以下几个排名中杭州的排名比较靠前：①GaWC 排名。GaWC 已成为全世界各个国家和机构认定为最权威的世界城市排名之一，GaWC 发布的名册是以先进生产性服务业公司在世界各大城市中的办公网络为指标来进行测度的，根据其发布的数据，杭州城市的国际化水平在 GaWC 体系中的排名在国内除香港和台北外，在中国大陆城市中已经排名第六，前面分别是北京、上海、深圳、广州、成都，说明这几个城市的生产者服务业都比杭州相关的指数要高。说明，生产者服务业对城市国际化水平排名比较重要，这类指标要有适当比例。②科尔尼发布的全球城市指数主要用商业活动（资本流动、市场动态等）、人力资本（教育水平等）、信息交流（网络和媒体普及度等）、文化体验以及政治参与五个维度来评估。

杭州城市的排位 2019 年度排位 91 名，2018 年度排位 117 名，2017 年度排位 116 名，2016 年度排位 115 名，2015 年度排位 113 名。2015~2018 年期间，波动不大，2019 年指数排名上升幅度较大，已经进入世界城市 100 强之内；但同样的排行榜中，杭州与中国大陆几大城市比较，杭州位于北京、上海、广州、深圳、南京、天津、成都等城市的后面，在中国大陆城市中排位第 8 名。GCI 指数对全球各大城市的影响力、表现以及发展水平进行了深入分析并提出了独到见解。它也为多个不同城市之间的核心竞争力和差异化优势提供了比较。这些指标应作为杭州城市国际化重要参考。

（二）在国外城市国际化水平测度排名中杭州未进入排行榜分析

在国外权威城市排名中，杭州未能进入排行榜的测度水平排名。①英国《经济学人》智库全球宜居城市排名。主要涉及城市稳定性、医疗卫生、文化和环境、教育及公共建设与基础设施五大类指标。近几年中国内陆城市有北京、上海、深圳、广州、苏州、天津、青岛、大连等城市进入世界百强宜居城市排名，作为世界知名的世界城市排名榜，杭州未进入排行榜，说明杭州在五大类指标中的数据并不是很具有竞争力。从公开的指标体系上看，《经济学人》智库全球城市排行榜侧重于城市软环境、软实力的排名，城市治安、医疗卫生、文化和生态环境、教育等软实力的体现，而在经济上则较少体现。②在日本森纪念财团城市研究所基于"全球动力城市指数"中，杭州也未进入，中国内陆城市只有北京和上海进入到该排行中，中国广州、深圳等城市均也未列入排行榜。③凯迪思可持续城市指数排名。凯迪思全球可持续城市指数计算了社会（人民）、环境（地球）及经济（盈利）三个可持续发展领域，指数分析了 32 个不同指标并将其分类，计算出具有代表性的全球 100 个领先城市排名。指标中比较注重软实力。从 2018 年中国城市进入可持续城市指数排名情况来看，中国大陆城市排名情况是深圳（66）、北京（73）、广州（74）、上海（76）、天津（83）、武汉（87）、成都（90），而杭州未进入排行榜。说明在这些指标中，杭州城市国际化指标值还未有充分竞争力。

（三）在国内的城市国际化水平测度排名中杭州的排名分析

在国内的相关机构对中国城市国际化水平测度与排行中，因城市国际化水平指标体系或因评价时间的不一样，杭州在其评估体系中的排名位置也不一样。其一，如在中国发展研究基金会与普华永道连续六年联合发布的《机遇之城 2019》报告中，杭州的排名比较靠前，杭州位列北京、上海、香港、广州、深圳之后，排第六的位置；而《机遇之城 2019》评价指标比较综合地反映了城市的综合实力，更体现城市国际化未来发展趋势，所以杭州在该评价指标体系中显示出杭州城市国际化实力。其二，在由《经济日报》、华顿经济研究院联合共同对外发布的《2018 中国城市综合实力排行榜》中，杭州排名第10 位，前面分别是北京、上海、广州、深圳、武汉、成都、重庆、天津、南京等城市，其指标主要反映 GDP、教育科研与医疗、交通完善与通达、城建水平、综合经济竞争力五个方面的评价，在这些指标中，反映城市国际化的指标内容不多，这类指标对杭州城市国际化水平测度指标构建参考意义不大。其三，在浙江大学对杭州城市国际化水平测度指标体系中，杭州的排名居中国城市第五位，位于北京、上海、深圳、广州之后，其指标体系比较完善，综合考虑了杭州城市国际化特点。

（四）杭州城市国际化水平测度指标构建的借鉴与启示

通过对国内外城市国际化水平测度指标体系及杭州城市在其中的排名分析，我们可以总结分析出一些对杭州城市国际化水平测度指标体系的构建有借鉴和启示的地方：①结合我国城市现代化的建设发展经验，尽快形成适合杭州城市国际化的系统理论体系。杭州的历史基础、文化背景、社会性质、经济发展水平与纽约、伦敦、东京等全球城市相比具有较大差异性，国外的相关理论在国内操作性较差。国内准备迈向世界城市之列的北京、上海、深圳等丰富的城市现代化、国际化实践经验，为杭州城市国际化水平提升提供了新的范式。②杭州城市国际化水平测度指标选取既要注重国际权威，又要发挥本土特色。全球化与世界城市研究组发布的世界城市排名报告、英国《经济学人》智库发布的全球城市竞争力报告、美国科尔尼（A.T.Kearney）管理咨询公司测算的全球城市指数、日本森纪念财团计算的城市竞争力评价指数等国际权威指标每年都会颁布全球城市国际化水平排名，其中不乏许多国内城市（包括杭州）上榜。在评价城市国际化水平的研究中，权威数据能够便于杭州城市国际化科学衡量自身定位；在比较城市国际化的研究中，权威的指标体系能够实现杭州与国内外城市之间多维度的横向比较。国内新型的国际化城市发展模式，比如成都、西安的国际历史文化中心目标，正在日益呈现出个性化的发展方向。权威指标体系在指标设置、权重分配上无法真实衡量这一类城市的国际化水平，构建具有本土特色的国际化城市评价指标因此显得尤为必要。构建国际化城市指标体系既要能全面、科学地反映城市国际化水平，又要能对关键特色指标进行重点挖掘；既要实现指标与指标、城市与城市之间的可比性，又要能够分析得出国际化进程中的优势和薄弱环节，为顶层设计提供参考依据。③杭州城市国际化水平测度关注过程，水平测度关注发展。在城市国际化水平测度指标构建上，应更多地关注绿色低碳、信息联通、环境资源等发展性指标，更多地探讨杭州城市国际化发展的可持续性。

二、杭州城市国际化水平测度指标体系构建原则

城市国际化是基于内外因素及其相互作用，构建城市社会发展和演变的动力与机制。纵观城市国际化演变的历史，特别是世界城市研究范式转换，对杭州城市国际化水平的测度指标体系的构建与评价，应基于以下几个方面的考虑。

第一，测度指标的实用性与整体协调性。设计评价指标必须具有实用性，城市国际化评价因为涉及的内容很多，每个城市国际化发展都有一定的自身特点与实际情况。杭州城市国际化水平测度指标的选择与设计必须要与杭州城市的实际情况相符合，要与杭州实现的世界名城战略目标相结合，这样选择与设计出来的测度指标才能真正地、客观地评价出杭州城市的国际化水平，对杭州城市国际化发展才会起到真正实效。反映国际化城市特征的指标很多，描述各个子系统的指标要相互适应、相互协调，指标选取应重点突出，比例适当。

第二，测度指标的可度量性与测度指标的可行性。影响杭州城市国际化的因素有很多，有些是可以度量的，有些是无法度量的，比如杭州市民意识国际化，杭州市公务员国际服务意识，杭州市的各种管理体制、调控机制等，无法用数据来说明。因此，应尽力选取可以量化的指标，来提高客观评价的准确性，减少主观因素影响的不确定性。另外，测度指标的选择与设计必须考虑其指标值的测量和数据收集工作的可行性。在城市国际化水平测度中，

有很多方面从理论定性分析的角度看是很重要且不能缺少的，但是没有办法量化，或者量化工作的成本太高。耗时费力，不具有可行性，因而也就无法选其为指标。

第三，测度指标的权威性与城市特性相结合。国际化城市应该构建城市与世界经济的良好联结，更好融入世界经济一体化，参与国际分工和劳动力流动，拥有与主流经济体系相适应的城市经济体系，并在世界经济体系中发挥重要的作用和影响力。世界城市形成于等级与网络整合的系统当中，通过控制与被控制，世界城市日益形成网络化体系，城市国际化应该将"地方空间"逐渐转换成"世界性流动空间"的重要节点。这些都是全球城市、世界城市等级评价中高度关注的指数，因此，跨国公司、高级服务业、精英人才，以高度发达的信息技术、通信技术和数据技术构建一个承载具有全球影响力的生产和生活活动的网络化空间等，是重要的衡量指标。

第四，传统测度指标与基础性功能指标不能忽视。城市的基础性功能并不能忽视，但应该从对城市物质结构的重视转向对构成城市活动的人与空间以及人与人相互关系的重视，凸显城市的可沟通性。作为一个国际化的城市，除了内部的可沟通性，更应该凸显与世界的可沟通性。因此，城市的基础设施（特别是在国际交通和国际通信方面）、文化设施、传播力、政治参与和影响力等，是评价的重点。

三、后 G20 时代杭州城市国际化水平测度指标体系的构建

城市国际化发展水平是一个城市在国际化发展过程中所达到的程度和所处的阶段，与城市在产业、科技、城市建设、经济外向程度、国际交流等方面的发展程度息息相关。2016 年 7 月，《中共杭州市委关于全面提升杭州城市国际化水平的若干意见》颁布提出，2016 年 9 月，G20 峰会在杭州顺利成功召开，面对举办 2022 年亚运会等重大机遇，杭州城市国际化发展进入了重要"窗口期"。通过公开发行的各类媒体的数据排行也可以看出，进入 2019 年的杭州，城市国际化水平相比 2016 年也有了较大幅度的提升，因此，基于新的环境，构建适合杭州城市国际化战略的城市国际化水平测度指标体系，有利于我们判断杭州城市在国际化进程所处的大致阶段，从而制定对后 G20 时代

背景下杭州城市国际化具有促进作用的建议与对策。

（一）杭州城市国际化水平测度指标体系的参考体系

作为杭州市政府官方推送发布的 2016 年版杭州城市国际化评价指标体系，对于杭州城市国际化水平测度与评估无疑是权威和合适的。因此，作为学术研究探讨首要的是借鉴和参考浙江大学经济学院课题组发布的杭州城市国际化水平评价指标体系，在此基础上结合世界权威的排名和国内其他城市国际化水平测度指标体系。参考借鉴选择的指标体系主要包括：①美国科尔尼管理咨询公司发布的全球城市指数，主要借鉴人力资本维度的"外国人口数""留学生数量"等指标，文化体验维度的"举办重要运动会的数量""艺术表扬场馆数量"等指标。②英国《经济学人》智库全球最宜居城市报告中的城市稳定性维度中的指标犯罪率指标；医疗保障维度中的医疗服务能力指标，现有的指标只是显示了"国际医院数"指标，但医院服务能力的指标没有考虑，作为宜居城市的医疗服务能力是相当重要的一个指标，应当予以考虑。③日本森纪念财团城市研究所基于"全球动力城市指数"的指标体系。主要借鉴的是文化交流方面的指标，反映"有文化交流能力"指标中的"国际会展举办数""主要的世界文化活动举办数"等指标，在"交流效果"指标维度中的"海外访问学者数量"指标。④凯迪思可持续城市指数中，社会（人民）维度中"反映每十万居民有交通意外死亡人数"衡量城市交通安全的指数。公共交通负担能力，用体育支出占总收入的百分比来衡量。⑤中国发展研究基金会与普华永道连续五年联合发布的《机遇之城》报告，其"健康、安全与治安"维度中的"养老服务"指标，"交通和城市规划"指标中的"居民住房保障"指标；"宜商环境"维度中的"创业便利性""人均劳动纠纷数""物流效率""外贸依存度"等指标。⑥北京世界城市水平评价指标体系中，"基础设施"维度中，轨道交通运营里程（千米）、五星级酒店数等指标。创新之都—创意产业人口占就业人口比例；宜居之都，人均预期寿命（岁）。⑦长三角五大都市圈中心城市国际化水平测度指标体系中，"人居环境国际化——语言环境维度"中的"外语媒体（电视栏目、电台栏目）数"可测度指标；"公共服务"二级维度中的"落地签证或 72 小时过境免签政策""每万人拥有医生"指标。⑧中国 36 个大城市的国际化水平测度指标体系中，可以借鉴"社会国际化水平"维度中的"国际知名度指标"。另外，引用"百亿元 GDP 安全事故死亡率""双语种媒体数"等指标。

（二）杭州城市国际化水平测度指标体系

通过分析国内外权威排名报告的指标体系以及国内学者对城市国际化水平测度指标体系的分析，结合已有的杭州城市国际化水平测度指标体系，我们提出了后 G20 时代背景下，杭州城市国际化水平测度指标体系。指标体系有经济发展国际化、基础设施国际化、人居环境国际化与人文交流国际化 4 项一级指标。一级指标、二级指标及三级指标构成体系如表 3-23 所示。

表 3-23 杭州城市国际化水平测度指标体系

一级指标（权重）	二级指标（权重）	三级指标（权重）
经济发展国际化（25%）	综合经济（7%）	人均 GDP（3%）；三产增加值占 GDP 比重（2%）；信息经济增加值占 GDP 比重（2%）
	贸易国际化（8%）	货物贸易进出口总额占 GDP 比重（4%）；服务贸易进出口总额占 GDP 比重（4%）
	资本国际化（6%）	外商直接投资占全社会固定资产投资总额比重（3%）；对外直接投资占全社会固定资产投资总额比重（3%）
	开放平台（4%）	国际会展场次（2%）；外国金融机构数量（2%）
基础设施国际化（15%）	口岸发展（5%）	国际航班线路数（3%）；货物吞吐量（2%）
	交通设施（6%）	高速路网密度（2%）；地铁运营里程（2%）；公共交通站点密度（2%）
	网络覆盖（4%）	互联网国际通信专用通道（2%）；无线网络覆盖率（2%）
人居环境国际化（30%）	生态环境（6%）	人均公园绿地面积（3%）；环境空气质量达标天数（3%）
	居住环境（8%）	国际学校数（2%）；国际街区数量（2%）；国际标识普及率（2%）；生活成本指数（2%）
	语言环境（5%）	外籍常住人口数（3%）；双语种媒体数（2%）
	社会治理（5%）	城市安全状况满意度（3%）；百亿元 GDP 安全事故死亡率（2%）
	公共服务（6%）	落地签证或 72 小时过境免签政策（2%）；国际医院数（2%）；每万人拥有医生（2%）
人文交流国际化（30%）	创新研发（8%）	世界排名前 500 的大学数（2%）；国际主流学术期刊发表论文数（2%）；国际专利申请量（2%）；研究与试验发展经费支出占 GDP 比重（2%）
	国际影响（11%）	国际友好城市数（2%）；举办重要国际会议次数（3%）国际体育赛事数（2%）；国际组织总部和地区代表处（含大使馆、领事馆或办事处数）（2%）；本土企业入选 500 强数（2%）

续表

一级指标（权重）	二级指标（权重）	三级指标（权重）
人文交流国际化（30%）	国际文化（6%）	博物馆数量（2%）；受过高等教育人口占总人口比重（2%）；世界文化遗产数（1%）；艺术表演场馆数（1%）
	国际吸引力（5%）	世界 500 强海外企业入驻数（2%）；国际旅客占常住人口比重（2%）；留学生数（1%）

（三）杭州城市国际化水平测度指标体系的权重分配与调整

G20 峰会以后，杭州城市国际化目标是迈向世界名城。世界名城不同于全球城市或世界城市的定位，世界名城更强调人文的要素，这也是杭州城市国际化要体现其特色的地方，因此，在参考许多权威水平测度指标体系的基础上，按照"一级指标权重管住，二级指标权重适度调整"的总体原则，在基本平均分配的基础上，再根据指标的相对重要程度对指标权重进行微调，例如：适当降低基础设施国际化总体比例权重，适当增加人文要素的权重比例，突出以人为本的城市国际化迈向世界名城的国际化发展理念。

第四节　杭州城市国际化水平横向测度与比较

在全球化的今天，国际化城市成为全球化关键性响应主体。杭州作为重要的长三角国家副中心城市，自改革开放以来，快速发展的外向经济不断推动着杭州城市国际化发展，对长三角经济发展、空间组织起到了辐射作用。提升杭州城市国际化发展水平对杭州以及长三角城市国际化都具有十分重要的意义。杭州城市国际化水平是杭州城市在国际化发展中与国际联系的密切程度，可以通过构建评价指标体系进行测度，测度既可以横向水平测度，又可以纵向测度，通过横向水平测度可以发现杭州与其他城市国际化水平高的或水平比较接近的城市进行国际化水平比较，从比较中发现杭州城市国际化优势、劣势、问题等，通过比较分析可以发现标杆城市，进而寻找提升城市国际化的路径。本节主要以杭州为中心，选择可比较的中国内地城市进行横向测度，以此分析杭州城市国际化水平及相关问题。

一、杭州城市国际化水平横向测度比较对象的确定

为能横向测度杭州城市国际化水平，需要确定比较对象，在水平测度比较对象的选择上，因综合考虑了测度指标，因此，选择国内城市进行城市国际化水平测度对比较杭州城市国际化更加具有实际意义。自21世纪以来，随着我国城市对外经济的不断开放与发展，我国许多城市都明确地提出了建设国际化城市的设想，并制定了城市国际化发展的政策和规划，旨在敞开大门，对接国际，吸引外资和先进技术，积极参加国际分工，如上海、北京、深圳、杭州、天津、广州、宁波、大连、青岛、南京、厦门等城市。这些城市在经济、社会发展、基础设施、对外交流的国际化方面有各自的长处。为有利于找出杭州与国内先进范例之间的差距和杭州城市自身的优势所在，从而明确杭州的发展定位，促使杭州向国内具有代表性或更高国际化水平的城市靠拢。我们重点参考国内对城市国际化水平排名的报告或研究成果，如表3-24所示，整理出相关排名的最新排名情况。

表3-24　国内主要城市在各类城市国际化水平排名情况（按最新数据统计）

排名类别	1	2	3	4	5	6	7	8	9	10
GaWC	北京	上海	广州	深圳	成都	杭州	天津	南京	武汉	重庆
GCI	北京	上海	广州	深圳	南京	天津	成都	杭州	苏州	武汉
GCC	苏州	北京	天津	上海	深圳	大连	广州	青岛		
GPCI	北京	上海								
RGC	北京	上海	重庆	广州	杭州	南京	深圳	天津	武汉	西安
CEBR	澳门	深圳	北京	广州	上海	天津	武汉	成都		
机遇之城	北京	上海	广州	深圳	武汉	成都	重庆	天津	南京	杭州
浙大课题组发布	北京	上海	深圳	广州	杭州	苏州	武汉	成都	天津	重庆

由表3-24所显示的主要城市前10名排名情况可以看出，北京、上海、广州、深圳四个城市的综合排名最靠前，杭州与这些城市国际化水平有差距，是杭州的学习对象；其他城市在排名中出现的次数分别是天津7次、武汉6

次、成都 5 次、杭州 5 次、南京 4 次、重庆 4 次、苏州 3 次、西安 1 次、大连 1 次、青岛 1 次、澳门 1 次，所以根据这些比较有影响力的城市国际化排名情况的统计数据，我们选择统计排名靠前的城市作为与杭州进行比较的对象。选择的城市依次是北京、上海、深圳、广州、天津、武汉、成都、南京、重庆、苏州、西安 11 个城市与杭州进行城市国际化水平测度比较。

二、杭州城市国际化水平测度指标解读

在国际国内城市国际化水平测度指标的基础上，构建了反映经济发展国际化、基础设施国际化、人居环境国际化、人文交流国际化四个方面综合测度杭州城市国际化水平的指标体系，具体的指标所测度的内容主要反映如下几个方面：

（一）反映经济发展国际化的指标

经济职能是国际化城市的基本职能。全球化背景下，企业可以在全球组织生产活动，城市或多或少地卷入全球化进程中来。但真正意义上的国际化城市在经济职能上表现为对全球市场和资源的管理和控制能力，对产业链上下游的支配能力，对国际要素的依赖程度、对国际市场的占有份额等。一般而言只有区位条件优越，城市实力雄厚，具备广泛腹地的城市才会成为大型跨国公司总部、区域总部、分支机构所在地。因此城市中人均 GDP、三产增加值、信息经济增加等可以反映城市的综合经济实力；货物贸易进出口总额占 GDP 比重、服务贸易进出口总额占 GDP 比重反映了城市货物贸易和服务贸易国际化水平；外商直接投资占全社会固定资产投资总额比重、对外直接投资占全社会固定资产投资总额比重反映了城市资本国际化的水平；金融业是产业链的核心，对上下游产业具有绝对支配能力，是国际化城市区别于一般城市的重要特征，国际会展活动的开展也是城市国际化对外开放平台的展示。

（二）反映基础设施国际化的指标

基础设施国际化是城市国际化的基本条件，全球城市国际化水平越高的城市其城市基础建设条件越好，具体可以变现在口岸发展、交通设施、网络覆盖等方面。国际航班线路数和货物吞吐量可以分别衡量和体现城市在口岸方面人流和物流方面的基础设施建设水平；高速路网密度、地铁运营里程、

公共交通站点密度则可以反映城市在城市区域城市居民出入城市或在城市内出行的基础设施建设水平。互联网国际通信专用通道和无线网络覆盖率可以衡量城市通信网络建设设施上的水平。

（三）反映人居环境国际化的指标

从西方发达国家的国际化进程可知，早期的城市国际化注重的是经济体量的迅速扩张，城市发展中普遍出现人口激增、无序扩张、环境污染、资源浪费现象加剧，随着危机的演变，也变得更加尖锐和突出，进而带来城市可持续发展的需求。更加注重城市居民的生活环境的城市发展理念得到了从国际层面到城市个体的普遍认同。不少国际化城市建立和完善城市人居环境保护法律法规，在产业发展、城市规划等方面充分体现城市人居环境可持续的发展理念，把城市人居生态环境保护上升至战略层面。人居环境国际化主要从生态环境、居住环境、语言环境、社会治理及公共服务五个二级指标和13个三级指标来体现。生态环境用人均公园绿地面积和环境空气质量达标天数来衡量；居住环境用国际学校数、国际街区数量、国际标识普及率、生活成本指数来衡量；国际化语言环境可以用外籍常住人口数和外语媒体数来衡量；社会治理用城市安全状况满意度和百亿元 GDP 安全事故死亡率来测度。公共服务用落地签证或 72 小时过境免签政策、国际医院数、每万人拥有医生数三个指数来测度。

（四）反映人文交流国际化的指标

城市国际化中的"化"更多地体现城市中"人"的国际化，"人"的国际化主要反映在人文交流上，世界知名的全球城市，如伦敦、纽约不仅仅在经济体量上规模庞大，在人文交流国际化方面也体现了很强的竞争实力，有些世界知名城市，如日内瓦，城市经济总量不高，人口也不多，但是在人文交流国际化方面却做得非常好，外籍人士占比很高，世界级国际组织占比非常高，人文特色非常鲜明，加之有良好宜居的居住环境，可以极大提升城市的吸引力，从而吸引更多的外国人士来此地工作生活安家。人文交流国际化主要从创新研发、国际影响、国际文化、国际吸引力四个二级指标 17 个三级指标来体现。创新研发用世界排名前 500 强的大学数、国际主流学术期末发表论文数、国际专利申请量、研究与试验发展经费支出占 GDP 比重等来衡量；

国际影响用国际友好城市数、互联网检索数、举办重要国际会议次数、国际体育赛事数、国际组织总部和地区代表处数（含大使馆、领事馆或办事处数）、本土企业入选 500 强数等指标来体现；国际文化用每十万人拥有博物馆数量、受过高等教育人口占总人口比重、世界文化遗产数、艺术表演场馆数等指标来体现；国际吸引力用世界 500 强海外企业入驻数、国际旅客占常住人口比重、留学生数等指标来衡量。

三、数据收集与数据处理

（一）数据收集与整理

在我们设计的指标体系中，从性质上看基本都为统计指标。统计指标是指能够直接利用统计数字的指标。这些数据主要来源于最新年度《城市统计年鉴》《省统计年鉴》《从统计看民航》《中国金融年鉴》《中国科技统计年鉴》等各城市国民经济和社会发展统计公报；年承办国际会议、文体会展数参照城市政府网站与中国会展网统计数据；友好城市和友好交流关系城市数据来自中国国际友好城市联合会以及上海、深圳、杭州、成都等市的外事办公室；还有部分数据由于获取难度大或部分数据缺失，从各市商务局（委）、科技局、环保局等统计公报中获取；对于个别数据，我们通过网络、学术文献等其他途径获得。

（二）测度指标值无量纲化处理方法

指标的无量纲化是用来解决不同量纲的指标之间无法对比的问题。对于已经确定的测度指标体系，由于各个指标之间的度量单位不同，因此不能进行简单的相加综合，而是要先进行无量纲化处理，消除不同的单位、不同的数量级对于指标综合合成值的影响。实践当中常用的指标无量纲化方法有最小—最大标准化法、Z-score 标准化法和按小数定标标准化法等。由于最小—最大标准化法通过对原始数据的线性变换仍能保留数据间的相互关系，我们运用该方法，首先对 12 个城市数据进行标准化处理，具体计算公式如下：

$$W_{ij} = \frac{X_{ij} - \min(j)}{\max(j) - \min(j)} \times 100 \qquad (3-3)$$

式中，W_{ij} 为指标标准化后的数值；X_{ij} 为第 i 城市第 j 项指标的指标值；

max（j）为全部城市中第 j 项指标的最大值；min（j）为全部城市中第 j 项指标的最小值。经过标准化处理的各项指标值均为 0~100。

对于个别指标是逆向指标值，也就是说数字越大，其代表的水平值也不好，因此，我们用 100-W_{ij} 进行处理。

其次，通过运用相对指数加权综合评价法构建如下城市国际化水平综合评价指数（Z）计量模型，得到各城市国际化的综合评分并进行比较。计量模型如下所示：

$$Z_i = \sum_{j=1}^{45} W_{ij} \times q_j / 45 \tag{3-4}$$

式中，W_{ij} 表示第 i 个城市第 j 个经过标准化后的指标值；q_j 表示指标对应的权重值，Z_i 表示第 i 个城市的国际化水平综合评价指数。

四、测度结果与数据分析

（一）12 个城市国际化水平测度结果

在收集原始数据的基础上，通过测度指标值无量纲化处理方法处理各个城市的相关数据，根据我们预先给定的各个指标权重值（如表 3-25 所示），先分别计算三级指标，再逐级汇总计算二级指标与一级指标，得出北京、上海、深圳、广州、杭州、天津、武汉、成都、南京、重庆、苏州、西安 12 个城市的国际化水平综合测评一级指标和二级指标值结果（如表 3-26 和表 3-27 所示）。

表 3-25 12 个城市三级指标及给定权重下的水平测度值

三级指标	权重（%）	三级指标	权重（%）
人均 GDP（万元）	3	双语种媒体数（家）	2
三产增加值占 GDP 比重（%）	2	城市安全状况满意度（%）	3
信息经济增加值占 GDP 比重（%）	2	百亿元 GDP 安全事故死亡率（%）	2
货物贸易进出口总额占 GDP 比重（%）	4	落地签证或 72 小时过境免签政策（-）	2
服务贸易进出口总额占 GDP 比重（%）	4	国际医院数（家）	2
外商直接投资占全社会固定资产投资总额比重（%）	3	每万人拥有医生（名）	2
对外直接投资占全社会固定资产投资总额比重（%）	3	世界排名前 500 的大学数（家）	2

三级指标	权重（%）	三级指标	权重（%）
国际会展场次（次）	2	国际主流学术期刊发表论文数（篇）	2
外国金融机构数量（家）	2	国际专利申请量（个）	2
国际航班线路数（条）	3	研究与试验发展经费支出占 GDP 比重（%）	2
货物吞吐量（万吨）	2	国际友好城市数（个）	2
高速路网密度（千米/平方千米）	2	举办重要国际会议次数（场）	3
地铁运营里程（千米）	2	国际体育赛事数（场）	2
公共交通站点密度（千米/平方千米）	2	国际组织总部和地区代表处数（含大使馆、领事馆或办事处数）（个）	2
国际互联网普及率（万户）	2	本土企业入选 500 强数（家）	2
无线网络覆盖率（b）	2	拥有博物馆数量（个）	2
人均公园绿地面积（平方米）	3	受过高等教育人口占总人口比重（%）	2
环境空气质量达标天数（天）	3	世界文化遗产数（个）	1
国际学校数（家）	2	艺术表演场馆数（个）	1
国际街区数量（条）	2	世界 500 强海外企业入驻数（个）	2
国际标识普及率（比值）	2	国际旅客占常住人口比重（%）	2
生活成本指数（比值）	3	留学生数（个）	1
外籍常住人口数（人）	3		

注：无线网络覆盖率用中国智慧城市排名数据（2019）替代。

表 3-26　12 个城市一级指标和二级指标测度值的计算统计

一级指标（权重）	二级指标（权重）	北京	上海	深圳	广州	杭州	天津
经济发展国际化（25%）	综合经济（7%）	83.82	67.58	76.37	70.40	49.53	38.24
	贸易国际化（8%）	55.94	100	82.01	74.06	20.35	66.09
	资本国际化（6%）	70.48	91.16	96.04	68.61	68.39	81.29
	开放平台（4%）	75.83	100	43.28	39.94	48.57	22.42
基础设施国际化（15%）	口岸发展（5%）	78.72	86.41	30.02	51.26	20.34	13.86
	交通设施（6%）	47.58	68.64	76.16	55.07	28.37	15.77
	网络覆盖（4%）	61.63	77.10	66.69	57.15	61.32	14.30
人居环境国际化（30%）	生态环境（6%）	28.67	12.56	64.80	65.70	63.12	17.07
	居住环境（8%）	90.71	64.55	30.48	47.90	38.54	57.73
	语言环境（5%）	71.04	75.72	28.96	80.54	49.70	45.31

一级指标（权重）	二级指标（权重）	北京	上海	深圳	广州	杭州	天津
人居环境国际化（30%）	社会治理（5%）	75.25	75.17	35.19	41.31	66.13	26.32
	公共服务（6%）	100	89.90	59.68	60.98	54.83	56.64
人文交流国际化（30%）	创新研发（8%）	74.60	61.84	64.56	36.87	49.42	20.80
	国际影响（11%）	87.17	64.34	18.74	32.34	46.17	12.84
	国际文化（6%）	81.31	47.78	53.74	20.99	62.41	20.66
	国际吸引力（5%）	67.62	72.72	31.05	55.48	53.94	31.41
一级指标（权重）	二级指标（权重）	武汉	成都	南京	苏州	重庆	西安
经济发展国际化（25%）	综合经济（7%）	33.83	17.23	52.34	47.17	11.30	12.45
	贸易国际化（8%）	14.38	29.21	12.21	56.03	14.75	5.11
	资本国际化（6%）	16.39	13.01	52.29	77.11	28.44	16.14
	开放平台（4%）	17.44	22.77	20.32	11.64	56.09	8.09
基础设施国际化（15%）	口岸发展（5%）	10.43	31.41	11.85	17.32	6.84	17.87
	交通设施（6%）	27.75	46.04	31.68	30.03	26.93	0.48
	网络覆盖（4%）	31.21	31.43	32.92	41.3	68.45	0.53
人居环境国际化（30%）	生态环境（6%）	19.18	63.03	51.08	57.01	43.96	38.81
	居住环境（8%）	35.84	53.62	36.06	23.54	42.33	33.61
	语言环境（5%）	14.74	29.51	20.84	43.71	19.44	4.32
	社会治理（5%）	15.45	55.07	53.78	85.71	45.58	14.29
	公共服务（6%）	45.65	52.99	66.92	20.23	53.86	36.88
人文交流国际化（30%）	创新研发（8%）	21.82	23.66	25.67	23.99	13.2	4.82
	国际影响（11%）	3.39	22.17	20.95	12.01	13.46	9.07
	国际文化（6%）	1.73	27.42	21.11	25.57	5.75	32.48
	国际吸引力（5%）	44.28	48.33	16.75	30.82	24.25	36.22

通过对 12 个城市的国际化水平综合测评一级指标和二级指标值的汇总统计计算得到 12 个城市一级指标测度值汇总表，如表 3-27 所示。

（二）12 个城市国际化水平综合测度结果分析

依据表 3-27 所示的数据判断，北京仍以综合测度分数最高，排在一线城市首位，其测度分数 73.86 略高于上海的 72.83，深圳与上海、北京也有一些差距，但深圳与广州的分数差距不大，深圳以微弱的分数优势超过广州城市

表 3-27　12 个城市一级指标测度值汇总

一级指标 （权重）	北京	上海	深圳	广州	杭州	天津	武汉	成都	南京	苏州	重庆	西安
经济发展 国际化 （25%）	70.42	88.80	77.60	66.27	44.57	50.95	20.80	28.94	34.36	51.51	23.68	10.29
基础设施 国际化 （15%）	61.56	84.02	58.25	54.35	34.48	14.74	22.90	37.27	25.40	32.79	31.31	6.29
人居环境 国际化 （30%）	77.33	65.01	44.73	60.01	45.34	44.00	28.75	46.19	49.45	44.75	41.43	28.32
人文交流 国际化 （30%）	79.39	61.76	40.01	35.17	52.91	19.62	15.58	28.57	21.54	24.05	10.98	17.14
总分值	73.86	72.83	53.56	53.27	45.78	34.03	21.93	35.25	33.69	38.43	26.34	17.15
排名	1	2	3	4	5	8	11	7	9	6	10	12

的分数。依据分数的排名来看，北京、上海、深圳和广州的地位还是比较牢固稳定在中国内地城市国际化水平的前四位的位置上。从数据来看，杭州的测度总分数 45.78 分高于苏州城市的测度分数 38.43 分，排名第五，苏州排名第六；杭州的排名与其他研究的排名略有不同，杭州城市国际化的水平在最近几年，尤其是 G20 峰会以后，杭州市政府在城市国际化建设中加大力度投入，其数据较 2015 年前明显有所提升，因此，排名超过了苏州城市的国际化水平，在以往的排名中，苏州一般紧随上海，排在长三角第二的位置；说明最近几年杭州在城市国际化建设方面成效还是比较明显的。成都的综合测度分数为 35.25 分，与苏州的分数差异非常小，排名第 7，天津以 34.03 分也紧跟成都的后面，二者差距也非常小，南京则以 33.69 分则排在天津后面，位居第 9。事实上，从分数来看，杭州、苏州、成都、天津、南京这五个城市的国际化综合测度指标值基本接近，按照城市国际化水平归类来看，这五个城市其国际化水平应处于同一层次类别；重庆、武汉、西安则以此排名第10、第 11 及第 12 位。按照得分，可以将 12 座中国城市分为三大类：①全球城市挑战者：对应的即是未来（大致是 2020~2025 年）将成为国际化都市，

代表中国参与全球经济与商业活动的城市。②创业型国际化城市：拥有极强的经济与创业基础，在企业实力上明显领先于全国其他城市，是中国当下创新创业的最重要城市。③驱动型国际化城市：是未来中国经济发展的重要引擎，普遍具有良好的工业基础，制造业发展水平出色。

（三）12 城市分项测度结果比较分析

依据表 3-26 和表 3-27 所示的数据，12 个城市在分项的测度数据各有优势，具体分析如下：

（1）经济发展国际化。数据显示，上海以 88.80 分的优势排名第一，深圳以 77.60 分的优势排名第二，北京则以 70.42 分的优势位居第三，随后是广州、苏州、天津等城市；而杭州则以 44.57 分的成绩位居第 7 位，南京以 34.36 分的成绩位居第 8 位，成都以 28.94 分的成绩位居第 9 位，重庆以 23.68 分的成绩位居第 10 位，武汉和西安分别位居第 11 和第 12 位的位置。在 4 项二级指标中，"综合经济"指标排名最高的是北京，以 83.82 分位居首位，其次是深圳 76.37 分，广州以 70.40 分位居第三，上海则以 67.58 分位居第四，相对来说排名较低；后面的排名依次是南京、杭州、苏州、天津、武汉、成都、重庆、西安等。"贸易国际化"指标中，上海位居第一，综合得分 100 分，其次是深圳、广州、天津、苏州、北京等；杭州以 20.35 分位居第 8 名，排名比较靠后。在"资本国际化"指标中，排名首位的是深圳，以 96.04 分位居第一，第二是上海，第三是天津，第四是苏州，第五是北京，第六是广州，后面分别是杭州、南京、重庆、武汉、成都、西安等。在"开放平台"指标中，上海以 100 分位居第一，北京排名第二，重庆排名第三，杭州排名第四，后面依次是深圳、广州、成都、南京、天津、武汉、苏州、西安等。

（2）基础设施国际化。数据显示，上海以 84.02 分位居第一，北京以 61.56 分位居第二，说明上海的城市现代化程度最高，在基础设施的建设方面超过北京；深圳也以微弱的优势超过广州，排名第三，广州则排名第四；成都以 37.27 分排名第五，杭州排名第六，后面的排名分别是重庆、苏州、南京、武汉、天津和西安等。在三项二级指标中，"口岸发展"排名首位是上海，得分 86.41 分，其次是北京，广州排名第三，成都排名第四，深圳排名第五，杭州排名第六，后面以此排名的城市顺序是苏州、西安、天津、武汉、南京等。"交通设施"指标中，深圳排名第一，上海排名第二，广州排名第三，北京排名第四，成都排名第五，南京排名第六，后面依次是苏州、杭州、重庆、武汉、天津、西安等。在"网络覆盖"指标中，上海以 77.10 分位居第一，其次是重庆、深圳、北京、杭州、广州、苏州、南京、成都、武汉、天津、西安等。

（3）人居环境国际化。数据显示，北京以 77.33 分位居首位，其次是上海和广州，排在第四位的是南京，第五位的是成都，杭州以 45.34 的分数位居第六位，排名比较靠后；之后的排名分别是深圳、天津、重庆、苏州、武汉、西安等。在五项二级指标中，"生态环境"中排名首位的是广州，得分 65.70分；其次是深圳 64.80 分；杭州则以 63.12 分位居第三；此后的城市排名分别是成都、苏州、南京、重庆、西安、北京、武汉、天津、上海等；上海在生态环境指标中排名落后。"居住环境"指标中，北京以 90.71 分位居首位，上海排名第二，得分 64.55 分，后面的排名分别是天津、成都、广州、重庆、杭州、南京、西安、苏州等。"语言环境"指标中，广州排名第一，比上海和北京的得分高，上海和北京分别位于第二名和第三名；杭州排名第四，天津排名第五，苏州排名第六，之后的排名城市分别是深圳、成都、南京、重庆、武汉和西安等。"社会治理"指标中，苏州以 85.71 分排名第一，北京第二，上海第三，杭州以 66.13 分排名第四，之后的城市排名顺序分别是成都、南京、重庆、深圳、天津、武汉、西安等。"公共服务"指标中，北京排名第一，其次是上海、南京、广州、天津等，杭州排名第六，之后的排名城市顺序分别是重庆、成都、武汉、西安、苏州等。

（4）人文交流国际化。数据显示，北京仍是在人文交流国际化方面排第一，得分为 79.39 分；其次是上海，得分 61.76 分，杭州排名第三，深圳排名第四，广州排名第五，成都排名第六，其余的城市排名分别是南京、苏州、天津、西安、武汉、重庆等。在四项二级指标中，"创新研发"指标中，北京以 74.60 分排名第一，深圳以 64.56 分排名第二，上海排名第三，杭州排名第四，排名第五是广州，之后的排名城市顺序分别是南京、苏州、成都、武汉、天津、重庆、西安等。在"国际影响"指标中，排名第一是北京，排名第二是上海，排名第三是杭州，说明杭州最近几年在国际上的知名度提升较快，其得分高于广州和深圳城市。"国际文化"指标排名中,位居第一是北京,深圳以53.74分位居第三,杭州位居第二,杭州在国际文化的排名上取得了不少进步;之后的城市排序分别是深圳、上海、西安、天津、成都、苏州、西安、重庆、武汉等。"国际吸引力"指标中,上海位居第一,其次是北京,杭州以55.48得分排名第三,可见杭州在国际旅游占据了比较重要的位置。

(四)杭州城市国际化水平测度指标比较分析

通过选择中国内地城市规模大的12个城市来进行比较杭州城市国际化的相对水平,总体来看,杭州的城市国际化得分为45.78分,位列第五,与北京(73.86)、上海(72.83)差距很大,深圳(53.56)、广州(53.27)相比有一定差距,和苏州(38.43)得分接近,位于第三梯队。

(1)"经济国际化"这一指标主要衡量城市的经济发展水平和对外开放水平。杭州在"经济国际化"这个一级指标下得分为44.57,排名第七,低于总排名。杭州在"贸易国际化"指标上排名第八,在"经济开放度"指标上排名第四,但在"资本国际化"上仅排名第七,需要补足短板。

(2)"基础设施国际化"这一指标主要衡量城市为打造国际化城市而进行的硬件建设情况。在这一指标上,杭州总体排名第六,低于总排名。主要原因是杭州在口岸发展方面存在一些天然短板,没有海港口岸,空港口岸竞争力也有待加强。在交通设施建设方面排名也比较靠后,位居第八;在网络覆盖上,杭州排名比较靠前,排位第五,和总排名平衡。

(3)"人居环境国际化"这一指标主要衡量城市为打造国际化生活品质而进行的软硬件建设情况。杭州在"人居环境国际化"这个二级指标下以45.34分排名第六,低于总排名;在"生态环境"中杭州位居第三名,表现出色,说明杭州打造一流生态宜居环境的成效显著。"语言环境"指标中,杭州排名第四;"社会治理"指标中,杭州以66.13分排名第四;总体来看,杭州在人居环境国际化的生态环境、语言环境及社会治理方面成效较为显著。

(4)"人文交流国际化"这一指标主要衡量城市的文化底蕴和在国际交流中的创新竞争力。杭州在"人文交流国际化"这个二级指标下得分为52.91分,排名第三,高于总排名。说明杭州在打造东方文化国际交流重要城市和具有全球影响力的"互联网+"创新创业中心上具有良好的基础。"国际影响"

这一指标主要衡量城市在国际事务中的影响力。杭州在"国际交往"这个二级指标下排名第三，高于总排名。杭州在"国际影响力"和"国际吸引力"上分别排名第三和第四，总体表现不错。但杭州在"国际组织总部和地区代表处数（含大使馆、领事馆或办事处数）"和"国际航班线路数"仍显不足，说明杭州在亚太地区重要国际门户枢纽上任重而道远。通过对测算结果的分析，可以发现杭州在会展、旅游、文化等方面具有良好的基础，在城市硬件、软件和国际影响上还有些许不足。

第五节　杭州城市国际化水平进程评价

城市国际化是一个城市发展的长期的、动态的过程，城市国际化进程涵盖了一个城市的经济、社会、环境、人居、文化交流、城市创新力等方面。对城市的国际化进程进行测度既需要横向进行比较，通过横向比较能发现城市自身在城市竞争中的地位和位置，通过比较分析发现城市的竞争优势和劣势；另外，也需要对城市自身以时间为序列进行纵向比较，这样能更加客观地发现城市在国际化进程中有哪些因素对城市国际化水平提升有贡献，哪些因素不利于城市国际化水平的提升。基于此，在对杭州城市国际化进程的测度中，有必要以发展时间为轴，探究杭州城市近十多年来的国际化进程水平。

一、杭州城市国际化发展的总体历程

依据上述第四节内容构建的杭州城市国际化水平测度指标体系，收集杭州市 2001~2019 年的城市相关统计数据，仍然采用最小—最大标准化法对 2001~2019 年期间的原始数据进行标准化处理，并根据权重测算绘制得到杭州历年国际化相对综合指数，即杭州城市国际化进程指数。城市国际化进程相对综合指数计算公式见式（3-1）和式（3-2）：

第一步：对城市国际化水平测度指标的值进行标准化处理，得到 2001~ 2019 年杭州市不同年度城市国际化水平测度三级指标的标准化数据值。

第二步，在处理好三级指标标准化数据的基础上，依据给定的各三级指标和二级指标的权重值计算二级指标的值，形成包括一级和二级指标在内的2001~2019年期间的杭州城市国际化水平测度指标值。

第三步，在获得二级指标的值以后，再汇总计算杭州城市国际化水平测度指标体系中的一级指标值及2001~2019年每一年的总的测度指标值。计算结果如表3-28所示。

表3-28　2001~2019年杭州城市国际化水平测度总指标值

一级指标 （权重） 年份	经济发展 国际化（25%）	基础设施 国际化（15%）	人居环境 国际化（30%）	人文交流 国际化（30%）	总分值
2001	9.23	1.46	19.12	11.16	11.61
2002	14.42	12.53	23.85	13.83	16.78
2003	12.48	12.41	21.23	13.10	15.28
2004	12.89	14.87	28.24	24.42	20.97
2005	16.36	19.05	32.49	23.49	23.74
2006	24.20	26.11	35.64	28.07	29.92
2007	27.72	25.88	31.73	34.78	30.77
2008	33.04	24.54	28.80	36.65	31.58
2009	32.96	26.94	34.61	31.98	32.23
2010	39.16	35.57	44.05	46.98	42.43
2011	42.47	38.80	47.66	49.65	45.63
2012	48.02	45.47	46.11	52.92	48.53
2013	47.25	51.40	55.86	60.61	54.46
2014	50.89	50.12	56.23	55.67	53.81
2015	72.45	70.30	74.25	67.23	71.10
2016	81.30	80.06	81.46	79.29	80.56
2017	87.35	92.65	80.31	74.78	82.26
2018	95.36	93.87	77.59	76.79	85.15
2019	96.89	95.66	78.93	85.64	87.94

根据表3-28所示计算出的每一年的总指标测度值，可以绘制出如图3-1所示的杭州城市国际化水平总的测度趋势图。

根据折线图 3-1 可以看出，杭州城市国际化发展进程可分为三个阶段：第一阶段，2001~2004 年，从测度指标分值的相对数据显示来看，这一阶段国际化水平较低，质量不高，受 2003 年"非典事件"的影响，经济国际化和国际文化交流也受到一定程度的影响，所以 2003 年的杭州城市国际化指标值有所下降。第二阶段，2005~2015 年，从指数分值的趋势来看，分值是一直在平稳上升发展为平缓上升阶段，其中，2009~2010 年期间的发展水平上升较快，这与杭州在 2008 年提出杭州城市国际化战略有一定的影响关系，杭州市政府开始逐渐重视城市国际化建设，各项事业的稳步推进，推动国际化水平的平缓上升，但在 2013~2014 年，指标分值出现了一个小波动。第三阶段（2015 年至今）加速发展阶段，这一阶段由于城市国际化战略地位的确立和国际大型会议、活动的推进，杭州城市国际化水平加速提升，国际化水平增长率逐年增加，尤其是在 2015~2016 年的发展期间，上升的速度明显加快，2016 年的快速增幅后又进入 2017~2019 年的平稳期。

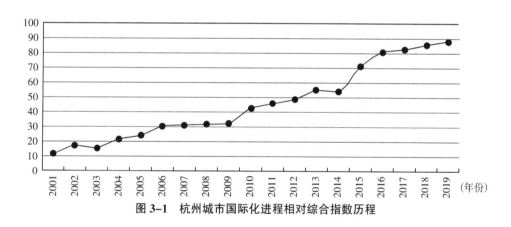

图 3-1　杭州城市国际化进程相对综合指数历程

二、杭州城市国际化驱动要素分析方法

城市国际化始终处于动态变化之中，不同城市、不同时期推动城市国际化水平发展的驱动要素也是不同的。对于一个城市国际化发展来说，其资源是有限的，为了提升城市国际化水平，并在城市的竞争中处于优势地位，是否应该将有限的资源用在改善国际化水平比较弱的领域，答案未必是肯定的，而国际化水平要素贡献率和水平要素贡献弹性分析则可以更好地回答这个问

题。通过要素贡献率和贡献弹性分析，能够得出推动杭州城市国际化水平发展的驱动要素在不同国际化时点、杭州城市国际化处于不同能级中的变化规律，从而为更有效率地提升杭州城市国际化水平提供翔实的佐证数据材料，为杭州城市国际化战略进程中实施更为合理的政策安排和推进战略提供决策参考，促进杭州城市国际化战略资源的帕累托最优的逐步形成，从而使杭州城市国际化水平推进研究获得了更好的效果。因此，进一步探究杭州城市国际化不同时点上要素贡献率的变化特征，对杭州城市国际化水平提升及城市国际化战略路径的选择实施有着重要的意义。

（一）要素贡献率分析方法

杭州城市国际化水平的体现是测度反映城市国际化水平各要素综合作用的结果，每个测度要素对城市国际化水平的提升都起到一定的促进作用，但是具体测度反映国际化水平要素对城市国际化水平提升的贡献大，城市国际化水平测度要素贡献大小有何不同，这些都值得去探究。因此在掌握杭州城市国际化水平时序变化的基础之上，进一步探究杭州城市国际化战略推进中在不同时间点上各要素对城市国际化水平提升的贡献率大小以及变化规律，可以更加清晰地探究出推动杭州城市国际化水平提升的驱动要素是怎样的一个变化规律，也能从杭州城市国际化推进中的不同时间点中探究出驱动要素的差异，找出杭州城市国际化水平提升中的不利于水平提升的因素所在，为杭州城市国际化水平的提高提供发展方向，并为制定促进杭州城市国际化水平能级提升的战略措施提供理论参考。

为探究出哪些驱动要素对杭州城市国际化水平提升的贡献率较大，根据上一节收集整理的数据，选取 2001~2019 年每一年作为杭州城市国际化水平提升的纵向不同时间节点，计算杭州城市国际化发展水平及各要素得分。要素贡献率的计算公式如式（3-5）所示，可在测度杭州城市国际化水平指标数据无量纲化处理后，用相邻两年每个城市国际化水平测度要素的变化值（$a_{i+1,j} - a_{ij}$）除以城市国际化水平的变化值（$A_{i+1,j} - A_{ij}$），用其比值来描述国际化水平测度各要素对城市国际化水平的贡献率大小（C_{ij}），正值表示这些测度驱动要素对杭州城市国际化水平提升起到了促进作用，比值越大表明驱动要素对国际化水平提升的贡献率越大，反之亦然；比值是负值则表示驱动要素对杭州城市国际化水平提升的发展起到了阻碍作用，负数的绝对值越大表明阻碍作用越大，反之亦然。

$$C_{ij} = \frac{a_{i+1,j} - a_{ij}}{A_{i+1,j} - A_{ij}} \qquad (3-5)$$

式中，i 为 2001~2019 年中的某一年份；i + 1 为相邻的一年；j 为反映杭州城市国际化水平的测度要素之一。

（二）要素贡献弹性分析

衡量杭州城市国际化水平测度各要素得分在变化时，与杭州城市国际化水平提升的关系如何，哪些国际化水平测度要素的变化会对城市国际化水平的提升变化影响较大，而哪些要素的影响又较小，为了探究这些问题，这里借用经济学中的"弹性"理论的思想来加以分析和解释。一般来说，经济学上的"弹性"是指一个变量相对于另一个变量发生一定比例改变的属性。城市国际化水平提升的要素贡献弹性主要是从促进城市国际化发展的潜力和效率角度来评价要素的贡献。针对杭州城市国际化水平测度要素对国际化水平提升的要素贡献弹性，参考经济学的点弹性的计算公式，弹性 E 的计算公式如下：

$$E = \frac{\Delta A / A}{\Delta a / a} = \frac{\Delta A}{\Delta a} \cdot \frac{a}{A} = \frac{dA}{da} \cdot \frac{a}{A} \qquad (3-6)$$

式中，E 为弹性值，A 为因变量，a 为从变量，ΔA 和 Δa 为因变量和从变量的变化量。在这里，我们将 E 看成是杭州城市国际化水平测度要素贡献弹性，从杭州城市国际化水平测度指标体系的一级指标体系来看，把综合经济发展国际化、基础设施国际化、人居环境国际化、人文交流国际化四大要素看作自变量，杭州城市国际化水平看作从变量，以此含义进行分析。从杭州城市国际化水平测度指标体系的二级指标体系来看，反映的是综合经济、贸易国际化、资本国际化、开放平台、口岸发展、交通设施、网络覆盖、生态环境、居住环境、语言环境、社会治理、公共服务、创新研发、国际影响、国际文化、国际影响力 16 个二级驱动要素看作自变量，杭州城市国际化水平看作从变量。在杭州城市国际化水平提升的发展进程中，不同时期同一要素对杭州城市国际化水平提升的贡献弹性也不尽相同，要素贡献弹性并非反映在总量上要素对杭州城市国际化水平提升的贡献大小，而是从促进杭州城市国际化水平提升发展的潜力和效率角度来评价要素贡献的。在杭州城市国际化建设资源投入有限的情况下，为了提升城市的国际化水平，是否应该将有限的资源用在改善城市国际化水平提升绩效比较弱的方面，答案未必是肯定的，而贡献弹性分析则可以比较清楚地分析这一问题。

为了计算要素贡献弹性 E 的值，可以采用双对数回归方法，将式（3-6）转化成式（3-7）：

$$\ln A_i = E \ln a_i + F \, (i=2001，2004，2007，2010，2013，2016，2019) \qquad (3-7)$$

式中，A_i 为第 i 种要素的国际化水平测度得分，E 为要素的贡献弹性，F 为常数。通过运用 SPSS 软件中曲线参数估值的幂函数模型[①]，便可求得杭州城市国际化水平提升的各要素贡献弹性。

三、杭州城市国际化水平测度驱动要素贡献率结果及分析

（一）2001~2019 年杭州城市国际化水平提升要素贡献率变化分析

根据杭州市 2001~2019 年期间测度国际化水平的数据，选取 2001 年、2004 年、2007 年、2010 年、2013 年、2016 年、2019 年 7 个时间节点的数据进行计算：

$$C_{ij} = \frac{a_{i+1,j} - a_{ij}}{A_{i+1,j} - A_{ij}} \qquad (3-8)$$

利用 Excel 工具则可以计算出每一个指标的要素贡献率，如表 3-29 所示。

表 3-29　2001~2019 年杭州城市国际化水平提升驱动要素（三级指标）贡献率的变化

三级指标	权重	2004~2001 年	2007~2004 年	2010~2007 年	2013~2010 年	2016~2013 年	2019~2016 年
人均 GDP（万元）	3%	0.231	0.142	0.211	0.03	0.151	0.291
三产增加值占 GDP 比重（%）	2%	0.07	0.01	0.151	0.052	0.231	0.205
信息经济增加值占 GDP 比重（%）	2%	0.203	0.311	0.215	0.226	0.201	0.125
货物贸易进出口总额占 GDP 比重（%）	4%	0.311	0.262	0.412	0.223	0.263	0.224

---

① 李志辉，罗平. SPSS for Windows 统计分析教程［M］. 北京：电子工业出版社，2007.

续表

三级指标	权重	2004~2001 年	2007~2004 年	2010~2007 年	2013~2010 年	2016~2013 年	2019~2016 年
服务贸易进出口总额占 GDP 比重（%）	4%	−0.132	−0.072	0.213	0.232	0.216	0.174
外商直接投资占全社会固定资产投资总额比重（%）	3%	0.012	0.257	0.145	0.140	0.116	0.121
对外直接投资占全社会固定资产投资总额比重（%）	3%	0.129	−0.024	0.148	0.262	0.234	0.118
国际会展场次（次）	2%	0.275	0.024	0.278	0.148	0.227	0.212
外国金融机构数量（家）	2%	0.021	0.067	0.289	0.142	0.079	0.065
国际航班线路数（条）	3%	0.210	0.210	0.021	0.311	0.262	0.321
货物吞吐量（万吨）	2%	0.231	0.183	0.048	0.327	0.012	0.281
高速路网密度（千米/平方千米）	2%	0.150	0.237	0.281	0.221	0.442	0.071
地铁运营里程（千米）	2%	−0.001	−0.001	−0.001	−0.010	1.00	−0.001
公共交通站点密度（千米/平方千米）	2%	0.101	0.351	0.032	0.031	0.151	0.021
国际互联网普及率（万户）	2%	0.177	0.023	0.058	0.167	0.223	0.098
无线网络覆盖率（b）	2%	−0.001	0.001	0.000	0.450	0.011	0.12
人均公园绿地面积（平方米）	3%	0.411	0.051	0.199	0.255	0.096	0.062
环境空气质量达标天数（天）	3%	0.168	0.237	0.051	0.291	0.187	0.122
国际学校数（家）	2%	0.021	0.021	0.002	0.267	0.267	0.298
国际街区数量（条）	2%	0.012	0.226	0.250	0.420	0.322	0.210
国际标识普及率（比值）	2%	0.217	0.392	0.259	0.436	0.323	0.318
生活成本指数（比值）	3%	0.178	0.129	0.009	0.125	0.093	0.186
外籍常住人口数（人）	3%	0.267	0.170	0.112	0.047	0.101	0.192
双语种媒体数（家）	2%	0.017	0.267	0.271	0.263	0.150	0.042
城市安全状况满意度（%）	3%	0.248	0.012	0.324	0.239	0.160	0.028
百亿元 GDP 安全事故死亡率（%）	2%	0.163	0.228	0.018	0.275	0.169	0.092
落地签证或 72 小时过境免签政策（−）	2%	0.012	0.013	0.014	0.013	0.253	0.001
国际医院数（家）	2%	0.012	0.018	0.250	0.175	0.002	0.150
每万人拥有医生（名）	2%	0.061	0.280	0.257	12.09	0.212	0.193
世界排名前 500 的大学数（家）	2%	0.013	0.007	0.016	0.211	0.012	0.016
国际主流学术期刊发表论文数（篇）	2%	0.191	−0.248	0.272	−0.223	0.128	0.149
国际专利申请量（个）	2%	0.273	0.159	0.093	1.43	1.16	1.15

续表

三级指标	权重	2004~2001 年	2007~2004 年	2010~2007 年	2013~2010 年	2016~2013 年	2019~2016 年
研究与试验发展经费支出占 GDP 比重（%）	2%	0.157	−0.082	0.251	0.217	0.294	0.376
国际友好城市数（个）	2%	0.022	0.028	0.004	0.092	0.292	0.321
举办重要国际会议次数（场）	3%	0.301	0.133	0.203	0.253	0.103	0.122
国际体育赛事数（场）	2%	0.367	0.217	−0.201	0.202	−0.213	0.123
国际组织总部和地区代表处数（含大使馆、领事馆或办事处数)(个)	2%	0.00	0.00	0.00	0.00	0.00	0.00
本土企业入选 500 强数（家）	2%	0.00	0.022	0.00	0.00	0.00	0.022
拥有博物馆数量（个）	2%	0.275	0.327	0.261	0.136	0.215	0.025
受过高等教育人口占总人口比重（%）	2%	0.173	0.258	0.281	0.024	0.267	0.395
世界文化遗产数（个）	1%	0.023	0.00	0.00	0.00	0.00	0.00
艺术表演场馆数（个）	1%	0.340	0.356	0.271	0.332	0.207	0.329
世界 500 强海外企业入驻数（个）	2%	0.202	0.460	0.193	0.304	0.324	0.279
国际旅客占常住人口比重（%）	2%	0.360	−0.039	0.057	0.319	−0.027	0.121
留学生数（个）	1%	0.254	−0.059	0.207	0.296	0.351	0.247

根据表 3-29 所示的数据，汇总数据得到表 3-30 所示的从二级和一级指标反映 2001~2019 年杭州城市国际化要素贡献率变化的数据表。

表 3-30　2001~2019 年杭州城市国际化水平提升驱动要素（一、二级指标）贡献率的变化

一级指标	二级指标	2001~2004 年	2004~2007 年	2007~2010 年	2010~2013 年	2013~2016 年	2016~2019 年
经济发展国际化（25%）	综合经济（7%）	0.382	0.101	0.216	0.125	0.117	0.228
	贸易国际化（8%）	0.127	0.206	0.031	0.329	0.209	0.117
	资本国际化（6%）	0.148	0.235	0.052	0.251	0.361	0.204
	开放平台（4%）	0.203	0.364	0.028	0.251	0.377	0.362
	合计	0.216	0.209	0.087	0.261	0.247	0.208
基础设施国际化（15%）	口岸发展（5%）	0.223	0.127	0.362	0.027	0.308	0.211
	交通设施（6%）	0.051	0.037	0.020	0.015	0.381	0.237
	网络覆盖（4%）	0.002	−0.062	−0.013	0.273	0.216	0.354
	合计	0.100	0.041	0.125	0.088	0.312	0.259

一级指标	二级指标	2001~2004 年	2004~2007 年	2007~2010 年	2010~2013 年	2013~2016 年	2016~2019 年
人居环境国际化 (30%)	生态环境（6%）	0.172	0.232	−0.052	−0.016	0.287	0.176
	居住环境（8%）	0.025	−0.006	0.281	0.152	0.151	0.323
	语言环境（5%）	0.031	0.054	0.306	0.321	0.056	0.302
	社会治理（5%）	0.122	−0.052	0.231	0.166	0.208	0.166
	公共服务（6%）	0.209	0.311	0.051	0.265	0.263	0.105
	合计	0.108	0.107	0.164	0.118	0.194	0.220
人文交流国际化 (30%)	创新研发（8%）	0.012	0.052	0.014	−0.066	0.023	0.162
	国际影响（11%）	0.322	0.165	0.377	0.265	0.461	0.252
	国际文化（6%）	0.212	0.237	0.338	0.402	0.436	0.348
	国际吸引力（5%）	0.153	0.023	0.328	0.127	0.322	0.367
	合计	0.189	0.126	0.264	0.181	0.316	0.266

从表 3-30 所显示的数据来看，经济国际化水平要素贡献率在 2010~2013 年最高，达到了 26.1%，其次是在 2013~2016 年，这实际上正是杭州在 2008 年提出杭州城市国际化以来，经济发展国际化发展比较快的时间段。而基础设施国际化对杭州城市国际化水平提升的贡献率最高的时间段是在 2013~2016 年，其次是 2016~2019 年，在 2010~2013 年，杭州城市的基础设施国际化驱动要素贡献率不高，这与杭州在 2008 年提出城市国际化战略以来，杭州在城市基础建设方面加大了投资力度有很大的关系；在人居环境国际化方面，要素贡献率最高的是集中在 2016~2019 年，贡献率达到 22.0%，说明杭州市政府在人居环境国际化的改善方面起作用的与杭州 G20 峰会的召开有较大关系。在人文交流国际化指标上，要素贡献率最高的时期是在 2013~2016 年，其次是在 2016~2019 年。2004~2007 年，贡献率比较低。总的情况是，自 2001 年以来，各驱动要素对杭州城市国际化的贡献作用一直很大，对外连通能力及生态发展水平要素在不同时期对提升杭州城市国际化发展水平起到了较大贡献作用。由于不同时期杭州城市发展的重点不同，同一要素在不同时间段的贡献率变化也呈现波动状况。如 2016 年杭州举办 G20 峰会，在此之前杭州市开展大规模的城市整治工程及生态环境建设工程，在 2013~2016 年，

生态发展水平要素对杭州城市国际化水平提升的贡献率较大。由于杭州在 2022 年要举办第 19 届亚运会,杭州在城市基础建设上不断加大力度,因此在 2016~2019 年,基础设施国际化要素贡献率较大。

(二) 2001~2019 年杭州城市要素贡献弹性分析

根据杭州市 2001~2019 年期间测度国际化水平的数据,选择 2001 年、2004 年、2007 年、2010 年、2013 年、2016 年、2019 年 7 个节点时间的国际化水平测度指标值。根据 2001~2019 年各年度的标准化处理值数据表,选择 2001 年、2004 年、2007 年、2010 年、2013 年、2016 年、2019 年等节点时间的国际化水平标准化指标分数值,如表 3–31 所示。

表 3–31　杭州市城市国际化水平 7 个时间节点测度值标准化分值的数据

三级指标	权重	2001 年	2004 年	2007 年	2010 年	2013 年	2016 年	2019 年
人均 GDP (万元)	3%	8.22	8.89	18.49	33.26	56.84	76.28	100.00
三产增加值占 GDP 比重 (%)	2%	7.60	7.43	49.32	57.37	71.25	75.73	100.00
信息经济增加值占 GDP 比重 (%)	2%	0.87	17.71	47.64	58.90	59.58	72.67	100.00
货物贸易进出口总额占 GDP 比重 (%)	4%	11.67	17.06	18.82	28.14	26.71	76.23	100.00
服务贸易进出口总额占 GDP 比重 (%)	4%	3.27	1.82	11.64	5.09	18.55	58.55	100.00
外商直接投资占全社会固定资产投资总额比重 (%)	3%	41.86	48.04	47.22	20.00	32.58	73.81	92.37
对外直接投资占全社会固定资产投资总额比重 (%)	3%	21.77	10.69	45.56	81.65	100.00	68.95	68.95
国际会展场次 (次)	2%	3.29	0.00	14.40	28.40	46.50	83.13	100.00
外国金融机构数量 (家)	2%	3.55	4.00	12.00	36.00	48.00	76.00	100.00
国际航班线路数 (条)	3%	33.29	37.50	62.50	62.50	68.75	81.25	100.00
货物吞吐量 (万吨)	2%	6.68	7.91	20.48	31.44	42.43	57.57	100.00
高速路网密度 (千米/平方千米)	2%	3.51	3.47	9.68	25.31	32.26	49.38	100.00
地铁运营里程 (千米)	2%	0.01	0.01	0.01	0.01	0.01	73.40	100.00
公共交通站点密度 (千米/平方千米)	2%	10.11	10.90	27.82	30.08	51.88	78.20	100.00

续表

三级指标	权重	2001 年	2004 年	2007 年	2010 年	2013 年	2016 年	2019 年
国际互联网普及率（万户）	2%	14.01	14.53	44.09	21.47	58.90	79.96	100.00
无线网络覆盖率（b）	2%	0.01	0.01	0.01	0.01	14.93	66.92	100.00
人均公园绿地面积（平方米）	3%	0.01	9.30	22.96	32.45	63.38	82.73	100.00
环境空气质量达标天数（天）	3%	14.85	74.26	45.54	19.80	0.01	51.49	69.31
国际学校数（家）	2%	30.11	33.11	33.33	66.67	100.00	100	100
国际街区数量（条）	2%	10.30	12.11	20.00	40.00	50.00	90.00	100
国际标识普及率（比值）	2%	8.10	8.47	20.00	30.97	40.24	78.95	100
生活成本指数（比值）	3%	40.63	33.93	30.18	99.80	22.29	80.08	25.64
外籍常住人口数（人）	3%	0.00	12.03	47.31	44.71	54.71	72.01	86.70
双语种媒体数（家）	2%	0.00	8.33	25.00	58.33	66.67	83.33	100.00
城市安全状况满意度（%）	3%	36.92	78.56	100	96.63	67.34	77.78	40.85
百亿元 GDP 安全事故死亡率（%）	2%	100	55.05	39.39	17.68	4.55	7.07	17.68
落地签证或 72 小时过境免签政策（—）	2%	0.01	0.01	0.01	0.01	0.01	100	100
国际医院数（家）	2%	12.10	15.01	16.67	33.33	66.67	83.33	100
每万人拥有医生（名）	2%	8.50	9.51	24.91	14.08	1.81	68.23	100.00
世界排名前 500 的大学数（家）	2%	14.28	14.28	14.28	14.28	14.28	14.28	14.28
国际主流学术期刊发表论文数（篇）	2%	2.51	5.10	31.14	56.06	63.15	80.62	77.25
国际专利申请量（个）	2%	5.56	0.01	9.54	13.90	35.31	92.04	100
研究与试验发展经费支出占 GDP 比重（%）	2%	7.80	90.78	12.06	56.74	72.34	73.76	80.85
国际友好城市数（个）	2%	10.01	11.76	17.65	35.29	64.71	76.47	100
举办重要国际会议次数（场）	3%	9.09	8.01	27.27	45.45	36.36	90.91	72.73
国际体育赛事数（场）	2%	50.00	18.75	75.00	62.50	56.25	37.50	100
国际组织总部和地区代表处数（个）	2%	0.01	0.01	0.01	0.01	0.01	50.00	50.00
本土企业入选 500 强数（家）	2%	30.01	40.01	50.00	50.00	50.00	50.00	100

续表

三级指标	权重	2001年	2004年	2007年	2010年	2013年	2016年	2019年
拥有博物馆数量（个）	2%	20.01	27.91	44.19	65.12	76.74	90.70	100
受过高等教育人口占总人口比重（%）	2%	5.18	25.27	16.85	51.19	64.15	85.96	100
世界文化遗产数（个）	1%	28.57	28.57	28.57	28.57	28.57	28.57	28.57
艺术表演场馆数（个）	1%	5.00	6.06	27.27	48.48	72.73	90.91	100
世界500强海外企业入驻数（个）	2%	15.00	15.15	30.30	40.91	75.76	83.33	100
国际旅客占常住人口比重（%）	2%	39.16	27.89	39.37	59.49	66.44	93.59	66.17
留学生数（个）	1%	5.49	5.11	23.63	35.02	39.37	73.63	94.09

根据上述表3-31所整理的数据，采用式（3-9）和式（3-10）计算整理出城市国际化水平提升要素贡献率。

$$E = \frac{\Delta A/A}{\Delta a/a} = \frac{\Delta A}{\Delta a} \cdot \frac{a}{A} = \frac{dA}{da} \cdot \frac{a}{A} \tag{3-9}$$

$$\ln A_i = E \ln a_i + F \ (i = 2001, 2004, 2007, 2010, 2013, 2016, 2019) \tag{3-10}$$

依据式（3-9）和式（3-10），计算出的贡献弹性数据如表3-32所示。

表3-32 杭州城市国际化水平测度要素指标要素贡献弹性

三级指标	权重	2001~2004年	2004~2007年	2007~2010年	2010~2013年	2013~2016年	2016~2019年
人均GDP（万元）	3%	0.53	1.03	0.57	0.93	1.25	1.19
三产增加值占GDP比重（%）	2%	1.37	1.01	0.95	1.35	1.33	1.25
信息经济增加值占GDP比重（%）	2%	1.83	1.31	1.25	1.26	1.20	1.15
货物贸易进出口总额占GDP比重（%）	4%	1.31	0.62	1.42	0.62	0.63	1.24
服务贸易进出口总额占GDP比重（%）	4%	1.43	7.34	15.51	4.98	2.26	1.74
外商直接投资占全社会固定资产投资总额比重（%）	3%	1.01	0.97	1.05	2.40	1.26	2.61
对外直接投资占全社会固定资产投资总额比重（%）	3%	0.89	2.54	0.98	2.62	3.34	0.78
国际会展场次（次）	2%	1.75	1.54	2.78	1.48	1.27	1.22

三级指标	权重	2001~2004 年	2004~2007 年	2007~2010 年	2010~2013 年	2013~2016 年	2016~2019 年
外国金融机构数量（家）	2%	1.02	3.67	1.89	0.42	0.79	0.65
国际航班线路数（条）	3%	1.50	1.10	0.01	1.91	2.62	2.31
货物吞吐量（万吨）	2%	1.31	0.83	1.84	2.37	2.01	1.58
高速路网密度（千米/平方千米）	2%	1.50	1.37	1.81	1.21	1.44	1.71
地铁运营里程（千米）	2%	0.03	0.03	0.03	0.00	1.00	1.00
公共交通站点密度（千米/平方千米）	2%	1.10	1.35	1.03	1.33	1.55	1.21
国际互联网普及率（万户）	2%	0.77	1.23	0.58	2.67	2.23	0.98
无线网络覆盖率（b）	2%	0.00	0.00	0.00	1.00	1.00	1.00
人均公园绿地面积（平方米）	3%	1.41	1.05	0.99	0.55	0.96	1.62
环境空气质量达标天数（天）	3%	1.68	1.37	1.05	0.91	1.87	1.12
国际学校数（家）	2%	1.01	1.02	2.00	1.67	0.67	0.98
国际街区数量（条）	2%	1.01	1.26	1.50	1.40	1.22	1.20
国际标识普及率（比值）	2%	3.17	1.92	1.59	1.46	1.23	1.18
生活成本指数（比值）	3%	1.78	7.19	11.00	10.55	1.93	2.86
外籍常住人口数（人）	3%	1.67	2.70	2.12	1.47	1.11	1.92
双语种媒体数（家）	2%	2.00	2.67	1.71	1.63	1.50	1.42
城市安全状况满意度（%）	3%	2.48	2.02	10.34	14.39	12.60	13.08
百亿元 GDP 安全事故死亡率（%）	2%	2.63	3.28	1.08	1.75	3.69	3.09
落地签证或 72 小时过境免签政策（–）	2%	0.01	0.01	0.01	0.01	1.00	1.00
国际医院数（家）	2%	1.01	1.18	1.50	0.75	1.60	1.50
每万人拥有医生（名）	2%	1.06	2.80	6.57	12.09	1.21	1.19
世界排名前 500 的大学数（家）	2%	1.01	1.00	1.01	1.01	1.01	1.01
国际主流学术期刊发表论文数（篇）	2%	3.91	1.48	1.27	1.23	1.18	1.19
国际专利申请量（个）	2%	7.73	2.59	2.09	1.43	1.16	1.15
研究与试验发展经费支出占 GDP 比重（%）	2%	2.57	2.82	3.51	2.97	2.94	2.76
国际友好城市数（个）	2%	2.00	2.01	3.00	2.09	1.92	1.71
举办重要国际会议次数（场）	3%	2.00	1.33	1.20	1.25	1.10	1.12
国际体育赛事数（场）	2%	1.67	1.17	1.20	1.22	1.33	1.13

三级指标	权重	2001~2004 年	2004~2007 年	2007~2010 年	2010~2013 年	2013~2016 年	2016~2019 年
国际组织总部和地区代表处数（含大使馆、领事馆或办事处数）（个）	2%	0.00	0.00	0.00	0.00	50.00	23.00
本土企业入选 500 强数（家）	2%	0.00	2.00	0.00	0.00	0.00	1.50
拥有博物馆数量（个）	2%	2.75	2.37	2.61	2.36	2.15	2.05
受过高等教育人口占总人口比重（%）	2%	2.73	2.58	2.81	2.04	1.27	1.95
世界文化遗产数（个）	1%	0.00	0.00	0.00	0.00	0.00	0.00
艺术表演场馆数（个）	1%	2.00	2.56	3.00	2.33	2.07	1.97
世界 500 强海外企业入驻数（个）	2%	1.20	3.60	2.93	2.04	1.94	1.79
国际旅客占常住人口比重（%）	2%	2.60	2.39	2.57	2.19	3.27	4.21
留学生数（个）	1%	2.54	2.59	2.07	1.96	1.51	1.40

对上述表 3-32 的数据按权重进行汇总计算后，得到表 3-33 的数据。

表 3-33　2001~2019 年杭州城市要素贡献弹性

一级指标	要素贡献弹性	二级指标（权重）	要素贡献弹性
经济发展国际化（25%）	0.971	综合经济（7%）	0.79
		贸易国际化（8%）	1.12
		资本国际化（6%）	1.05
		开放平台（4%）	0.87
基础设施国际化（15%）	0.815	口岸发展（5%）	1.05
		交通设施（6%）	0.67
		网络覆盖（4%）	0.74
人居环境国际化（30%）	1.784	生态环境（6%）	2.11
		居住环境（8%）	2.65
		语言环境（5%）	1.28
		社会治理（5%）	1.42
		公共服务（6%）	1.03
人文交流国际化（30%）	1.357	创新研发（8%）	0.76
		国际影响（11%）	1.32
		国际文化（6%）	2.33
		国际吸引力（5%）	1.23

从表 3-33 所显示的数据来看，一级指标体系中，经济发展国际化指标的要素贡献弹性为 0.971，小于 1，但是基本接近于 1，因此，该指标对杭州城市国际化水平提升基本具有单位弹性；基础设施国际化指标中，其要素贡献弹性为 0.815，小于 1，说明基础设施国际化要素缺乏弹性；基础设施有类似于经济学中的"必需品"的概念，必需品是弹性比较低的商品，借用经济学"弹性"概念，在城市国际化水平提升的各要素中，基础设施是城市国际化提升的基础和必要条件。在人居环境国际化要素指标中，要素贡献弹性值为 1.784，大于 1，是属于富有弹性的要素指标；人文交流国际化要素指标贡献弹性值为 1.357，1.357 大于 1，也是属于富有弹性的要素贡献指标。杭州城市国际化建设发展可以借鉴城市国际化水平高的城市发展经验，有重点投入和开发，在资源有限的条件下，如何把资源投入到更能提升城市国际化水平提升的要素上，主要集中在生态环境、居住环境、社会治理环境、国际文化、国际影响及国际吸引力等要素指标上，加大对这些要素投入的基础上，保证社会经济的持续健康发展，同时应保障城市基础设施建设的稳步提升，以及应格外注重加强城市国际化发展过程中的科技、社会以及人口发展水平的提升。

第六节　杭州城市国际化建设进程中的短板与对策

进入 21 世纪以来，随着阿里巴巴声名鹊起，杭州的知名度不断提升，G20 杭州峰会的成功举办，推动杭州站在了新的历史起点上。杭州市委、市政府抓住机遇，出台《杭州市加快推进城市国际化行动纲要（2015~2017 年）》《中共杭州市委关于全面提升杭州城市国际化水平的若干意见》等政策意见，全力推进杭州城市国际化发展。杭州在推进城市国际化方面取得了显著的成绩，城市国际影响力和美誉度也得到了极大的提升。但是，对照建设世界知名国际化城市，杭州在城市经济总量、经济发展质效、基础设施硬件、人文环境要素、对外开放程度、城市特色塑造、社会治理能力、公共服务质量、市民素质和社会文明程度等方面还存在不少的差距，找出差距、分析差距，才能更好地发现和探究杭州城市的国际化路径。

一、杭州城市国际化相对水平

找出差距、分析差距，厘清杭州当前的城市国际化发展现况，可通过在国内和国际上重要城市的各种比较来说明其相对水平。理论界关于国际城市的比较研究形成了上百种不同的研究视角和测算方法，在上一章节中，我们选取了国内外比较权威的城市国际化水平测度体系进行了分析，在此，对杭州城市在这些排名体系中的位置进行归纳总结与分析，通过归纳与梳理，描述出杭州城市国际化发展的相对水平。如表 3-34 所示，归纳出国内外主要的不同城市国际化水平测度体系中杭州的排名情况。

表 3-34　杭州在国内外主要城市国际化水平测度中的位置情况

测度体系名称	年度	杭州在整个体系中的排名	排在杭州前面的中国内地城市 杭州在中国内地城市的位置
GaWC 排行榜	2019	第 75 位	北京、上海、广州、深圳、成都 杭州排名第 6 位
全球城市指标（GCI）	2019	第 91 位	北京、上海、广州、深圳、南京、天津、成都 杭州排名第 8 位
全球最宜居城市（MLC）	2019	未进入排行榜	苏州、北京、天津、上海、深圳、大连、广州、青岛 杭州未进入排行榜
全球城市实力指数	2018	未进入排行榜	北京、上海 杭州未进入排行榜
机遇之城	2019	中国内地排名	杭州排名第五
中国城市综合实力排行榜	2018	中国城市排名	北京、上海、广州、深圳、武汉、成都、重庆、天津、南京 杭州排名第 10 位
浙江大学课题组	2016	中国城市排名	北京、上海、广州、深圳 杭州排名第五
中国 36 个大城市的国际化水平	2017	中国内地城市排名	北京、上海、深圳、广州、重庆、成都、天津、南京、武汉 杭州排名第 10 位
12 个城市国际化水平排名	2019	本课题组选中国内地 12 个城市排名	北京、上海、深圳、广州 杭州排名第五位

资料来源：根据前面相关章节的数据汇总得到。

通过对表 3-34 的 9 类包含杭州城市排名在内的数据统计，可以大致分析得出杭州城市国际化水平基本是处于北京、上海、深圳及广州等城市的后面，比较多数的情况下，成都、武汉、重庆、天津等城市位于杭州之前，如果按照平均出现的排名概率来看，杭州位于中国内地城市的第 6 与第 7 位。由于不同的城市国际化测度指标不一样，采用的测度指标值的测度方法也不一样，杭州与中国内地城市国际化水平的测度值排名也有差异，除了指标选择的原因以外，因杭州同北京、上海、深圳、广州四座城市的城市国际化水平差距比较大，因此，大多数测度体系的排名基本上是处于一致的排名结果；当然，这也与中国内地城市其城市国际化水平程度基本相同；而处于中国准一线城市水平的成都、重庆、天津、武汉、南京、杭州等城市可能因为城市国际化指标体系选择或水平测度方法选择不一样，而导致其结果排名有一些差异，这也说明，中国内地城市除了北京、上海、深圳、广州等一线城市外，其余的准一线城市包括杭州、重庆、成都、天津、南京、武汉等在内近 10 座城市其国际化水平相差不大。

二、杭州城市国际化建设进程中存在的短板

在由美国《外交政策》杂志、全球管理咨询公司科尔尼公司和芝加哥全球事务委员会联合推出的"全球城市指标"（GCI）排名和英国《经济学人》杂志发布的宜居城市排名中，杭州的城市排名位次不高，即使在中国社科院发布的"中国城市竞争力"排名中，杭州的城市综合竞争力排名第 10 位。显而易见，与国内外的其他国际大都市比较，杭州在城市硬件设施建设和服务软件发展等方面还存在不少问题，在推进城市国际化能力方面也有一些亟待解决的问题。综合国内外有关杭州城市国际化水平测度体系测度排名、杭州市城市国际化相关调研结果以及我们构建的杭州城市国际化水平测度的情况，我们对杭州城市国际化进程中存在的短板做如下分析：

一是杭州推进城市国际化的统筹协调体系短板。目前，杭州形成"1+5"的组织机构，一个城市国际化推进工作委员，5 个专业工作委员会及一个办公室，在中共十一届十一次市委城市国际化工作会议之后，又形成了市委书记和市长双挂帅的"1+9"推进组织机构。然而，面对国家"一带一路"建

设、省委"一带一路"枢纽建设以及省第十四次党代会提出的"大湾区""大花园""大通道"等一系列的重大行动，尤其面对杭州"拥江发展"的新战略，推进城市国际化的统筹协调机构仍亟须进一步地加强和优化。

二是杭州城市经济发展短板。从服务业在地区生产总值中的比重看，2018 年杭州为 63.9%，而世界城市中无论是超一线的纽约、伦敦、东京，还是二线的西雅图、大阪等该比重都已经超过 75%，全球国际化程度高的城市该指标都在 70% 以上。另外，杭州的境外跨国公司数量不足，目前真正意义上的境外跨国公司地区总部只有 3 家，而上海境外跨国公司地区总部数量超过 500 家，深圳也超过 200 家，杭州与它们的差距实在太大。杭州企业"走出去"的步伐、资本国际化的水平与上海、深圳等地相比也是差距明显，杭州本土企业入选世界 500 强数量也只有 3 家。

三是城市国际化的硬件设施建设不完善短板。相对于国际著名城市和国内标杆城市，杭州的城市硬件设施仍有不少的历史欠账。在"拥江发展"的新战略下，如何在亚运会之前的四年多时间里加快城市交通基础设施的互通互联建设，如何推进陆空联结枢纽建设，即长三角世界级机场群的核心建设；如何完善铁路枢纽布局，推进空铁一体化发展；如何共建都市圈城际铁路网等，这些建设任务是非常艰巨的。与广州、成都、深圳等城市相比，杭州的国际通达能力不强，航空国际化率较低，到欧洲、北美、非洲等洲际航线偏少；地铁运营里程才 120 千米左右，低于初级国际化城市的 200 千米标准。不过随着杭州 2022 年亚运盛会的举办，杭州在地铁的规划建设上已经大大地弥补了这一短板，到 2021 年底，杭州地铁里程可以达到 400 千米标准。另外，在国际学校、国际医院、国际化标识、国际街区等方面，特别是国际大学和国际组织等，欠缺较多。如何加强城市基础设施建设，提升硬件服务水平仍是迫切需要解决的问题。

四是杭州城市国际化的"软环境"建设短板。对照先进标杆城市的发展状况，杭州城市国际化的软环境还需要进一步提升。归纳起来，杭州比较突出的问题主要有以下几个方面：①文化短板，最突出的短板是国际化教育水平不够，在杭 39 所高校数量不算少，但是"985""211"及"双一流"大学机构凤毛麟角，尤其理工类高端人才依靠大量从外地引进。教育的国际化水平不足，一方面，相较苏州、青岛、南京等地，杭州国际合作办学的大学机构数量少，越来越多的孩子选择出国留学；另一方面，符合高层次人才需求的国际学校数量和质量不足，迫使很多在杭外籍人员将家眷留在上海，在上海就医就学。②能级短板，表现为城市综合能级不高，如国际政府组织机构和非政府组织除了亚太小水电研究培训中心一家外，常设机构几乎为零，跨国公司的全球或亚太总部等明显偏少，仅有浙江物产、吉利、阿里巴巴 3 家世界 500 强总部，与北京的 50 家、上海的 8 家相比有较大差距。③动力短板，表现为自主创新能力还不够强，国际化人才支撑相对薄弱，如杭州市 R&D 经费占比虽已达 3%，但与上海的 3.7%、深圳的 4.05% 有明显的差距。④服务短板，表现为国际化软硬服务设施不完善、市民国际化素质有待提高。在市政协、市统计局联合开展的杭州国际形象问卷调查中，虽然外籍人士对杭州国际化水平的总体满意率达 90.5%，但对杭州的空气质量、外文媒体、知识产权保护、医疗服务和公共交通等方面有不少的意见，反映的问题也比较突出。⑤国际影响短板，最典型的不足是在杭领事馆数量为零，举办重要国际会议次数、国际组织总部和地区代表处数量、人口中外籍人员比例也较低。⑥城市宜居环境，主要是交通状况和城市房价收入比两项指标落后明显，城市框架还没有真正拉大，城市的职住平衡问题凸显，同时交通建设无法满足快速增长的经济和人口需要，交通拥挤成为杭州市民眼中最大的城市短板。同时，城乡和区域发展还不够平衡，城市治理能力有待提高。⑦制度短板，表现为体制机制不健全、符合国际通行规则的制度供给相对缺乏。

五是杭州城市管理者的素养和能力短板。进入新时期以来，杭州推进城市国际化遇到的最大挑战是城市管理者的理念、素质和能力问题。现在还有少部分城市管理者缺乏国际视野和国际化理念，不熟悉国际规则，不了解国外文化，不关注国际城市的发展趋势。在涉外管理过程中，有些城市管理者的沟通能力还有待提高；在城市管理工作中，还需要务实高效的工作方法。

三、加快推进杭州城市国际化建设的对策建议

一是推动"一带一路"主体平台建设，增强杭州在长三角世界级城市群的能级。着力推动杭州成为全省"一带一路"枢纽建设的"主体平台""指挥

中心"和"数据大脑",推进跨境电商综合试验区、eWTP(世界电子贸易平台)及杭州实验区和服务贸易综合改革试点建设。通过"一带一路"枢纽,联通"一带一路"沿线国家、地区和城市,营造一个更加自由、创新和普惠的国际贸易环境,再现古代的"丝绸之路",为全球贸易开通一条新的道路,从而增强杭州作为浙江省"一带一路"的枢纽地位。

二是加快城市硬件设施建设,推进城市国际化重点领域的突破。利用筹备 2022 年亚运会的机遇,加快城市硬件设施建设,补上国际化城市功能不足的短板。首先,以建设亚太航空枢纽为引领,以打造国家铁路枢纽为抓手,统筹推进空港、陆港、河港和信息港融合发展,着力构建连通各地的多层次综合交通枢纽。其次,制定专项政策,推动国际组织集聚地建设,吸引和发展国际组织入驻杭州,积极争取新兴领域在杭州设立国际总部,争取由我国发起的政府间国际组织在杭州设立永久机构,重点在"三江两岸"筹划建立国际组织聚集地。再次,加快实施"名校名院名所"引进工程,推进德中卫生组织、乌克兰航空航天大学、北大研究院、北航研究院等重大平台建设,推动在杭高校与"一带一路"国家高校建立友好合作关系。最后,推进医疗服务国际化,积极引进国际医疗机构,创建国际医院,接轨国际远程会诊系统,打造高端国际医疗服务中心。

三是加强城市软环境建设,提升城市综合服务能力。城市"软环境"是一个城市管理能力的体现,也是一个城市生活品质的体现。建立专业委员会或专业督察小组,推进在城市公共窗口的外语资讯展示、城市公共空间的公示语和标识语的译文与规范、区县各级部门的门户网站界面、服务部门的外语办事能力和效率、国际化管理人才、跨文化管理、本地文化的外文版多语种向外传播、外文报纸、外文频道等方面的"软环境"建设。杭州具有"中国茶都""丝绸之府""动漫之都""电子商务之都""爱情之都"这样的称号,也具有"历史文化名城""创新活力之城""东方品质之城""美丽中国样本"这样的美誉,这些都从不同的角度反映了杭州的城市内涵与特色。在"后峰会、前亚运"的窗口期,杭州应该继续推进城市品牌工程,扩大"杭州城市国际日"的国际影响力,提升杭州在国内外的知名度与美誉度。

四是开展城市国际化业务专项培训,提高城市管理者的素养与能力。在全球化日趋加速的时代，城市管理者应该具有基本的国际化素养和现代管理能力。城市管理素养与能力的提升需要一个长期的过程，一方面需要组织城市管理者参加城市国际化业务培训。首先，与国际化业务直接相关的部门，如各类服务窗口、市政管理、会展旅游、文化教育、宣传、医疗卫生、社区治安等部门需要业务培训，既要熟悉自身业务，也要熟悉国际规则。其次，间接相关的业务部门也需要参与国际化的业务培训，因为城市国际化涵盖了城市管理的绝大多数领域。另一方面，继续实施管理干部的境外学习与实训，拓展国际视野，提升业务能力，助推城市国际化。

五是加强相关机构的整合，提高推进城市国际化的统筹协调能力。根据省委、市委的工作安排，统筹推进"一带一路"建设与城市国际化工作，将"一带一路"和市国推办合署办公，充实市国推办和专委会办公室力量，加强市国推委机制建设。首先，加强市国推委执行能力，将市国推办和专委会办公室与市属工作职责分离，形成专门工作机构。其次，调整现有的专业委员会机构，改变国推办联系专委会、专委会联系国推办成员单位的复杂工作关系，形成市国推办直接联系主要成员单位，尤其是加强与市教育局、外侨办、市卫计委、市人社局、市民政局、市西博办等单位的联系与合作，努力推进国际大学引进、国际医院建设、国际组织聚集地建设、国际街区与国际社区创建、国际人才引进等重点领域工作的突破性进展。

六是提升市民国际化文明素质，营造共建共享国际化大都市氛围。推进城市国际化的最终目的是让市民共享城市发展成果。市民是城市国际化的推动者和受益者，必须坚持共享发展的理念，落实"四问四权"，强化市民主人翁意识；发挥专家学者智库作用，深入开展城市国际化研究和决策咨询；建立有突出贡献的外籍人士和市民表扬奖励机制，调动社会各界的积极性、主动性、创造性，汇聚加快城市国际化的正能量，推动政府、社会、市民同心同向行动，使政府有形之手、市场无形之手、市民勤劳之手同向发力，加快形成共治共管、共建共享的良好格局。

第四章
杭州建设世界名城个性特色战略路径研究

自 2016 年的 G20 峰会以来,杭州市加快了推进城市国际化的进程。2022 年的亚运盛会将在杭州举办,杭州城市国际化发展已经进入了重要"窗口期"。但对照杭州要建设成为世界名城的目标和可持续发展要求,杭州在创新驱动能力和经济发展质效、城市功能品质和生态环境质量、对外开放程度和城市特色塑造、社会治理能力和公共服务质量、市民素质和社会文明程度等方面还存在不少差距。杭州市在研究部署城市国际化工作中,着力打造的"四大个性特色"战略。依据杭州市出台的《中共杭州市委关于全面提升杭州城市国际化水平的若干意见》文件,杭州城市国际化建设目标的个性特色战略主要从着力打造具有全球影响力的"互联网+"创新创业中心、国际会议目的地城市、国际重要的旅游休闲中心、东方文化国际交流重要城市四个方面展开。本章从杭州建设世界名城目标四个个性特色战略来分析其实施路径。

第一节 推进全球"互联网+"创新创业中心
个性特色战略路径

作为国内创新创业的一线城市,杭州的特色是围绕互联网来布局产业,既有新的互联网产业,也有传统产业的互联网改造。在建设世界名城的过程中,杭州实施创新驱动发展战略,持续推进以科技创新为核心的全面创新,不断厚植创新活力之城的特色与优势,加快打造具有全球影响力的"互联网+"创新创业中心，为建设新时代的创新型国家做出应有贡献。

一、拓展国际创新创业载体

杭州在国家自主创新示范区、高科技园区、临江高新区、城西科创大走廊、城东智造大走廊、科创特色小镇、离岸创新创业基地、开放式创业街区以及高端众创空间等创新创业载体建设方面还存在不足，国际化创新创业人才体系也需不断加强建设。

（一）以国家自主创新示范区为建设龙头，加快创新创业平台建设

从国内外世界知名城市的创新创业发展经验看，城市规划出的创新创业产业园区是支撑高新技术产业发展壮大的主平台。杭州的高新技术产业园区建设起步较早，在全省具有一定优势地位。但近年来，园区建设推进步伐相对周边省份趋缓，对高新技术产业的资源吸引和配置能力有所减弱，使高新技术产业运行活力和扩张动力欠强。以杭州国家自主创新示范区建设为龙头，实施"一区十片、多园多点"发展布局，加快创新创业平台建设势在必行。

其一，以"互联网+"产业为主攻方向。建设国家自主创新示范区，事关长远和全局发展，一直是浙江和杭州的梦想与追求。自北京中关村 2009 年 3 月获批建设第一个国家自主创新示范区之后，建设杭州国家自主创新示范区，是浙江省委、省政府贯彻落实创新驱动发展战略的具体实践，是浙江服务长江经济带发展战略的重要抓手，是推动经济转型升级发展的举措。杭州抓住新一轮科技革命和产业变革交汇的历史新机遇，以"互联网+"产业为主攻方向，在培育创新主体、区域创新合作、推进开放式创新、新型产业核心技术创新能力、创新生态体系建设上取得新突破，切实推动"大众创业、万众创新"，为"中国制造 2025""互联网+"行动计划等的实施提供有力支持，打造具有国际影响力的"互联网+创新创业示范区"。

其二，彰显示范区"三大特色"。作为众多创建国家自主创新示范区的成员之一，杭州应不是要复制成为"第二个北京中关村""第二个上海张江"①。

---

①阳作军. 全面落实杭州国家自主创新示范区建设，助力打造全国数字经济第一城 [J]. 杭州（周刊），2018（4）：11-12.

要将杭州高新区打造成为世界一流高科技园区，电子商务、物联网、互联网等产业形成国际领先优势，增加高新技术产业产值，全社会 R&D 经费支出相当于地区生产总值的比重要着力提高，每万人口发明专利拥有量要向国内上海、深圳等城市看齐，增加众创空间数量，以此更好更快地集聚科技创业者和互联网创业者。这应是杭州建设国家自主创新示范区的坚定决心。与国内其他国家级自主创新示范区相比，杭州应充分结合自身产业优势、城市特点，突出"互联网+"、民营经济和创业创新三大特色，以"建成具有全球影响力的'互联网+'创新创业中心"为战略目标，积极打造创新驱动转型升级示范区、互联网大众创业集聚区、科技体制改革先行区、全球电子商务引领区和信息经济国际竞争先导区。

其三，优化空间布局。在国家自主创新示范区"一区十园"建设中，在空间方面，明确形成"一区十片，多园多点"的总体空间布局，不断完善《杭州国家自主创新示范区建设发展规划纲要》和示范区《空间布局规划》，并促进两规尽早落地实施，从顶层设计杭州创新创业的发展路径和空间。将杭州高新区与临江高新区作为杭州国家自主创新示范区的主阵地，联动其他创新区块协同发展，创新辐射全城。

（二）充分发挥国家高新区的引领作用，砥砺创新铸一流

杭州高新区（滨江），作为国家自主创新示范区，一直被视为杭州甚至浙江的改革先行地，担纲了很多"改革"使命，在浙江率先试行浙江科技体制改革，率先在浙江落地"中关村 6+4"政策，并演绎为激发本土创新创业热情的"黄金 12 条""1+×产业新政"等。当前，杭州在拓展国际创新创业载体上，杭州仍需发挥国家高新区引领作用，把杭州高新区（滨江）建设成为世界一流高科技园区，临江高新区建设成为一流制造中心。

其一，砥砺创新铸一流——高新区（滨江）全力打造世界一流高科技园区。在高新区"国家队"中，杭州高新区已多年位列"第一方阵"，被科技部列入全国创建世界一流高科技园区计划序列，并引领了浙江创新驱动发展——创新能力综合评价持续名列全省各区（县、市）第一，实现全省科技进步水平综合评价"八连冠"。从曾经钱塘江畔的连片农田、滩涂，到如今向"建设世界一流高科技园区"快步迈进，20 余年一路走来，杭州高新区（滨

江）的每一天都在发生着令人惊喜的变化①。因此，在这样的基础上，杭州有条件把高新区（滨江）全力打造成为创新的新引擎、产业的新高地，世界一流的高科技园区：一是仍以创新驱动强化内生增长动力。"发展高科技、实现产业化"就是杭州高新区的天然使命，而"创新"也成为写入杭州高新区的先天基因。坚持"人才带技术，技术变项目，项目融资金，实现产业化"这一"创新驱动"发展路径，继续推进杭州高新区成为浙江经济发展最快的地区。二是坚持以产业集群打造高端优势产业的发展路径。杭州高新区的多轮产业政策"加持"，让更多科技创新型企业在从"种子"长成"大树"，甚至"走出去"，代表国家参与全球竞争。杭州高新区"发展高科技"应努力代表国家抢占世界科技发展的制高点，不断拓展新能源环保、生物医药大健康产业新蓝海，加快打造千亿级新产业。

其二，高质量发展排头兵，引擎数字经济和制造业双轮驱动。作为全国首批国家级高新区，经过多年的创新发展，杭州高新区（滨江）正处于最好的发展时期，在机遇和挑战面前，有责任也有条件，承担起建设世界一流高科技园区的使命，以高质量发展的成绩为杭州、浙江乃至全国的发展做出贡献，提升比肩世界一流的竞争力，全面构筑新一轮创新发展的核心引擎，努力成为高质量发展的排头兵。杭州高新区（滨江）应继续加快推进建设杭州高新区（滨江）的区域合作发展进程，推进富阳特别合作区发展，推进智造供给小镇、物联网小镇、智慧医健小镇、人工智能小镇等特色小镇建设，提升改造工业园区等；不断强化土地要素保障，让优质企业扎根滨江，在区内整合土地资源，在杭州高新区（滨江）特别合作区拓展产业用地，为制造业企业发展预留空间。

其三，形成网络信息技术产业链，建成产城人融合科技新城。自21世纪以来，杭州高新区（滨江）坚持"发展高科技、实现产业化、建设科技新城"的发展方向，沿着科技创新驱动的高质量发展之路，走出了一条"人才带技术、技术变项目、项目融资金、实现产业化"的创新驱动发展之路。这里集聚了一大批创新创业人才。目前，该区聚集各类人才39万名，其中海外高层

---

① 杭州日报［2018-04-27］. http://www.hangzhou.gov.cn/art/2018/4/27/art_812262_17728918.html.

次人才 8600 人，各类人才计划专家 379 人①。杭州高新区（滨江）诞生了诸如阿里巴巴、网易、海康威视、新华三等耳熟能详的世界级企业，这里已经基本建成产城人融合的科技新城。建设"科技新城"，就要坚持以人为本，走产城人深度融合的城市发展之路。高新区（滨江）要努力建设快乐创业幸福生活的世界一流高科技园区，也要融入大湾区、大花园、大通道和大都市区建设。当前，杭州钱塘江南岸，正经历着最大规模的城中村改造，高新区（滨江）正不断加快着"向城而生"的脚步。因此，在产业发展进程中，"国际滨"已经成为杭州高新区（滨江）新的代名词。在人居环境、教育医疗、文化资源、社区生活等方面，为建成产城人融合科技新城，仍需努力打造全域景区化，这样的城市才更适合年轻人生活、工作，既有活力，又很浪漫，才能处处可见杭州高新区（滨江）的"国际范"。

（三）高水平规划城市大走廊，打造创新驱动发展战略的大平台

创新驱动发展、营造一流环境、完善体制机制，高水平规划建设城市科创与智造大走廊，争创全球领先的信息经济科创中心，培育一个新型制造产业体系，是加快建设杭州成为世界名城的重要内容。杭州建设独特韵味别样精彩的世界名城，城市大走廊规划建设是浓墨重彩的一笔；杭州应聚焦高质量发展，聚焦产城人融合发展，集聚一流人才团队，打造高品质新城区，提供国际化、高品质公共服务，以一流环境吸引一流人才，以一流人才创办一流企业。

其一，打造杭州城西科创大走廊为全球数字科创中心。面向未来，决胜未来。要打造杭州城西科创大走廊为全球数字科创中心，杭州城西科创大走廊"一盘棋"的共同体意识应逐渐增强，错位发展又各具特色的产业生态应逐渐形成，未来科技城聚焦人工智能+生命科学产业，青山湖科技城聚焦集成电路+高端装备制造产业，紫金港科技城聚焦大数据云计算+科技金融产业。一是高端科技跑出"加速度"，重大项目落地开花。杭州城西科创大走廊应继续大力实施"三大牵引工程"，即规划牵引工程、项目牵引工程和人才牵引工程，引领城西科创大走廊聚焦数字经济，重点发力 5G、生命科学、集成电路

---

① 杭州网〔2020-01-04〕. http://www.hangzhou.gov.cn/art/2014/1/14/art_812264_214405.html.

等产业，高端科技跑出"加速度"，区域经济持续保持高质量高速度发展态势，以此更好更快地带动杭州城西科创大走廊的"首位度"和"美誉度"。二是补齐公共配套短板。加快杭州未来科技文化中心、城西枢纽门户中心建设进程，加快优质教育资源集聚、医疗健康服务及购物配套跟进，让生产、生活、生态"三生融合"发展融入城西科创大走廊的创新发展。三是打造完整孵化链，创设"雨林式"双创生态气候。着力赋能升级，推动建设梦想小镇、紫金众创小镇、人工智能小镇、微纳智造小镇等省级特色小镇。推进政策、资金、服务等要素的全覆盖，在创业创新上，应秉持"店小二"式的服务理念，持续深化"最多跑一次"改革，优化"一站式"服务体系，提升企业事项办理效率，进一步优化营商环境，进一步激活企业活力，创设"雨林式"双创生态气候。

其二，高水平规划城东智造大走廊，打造杭州智造中心。建设城东智造大走廊是杭州为推进实体经济发展、提升制造业水平、增强产业竞争力、创建"中国制造2025"示范区做出的重大战略部署，也是拓展杭州制造业发展空间、实施"拥江发展"战略、参与长三角一体化发展和引领省"大湾区"建设的重要载体。作为重大产业平台，杭州城东智造大走廊应着力打造全球未来产业发展先行区，打造成为国家"制造强国"和"网络强国"两大战略融合发展的引领区，打造成为杭州湾经济区智能制造主导区和杭州拥江发展协同创新区。在产业布局上，杭州城东智造大走廊应着力重点发展新一代信息技术、汽车及新能源汽车、高端装备制造等重点新兴产业，瞄准人工智能、虚拟现实、区块链、量子技术、增材制造、商用航空航天、生物技术和生命科学等未来产业，着力重点打造和培育一个新型制造产业体系。重点突出制造产业智能化、绿色化、服务化和高端化发展的要求，深化互联网、物联网等新一代信息技术在传统制造业领域的应用，从而推动信息化和工业化深度融合。与此同时，杭州应充分发挥国家自主创新示范区及国家级双创示范基地先行示范作用，加快建立以新兴领域大科学设施为基础，以企业为主体，以园区、特色小镇等为核心载体，以高校、科研院所、制造业创新中心等服务平台和军民融合发展为支撑的智能制造创新生态系统，全面提升杭州大走廊创新能力。

其三，加大城市大走廊建设政策支持力度。为推进杭州城市大走廊建设，打造实施创新驱动发展战略的大平台、引领创新发展的主引擎，应加强城市大走廊建设政策的支持力度。一是放宽领军型创新人才创业政策。制定支持杭州城市大走廊建设人才管理改革试验区的相关政策，在"千人计划"、领军型创新创业团队、省有突出贡献中青年专家、省"151"人才工程、海外工程师等人才工程项目中予以倾斜支持。探索创业创新人才奖励政策、人才专项用房制度。二是加快建设各类高水平创新载体。积极推进国家实验室创建工作。分类支持新建工程实验室、重点实验室、工程（技术）研究中心、企业技术中心、制造业创新中心等国家级和省级重大创新载体。三是完善创新型产业用地政策。在倾斜支持耕地占补平衡、交通重点建设项目用地指标的基础上，对符合有关规定的重大产业项目，给予用地计划指标奖励。四是实行有效的财政激励政策。加大对城市大走廊建设的财政支持力度，在政策给予奖励性补助，进而打造创业创新生态体系。

（四）打造城市国际化创新创业空间体系

创新创业是杭州发展的活力所在，要做强战略性新兴产业，提升传统优势产业，振兴实体经济，发展高端装备制造、生物医药、物联网、人工智能等重点产业和未来产业，以抢占发展制高点。加快建设一批具有国际影响力的科创特色小镇、离岸创新创业基地、开放式创业街区和高端众创空间，形成聚合高端要素的国际化创新创业空间体系。

其一，打造具有国际影响力的科技创新小镇。科创特色小镇是科技园区发展到一定阶段的高级形态，它更加注重以人为本，充满人文关怀，其精准的产业定位，灵活的政策机制带动块状市场经济发展，与城市发展交相辉映成为经济转型的重要抓手，将是新一轮发展的风口。而这一切都离不开科创类特色小镇的两个重要"特色"：一是"特色"机制，即政府主导，企业专业化运营。"特色小镇"似镇非镇，似园非园。它既不是传统的行政区划，也不是原来的产业园区。科创类"特色小镇"需要跳出旧体制，打造新载体，推进产业集聚、创新和升级。坚持政府引导、企业专业市场化运作，鼓励以社会资本为主投资建设为"特色小镇"发展的普遍路径。制度供给上应强调"活而新"，独特的运营机制和考核机制，为政府、企业和市场三者之间构建新的机制关系。二是"特色"产业，准确定位。结合杭州特色产业，特色小镇在产业定位上也应独具特色，不可复制。科创特色小镇应强调"产、城、人、文"四位一体及"生产、生活、生态"三生融合。

其二，加快建设离岸创新创业基地。离岸创新创业是近年来由中国科协率先倡导并积极探索和实践的一项创新举措，旨在把创新触角伸向海外，在全球智力比较密集地区，设立离岸的研发中心和创新创业基地，进一步吸引和撬动海外更多的创新资源，做到汇聚全球创新资源为我所用。杭州应以国家（杭州）海外人才离岸创新创业基地建设为契机，围绕打造具有引才引智、创业孵化、专业服务保障等功能的国际化综合型创新创业平台的目标，大力引进海外高层次人才创新创业项目，助推本土企业和人才与海外创新资源开展对接合作，实现创新资源和人才团队的全球优化配置；积极实施创新驱动和人才强市战略，进一步推进高层次人才在杭州创业创新，加快提升城市国际化和人才国际化水平，将杭州打造成人才生态最优城市。园区应积极探索和实践，以可推广、可复制的离岸基地建设方式，瞄准全球更多创新活跃地区和机构，拓展设点布局，使园区在全球的创新资源布局更为全面合理，为新一轮创新驱动发展提供坚实的人才支撑。

其三，打造开放式创业街区和高端众创空间。在杭州良好创新创业的基础上，加快建设加速器、众创空间、创业苗圃等新型孵化器，打造开放式创业街区和高端众创空间，出台实施《杭州市众创空间评价细则》，构建符合企业成长轨道的"众创空间+孵化器+创新园区"的创新创业平台。借助国家、省、市、区不同层次平台建设及线上线下各种类型平台发展，大力拓展杭州的创新创业空间。对开放式创业街区和众创空间等开展年度绩效考核，择优给予对创业辅导、创业培训等各类创新创业服务进行补贴；引导一批有基础、有条件的众创空间，开展品牌化、专业化和国际化众创空间培育，国际化众创空间重点引导和鼓励集聚国际创新创业资源，开展国际创新创业服务，促进国际创业孵化合作交流，支持国际创新创业"引进来"，支持杭州创新创业"走出去"，提高运用国际创新资源服务科技创新创业的能力，推动杭州创业载体和创新企业有效融入全球创新创业服务网络。

二、构建国际前沿和高端产业集群

落实"互联网+"战略,打造全球领先的信息经济科创中心。实施《中国制造 2025 杭州行动纲要》,大力发展杭州的重点产业与前沿产业,抢占全球产业制高点,打造国际竞争力的本土跨国企业是构建国际前沿和高端产业集群的重要抓手。

(一)落实"互联网+"战略,打造全球领先的信息经济科创中心

作为国内信息经济和智慧应用的重镇,杭州的信息经济和智慧应用一直领跑全国。早在 2014 年,杭州市的"一号工程"就已经成为杭州经济发展的"关键词"。当前,杭州正在形成万亿级信息产业集群,为此,杭州应继续落实"互联网+"战略,深入实施信息经济与智慧应用互动融合发展的"一号工程",在重点领域突破掌握一批具有自主核心知识产权的重大共性和关键技术,抢占国际标准制定话语权,打造全球领先的信息经济科创中心。一是应以标志性数字化项目为抓手,打造数字经济发展新高地。在数字杭州、数字大湾区、移动支付之城、"城市大脑""5G+"、电子发票、智慧高速公路、未来社区、数字乡村、数字政府等标志性引领性数字化项目中取得重大突破。二是应以数字化改造为路径,加速推进产业数字化重塑制造业新优势。杭州作为数字经济强市,看准 5G 在工业互联网的应用前景,率先打造一批 5G 工厂、车间,让 5G 成为智能工厂、智能车间的标配,让制造更流畅,生产更高效,产品品质进一步提升。三是应谋求数字经济发展高地,着力解决数字核心技术短板问题。大力支持之江实验室、浙江大学、阿里达摩院"一体两核"的数字创新平台建设,集聚高端人才,在数字经济发展中贡献更多基础研究、原创技术。鼓励数字经济企业加大创新力度。同时,为了更好地支持数字经济发展,在数字经济产业领域,政府应加大财政支持力度。

(二)大力发展重点产业,抢占全球产业制高点

2016 年 8 月,杭州市人民政府印发了《中国制造 2025 杭州行动纲要》(杭政函〔2016〕99 号)的通知。该通知体现了杭州坚持"创新、协调、绿色、开放、共享"的发展理念,以创新驱动制造业转型发展,走新型工业化道路;以智能制造为主攻方向,推进"互联网+"在制造业中的应用,实现"杭州智

造";以重点领域关键技术为突破口，全面提升杭州制造业在国内外的影响力和竞争力；以提高产品质量、实现绿色发展为着力点，打造"杭州质造"品牌。为达到 2025 年发展目标：一是在产业发展上，应重点大力发展新一代信息技术、高端装备制造、汽车与新能源汽车、节能环保与新材料、生物医药和高性能医疗器械、时尚六大重点产业；在新一代信息技术产业方面，重点发展云计算和大数据、信息通信和网络设备、物联网、集成电路、电子信息设备等产业；在高端装备制造产业方面，应重点发展智能制造装备、能源动力装备、先进轨道交通装备、航空零部件、增材制造装备等产业；在汽车与新能源汽车产业方面，应重点发展新一代汽车技术及装备以及新能源汽车等产业；在节能环保与新材料产业方面，应重点发展节能环保装备、新材料及新能源装备等产业；在生物医药和高性能医疗器械产业方面，应重点发展生物医药、高性能医疗器械等产业；在时尚产业方面，应重点发展时尚服装服饰、时尚皮革制品、时尚家居用品、珠宝首饰与化妆品等产业。二是应重点跟踪发展人工智能、量子通信、增材制造、新型显示、虚拟现实等前沿产业，抢占全球产业制高点。在人工智能、量子通信、增材制造、新型显示、虚拟现实等前沿领域出台专项支持计划，加大研发、产业化、应用等全链化支持力度，在建立工程实验室、组建公共服务平台、高技术产业化和市场准入认证等方面进行扶持，规划建设一批未来产业集聚区。三是吸引和培养高层次创新科技人才。在人工智能、新材料、生物技术等前沿领域实施"全球顶尖科学家及其创新团队引进计划"，引进全球顶尖人才及团队特别是诺奖级科学家在杭开展合作研究、成果培育和人才培养。突出"高精尖缺"导向，以科学家工作室建设为抓手，加强战略科学家、科技领军人才的选拔和培养。

（三）实施领军企业和跨国企业培育战略，增强企业国际竞争力

与北京、上海、深圳、广州等国内一线国际化城市比较，杭州进入世界 500 强企业数明显偏少。目前，只有浙江物产集团、浙江吉利控股集团以及阿里巴巴三家公司进入世界 500 强企业名单。领军企业和跨国企业较少，企业在全球范围内的国际竞争力偏弱。随着全球竞争的日益激烈，加快培养杭州本土跨国公司，已成为杭州积极融入全球化的必然选择。因此，杭州应着力实施领军企业和跨国企业培育战略，在重点优势领域培育一批国际知名创新型领军企业，打造一批具有国际竞争力的本土跨国企业。提升规模以上高新技术产业增加值占工业增加值比重进一步提升：一是应加大力度培育本土跨国企业。引导杭州企业树立国际化经营理念，选择拥有一定规模、品牌和核心竞争力的龙头企业，从资金、技术、财税、金融、人才、信息、服务等方面加大支持力度，对重点培育企业给予重点支持。推动对外投资和对外贸易结合、"走出去"和"引进来"结合，提高国际化经营水平。大力推动民营企业"走出去"，充分发挥主力军作用。二是应在管理与服务上不断改革创新。把对外投资管理体制作为投资管理体制改革的突破口，加强对外投资与跨国经营的融资服务，加强信息服务，加强人才培训服务，加强海外权益保护和保险服务，建立为杭州本土跨国公司服务的社会支撑体系等。三是应加大力度实施规模以上高新技术产业企业培育工程。综合运用财税政策、科技金融、创新科技服务等方式破解企业"缺资金、缺人才、缺技术"的难题，实施规模以上高新技术产业企业倍增计划。持续聚力加大研发投入，科技支撑杭州经济高质量发展进一步强化，持续增加以重大科技项目、产业基金投入为主的财政科技支出；加大对装备制造业、高新产业、战略性新兴产业企业的财政科技支出，提升企业自主创新能力；优化创新创业环境，不断释放创新创业活力。

三、打造国际开放合作高地

加快营造高标准的国际化营商环境，加强国际化专业招商队伍建设，引进优质企业和项目，建设全球最优跨境电商生态圈，打造国际网络贸易中心，建设高能级服务贸易产业园区，打造"网上丝绸之路"重要战略枢纽城市，建设境外产业合作园区，建设"一带一路"重大项目等是杭州打造国际开放合作高地的重要对策。

（一）加快营造高标准的国际化营商环境，着力培育国际化企业

为全面贯彻杭州市委、市政府"国际化营商环境建设"一系列重大部署，推动营商环境综合改革行动方案落地落实，政府应着力扎实推进营商环境建设。坚持以问题为导向、以改革为动力，系统制订提升服务效能、优化纳税服务、强化市场监管等配套行动计划，定人、定责、定效，着力为企业提供

全生命周期服务，全力破解企业在开办、运营、退出全流程各环节面临的"痛点""堵点""难点"：一是应全面系统对标先进，建设一流营商环境。坚持对标国际一流，深化"最多跑一次"体制机制改革，发布杭州建设国际一流营商环境实施方案，进一步加大改革创新力度，努力营造稳定公平透明、可预期的营商环境，全力推动世界银行营商环境样本城市创建。二是积极吸引国际组织入驻。加强与有影响的国际组织、国际会展行业组织沟通对接，探索研究落户便利优惠待遇政策，力争更多国际组织落户杭州取得实质性进展。三是积极贯彻执行《外商投资法》。全面落实《外商投资法》及实施条例，严格执行外商投资实行准入前国民待遇加负面清单管理制度。积极促进外商投资，保护外商投资合法权益，规范外商投资管理，争取实现一般外资企业投资项目审批"最多跑一次""最多 80 天"。四是应重点加强国际化专业招商队伍建设，发布高质量的多语种杭州开放创新合作热力图，全面、生动推介杭州营商环境、投资政策和投资信息空间布局。健全外籍人员子女就读体系，组建长效性外语志愿服务队伍，健全外文咨询、信息提供等服务体系。五是着力引进一批世界 500 强企业、全球行业领先企业、国际创新型企业、细分领域"小巨人"企业。六是提供优质服务吸引浙商回归。秉承"店小二"的精神，营造重商、亲商、助商、安商的"浙商回归"软环境。让浙商回归项目享受到"保姆式"全程服务，在项目推进过程中，实行"一个项目、一名领导、一套班子、一抓到底"的一条龙服务，从项目的申报、立项到建设、投产等全过程的跟踪服务，建立重大项目协调"直通车"制度，全力协调解决项目落地和实施中遇到的实际困难和问题，整体提升杭州浙商回归的满意度。

（二）加强数字贸易建设力度，打造国际网络贸易中心

2019 年，杭州数字贸易保持全省第一。BOP 口径下，杭州 2019 年数字服务贸易进出口 827.04 亿元，占浙江省比重 82.19%，增长 81.50%，无论是比重还是增速都大大领先于其他市地。围绕跨境电商，杭州不断完善产业链、生态链，并逐渐成为众多海外电商平台前来投石问路的首选地。自 2018 年以来，亚马逊、谷歌、eBay、Wish 等境外平台纷纷通过设立孵化中心、子公司或者战略合作方式，入驻杭州这座"天堂硅谷"。为此，杭州应继续巩固和深化杭州跨境电商综试区先行先试优势，重点突破跨境电商贸易瓶颈，推广新商业模式，建设全球最优跨境电商生态圈，打造国际网络贸易中心：一是杭州综试区应不断完善功能，突出发展数据服务、在线交易、智能物流、数字金融、知识服务等枢纽功能；陆续开通飞往主要贸易国（地区）的全货机航线，中国香港、吉隆坡、莫斯科、比利时、迪拜等地都应纳入杭州的全球物流布局。二是不断推进新外贸、新服务、新制造"三新计划"，大力培育以技术、标准、品牌、质量、服务为核心的数字外贸新优势，培育一批数字化驱动生产制造、产品设计、原料采购、仓储运输、订单处理、经营批发和终端零售快速协同的数字经济新模板。三是打造一批协同创新发展的新平台，既发挥政府在推动创新、打造数字丝绸之路枢纽中的引导作用，又鼓励大企业、大平台在市场中发挥主体作用，进一步激发电商平台和中小企业的创新活力和创造动力，实现线上线下融合发展。四是加强数字贸易相关标准的研究和制定。推动关于数字贸易标准化、深度化、制度化的研究和探索，加强企业数字化转型案例的分析和研究，推动数字贸易评价体系、数字贸易发展指数的搭建。五是建立标准数字贸易数据统计制度。针对数字贸易细分领域进行分门别类统计，形成完善的体系数据。六是紧扣"一带一路"国家倡议。应建立"一带一路"国家和地区信息库，包括信息化发展水平、政治环境、双边关系、当地税制等信息，为企业走向"一带一路"提供更多信息和指导，规避风险。七是应加大人才支持力度。充分发挥杭州市内高校资源，着力打造数字贸易人才孵化基地，坚持自身培养和高端人才引进"两条腿走路"，为数字贸易发展提供强有力的人才支撑。

（三）推进服务贸易创新发展，建设高能级服务贸易产业园区

服务贸易是对外贸易的重要组成部分，优先发展服务贸易是促进经济转型升级和高质量发展的重要举措。杭州在发展服务贸易上具有良好基础，服务贸易的优质发展也肥沃了杭州的"创新土壤"。依据商务部统计，2018年杭州服务进出口总额位列全国第五。杭州市商务局牵头制订了《杭州市深化服务贸易创新发展试点实施方案》，提出了2018~2020年服务贸易同口径增速10%以上、形成一批可在全国复制推广的经验，明确了完善管理体制、扩大对外开放、培育市场主体等10个方面48条具体任务，培育数字、文化、旅游和金融保险四大重点领域以及教育、会展、医疗、物流运输四大潜力领域。

2019 年 9 月，杭州市商务局发布了《关于 2019 年杭州市服务贸易示范园区、示范企业和成长型企业名单的公示》，据统计，公示的名单中共有 12 个服务贸易示范园区，46 家服务贸易示范企业，31 家服务贸易成长型企业[①]。在当前国际经贸环境复杂的背景下，服务贸易在稳外贸、稳就业、稳预期中的重要地位和作用更加突出。深化服务贸易创新发展试点，对杭州来说，有助于推动形成现代经济体系、促进产业结构转型升级、提升城市国际化水平、培养优秀人才。因此，接下来，杭州应继续把深化服务贸易创新发展试点当作一项重大任务来抓，推进"互联网+服务贸易"，深化开放合作，探索建立杭州与先进国家服务贸易合作机制，以更高水平的服务贸易"走出去"和"引进来"。以建设高能级服务贸易产业园区，重点服务贸易企业为抓手，重点培育龙头服务企业为目标，扩大优质服务产品输出，推动服务贸易成为杭州外贸出口的新增长点，进一步推动杭州经济转型升级和高质量发展。

（四）整合国家综合保税区功能，高质量推进"一带一路"沿线境外合作园区建设

2018 年 3 月，国务院正式批复，浙江杭州出口加工区整合优化，成为杭州综合保税区。杭州国家综合保税区是由杭州出口加工区升级而成。在升级综合保税区前，杭州出口加工区已经引进了 25 家加工贸易企业，集聚了一大批以笔记本电脑、汽车配件、家用电器为主的加工制造产业。在杭州出口加工区的基础上新建物流作业区，重新规划建设监管服务区、监管仓库区、查验等候区、机检查验区、检疫处理区五大主要功能区。综合保税区能帮助杭州的加工贸易企业、跨境电商企业更好地发展，提供更多的就业机会、创造更多的外汇收入；让杭州的笔记本电脑、汽车配件、家用电器等加工制造产业更加成熟。由此，杭州应着力推进杭州国家综合保税区建设。作为高质量共建"一带一路"的重要内容，建设"一带一路"沿线境外合作产业园区，是杭州深入推进"一带一路"建设和国际经贸合作、促进与沿线国家经济深度融合和互利共赢的重要平台。当前，国际产能合作方兴未艾，杭州更应该以开放理念，加大国际产业园区合作，从而不断激发经济发展的新动力。杭

---

① 杭州商务［2019-09-23］. https://www.sohu.com/a/342907461_100008535.

州已有的"一带一路"产业合作园之所以能不断做大做强，关键在于园区合作主体的强大推动，在于政企合作方式的创新驱动。为此，杭州要积极打造"网上丝绸之路"重要战略枢纽城市，支持企业用好国际国内资源、技术和市场，建设一批境外产业合作园区，实施一批参与"一带一路"建设重大项目：一是应继续坚持开放创新理念，优化配置各类要素资源。发展开放型经济，要秉承开放创新的理念，按照"自主可控"原则，进一步提高杭州产业比较优势的认知。要引导进入境外园区的企业以最新国际商业理念介入全球分工，更大范围、更优配置各类要素资源，让外部要素为杭州所用，让优质产能充分释放，再塑产业链，争先进位挺进价值链高端。二是应集成超强活性的微循环系统，完善合作园的产业生态。企业面对国际国内市场，机遇与挑战并存。各类合作园区在运营过程中要集成政府和市场两方优势，集成投资流、信息流、物流、人才流、资金流、技术流、商务流等产业内外的微循环系统，增强活性，让企业从独闯国际市场，变为以集约协同和产业集群方式走向国际市场。同时，在"一带一路"合作园区中融入绿色亲和、携手共赢的发展生态，逐步占领全球相关产业市场的制高点。三是增强平台赋能增值效应，逐步建立供给侧产能服务的完备架构。境外园区锐意创新，向投建运一体化等要内生效益，贯穿项目可研、投资建设、设备成套、贸易营销、设备和物业运维、产能革新、流程设施再造等企业全生命周期，以供给侧服务的全新架构，全方位赋能，创造增加值，甚至通过组织跟投、领投、风投等融入产业链，形成独特的商业模式及快速复制能力。四是应突出杭州特色及个性特点，逐步开创产能合作园区的示范效应。园区应坚持杭州特色和个性化发展，譬如示范园的主体特征与其他专业性境外园区有效结合，让园区产业的综合化程度更高，使入园企业的行业优势更明显，从而进一步催化比较优势外溢与境外资源的聚变效应。

四、营造国际创新创业生态环境

营造国际创新创业生态环境，需要杭州深入实施"创新创业新天堂"行动计划，加大对本地企业自主创新支持力度，打造具有全球影响力的科技交易市场，推动科技成果有效转化，构建创新创业金融服务体系，实施科技型初创企业培育工程等对策措施。

（一）深入实施"创新创业新天堂"行动计划，加大对企业自主创新支持力度

创新驱动发展，实现由低成本优势向创新优势的转换，是一家企业、一个产业、一座城市的发展基础，可以全面提升经济增长的质量和效益，有力地推动经济发展方式转变。为深入实施创新驱动发展战略，适应和引领经济发展新常态，大力发展信息经济，推广智慧应用，推进国家自主创新示范区和小微企业创业创新基地城市示范建设，根据《国务院办公厅关于发展众创空间推进大众创新创业的指导意见》（国办发〔2015〕9号）精神，杭州市发布了《杭州"创新创业新天堂"行动实施方案》。"创新创业新天堂"行动计划的总体要求是以提升自主创新能力、完善创新创业政策和制度为重点，以建设"互联网+"创新创业中心为目标，以完善创新创业生态为抓手，以大力发展众创空间和开放式综合服务平台为突破口，深入实施创新驱动发展战略，向创新要红利，向改革要动力，向人才要后劲，激发全社会创新活力和创造潜能，将杭州建设成为"创业者的天堂"。为继续深入实施"创新创业新天堂"行动计划，政府应在产学研合作以及科技示范应用项目等方面加大支持力度：一是应加大力度实施创新创业载体建设工程。大力发展众创空间、大力推进科技企业孵化器建设、大力推进特色小镇建设、打造创新创业要素密集区和科技创业街区。二是应大力实施创新创业人才集聚工程。支持科研人员创新创业、支持海内外人才创新创业、激励青年人和大学生创业、鼓励企事业人员连续创业。三是大力实施创新创业平台支撑工程。实施一批创新创业重大项目、建设一批"互联网+"创新创业平台、推进高校科技资源开放和共享、开展创业教育实训等。四是应不断完善政产学研合作机制。支持行业龙头企业联合组建产业研究院，组织实施一批重大科技示范应用项目，加大对本地企业自主创新支持力度。建立产学研科技经济联结模式，推动科研成果转化能力。建立产学研协同技术创新联盟运行机制，推动产业创新能力。完善产学研合作实体模式，推动区域集群创新能力。

（二）深化国家自主知识产权示范城市建设，推动科技成果有效转化

杭州知识产权示范城市建设成效显著，为国家自主创新示范区建设提供了有力支撑。为强化知识产权创造、保护和运用，助推实体经济发展，杭州出台了专利资助奖励办法，建立了发明专利申请、授权奖励、年费资助、国外专利资助及专利质押融资、专利保险等较为全面、系统的知识产权支持政策体系。为营造更好的国际创新创业生态环境，杭州应进一步深化国家自主知识产权示范城市建设，打造具有全球影响力的科技交易市场，推动科技成果有效转化：一是在深化国家自主知识产权示范城市建设上，应进一步促进知识产权创造提质增效。积极培育知识产权密集型产业、大力实施知识产权示范企业培育工程、加大知识产权创造激励力度、有效提升知识产权产出质量、充分发挥高校在知识产权创造中的重要作用。二是打造具有全球影响力的科技交易市场，构建市场导向的科技成果转移转化机制。重点是完善科技成果转化、技术产权交易、知识产权保护等相关制度，打通创新与产业化应用的通道。扩大创新主体处置创新成果的自主权，改革技术类无形资产交易制度，实施严格的知识产权保护。三是推动科技成果有效转化。做强技术交易市场，促进科技成果转化。大力推进科技成果转化"放管服"改革，鼓励科研人员投入市场，提供有偿转让服务，加大奖励力度，并实行成果转化后高比例提成方式；大力培育成果转化代理方、成果价值评估方、成果一次开发方、成果集成方等中间商，使之成为供给与需求对接的黏合剂。科技成果转化过程中的法律服务、专利申请等交给中介来完成，保证科研机构的成果转化机构能集中精力在成果整理与市场营销工作方面；采取建立专利导航产业发展机制、健全知识产权评议机制、推进知识产权质押融资、提升知识产权运营能力、实施专利奖项配套奖励等措施，有效地促进和推进科技成果有效转化。

（三）推进钱塘江金融港湾建设，构建创新创业金融服务体系

金融对于城市发展的重要性犹如血脉之于肌体，如何让金融、让财富智慧地流淌，是破解发展难题的"密钥"。每一座金融强市的背后都有一个金融特色的城市会客厅，这也是驱动城市经济整体向前的原动力。在杭州城市国际化的进程中，杭州应着力推进钱塘江金融港湾建设，打造财富管理中心和新金融中心，构建创新创业金融服务体系：一是在打造钱塘江金融港湾建设方面。应大力推进规划统筹引领，优化提升核心区、金融特色小镇的空间布局；健全完善政府扶持体系，出台钱塘江金融港湾建设发展扶持政策，健全完善推进港湾建设的政策体系；不断创新构建新金融信息统计体系，优化港湾发展生态环境，推进钱塘江金融港湾建设，深入推进"最多跑一次"改革，在金融特色小镇（集聚区）探索"政府＋行业自治主体"两元化管理模式和"产业链＋人才＋资本"三轮驱动发展模式，力争企业、个人办事不出小镇（集聚区）等。二是在打造财富管理中心和新金融中心方面。以国际化、全球化视野打造财富管理和新金融中心，优化金融布局，推进资本集聚，积极服务实体经济与创新创业，推动杭州经济转型升级；紧扣"财富管理＋新金融"，抓好核心区和金融小镇建设；大力发展非银行金融，构建财富管理核心区、私募基金走廊、金融大数据创新基地、新金融众创空间；大力培育一批新型金融要素交易市场，培育发展一批大数据、碳排放、互联网金融等新型金融要素交易平台；构建金融与实体互动互赢的平台，通过与实体经济、金融创新、重大项目紧密结合，服务实体经济和发展全局。三是构建创新创业金融服务体系。进一步完善创新创业金融服务，完善定向降准、信贷政策支持再贷款等结构性货币政策工具，引导资金更多投向创新型企业和小微企业；研究开展科技成果转化贷款风险补偿机制，实施战略性新兴产业重点项目信息合作机制，为战略性新兴产业提供更具针对性和适应性的金融产品和服务。

（四）加强"互联网＋"创新创业生态建设，营造世界一流创新创业环境

在"互联网＋"创新创业的软环境上下功夫，营造全国领先、世界一流的创新创业环境：一是加强专利保护。深入实施杭州建设国家知识产权强市工作方案，完善知识产权资助制度，完善国家级知识产权维权中心的建设。充分发挥杭州知识产权法庭和互联网法院的作用，率先实行省内跨行政区的重大知识产权案件管理。抓好专利试点示范企业和贯标工作，开展专利技术交易、转让活动。二是集聚更多的创新创业资源要素。重点突出创新创业的人才培养，创新"人才＋资本""科技＋金融""教授＋团队"等创业模式，放大"新四军"创新创业的示范效应，认定一批新的省、市领军型创新创业团队。充分利用互联网开放创新特点，完善"互联网＋"创新创业，集聚创业创新资源，为创新创业企业提供找得着、用得起、有保障的服务，鼓励发展各类新型众创空间，加快发展"互联网＋"创业网络体系。同时，进一步做大创投引导基金规模，深化科技金融改革，继续引入一批市场风险投资基金，支撑杭州"互联网+"创新创业。三是加强创新创业激励。在全市推广科技"创新券""服务券""活动券"等使用制度，鼓励大企业率先尝试研发领域"失败有奖"的机制，在杭州营造敢为人先、宽容失败的创新创业氛围，培育兼容并蓄的"互联网+"创新文化。四是加强创新创业考核。研究完善创新驱动评价指标，加快形成职责明晰、积极有为、协调有力、长效管用的创新发展治理体系。

第二节　杭州建设国际会议目的地城市个性特色战略路径

世界知名的全球城市或世界城市，大多数是国际会议的举办城市。在一定程度上，国际会议和展览的多少是衡量一个城市是否走向国际化的主要标志[①]。国际会议目的地一般指具备高端、大型会议召开条件，在国际上具有较高知名度，成为会议目的地的城市[②]。打造国际会议目的地，既符合杭州整体资源禀赋和城市气质，又是杭州产业结构转型升级的趋势和需求，并且已经成为推进杭州城市国际化、建设世界名城的重要驱动力。

一、打响全球会议目的地品牌

如何发挥杭州成为 G20 峰会举办城市的带动效应，发挥在杭高校和科研机构的作用，争取联合国相关机构和有关国际组织入驻杭州或设立办事处等机构，提升举办国际会议承载服务能力应是杭州打响全球会议目的地品牌的主要策略。

---

① 张永谊. 着力打造国际会议目的地城市［EB/OL］.《杭州日报》数字版，"建设世界名城专论"［2016-08-08］. http://hzdaily. hangzhou. corn. cn/hzrb/html/2016-08/08/content 2333028. htm.
② 李思瑶. 国际会议目的地特征与培育研究——以成都为例［J］. 中国经贸导刊，2010（21）：92.

（一）注重国际会议目的地城市建设的顶层设计，着力引进高端国际会议与重大赛事

"着力打造国际会议目的地城市"是杭州打造世界名城的具体目标。2022年亚运会前，杭州应充分发挥杭州成为 G20 峰会举办城市的带动效应，加强与国际机构和国家部委的合作交流，着力引进一批有世界影响的国际会议、高端论坛项目。抢抓 2022 年亚运会的历史性战略机遇，发挥杭州本土会展品牌优势，重点补齐国际机构和组织入驻率不高、承办国际会议层次不高、会展服务功能不完善、国际体育赛事少、运营能力不强等短板，实现承办国际会议展览和体育赛事的重大突破，成为具有世界水准的国际会议举办城市、会展之都、赛事之城：一是应重点打造全球会议目的地品牌。发挥 G20 峰会举办城市的带动效应，加强与国际机构和国家部委的合作交流，着力引进一批有世界影响的国际会议、高端论坛项目。二是应大力提升展会国际化水平。完善以杭州国际博览中心为重点的大型会展场馆布局，创新经营理念和运营机制，提升会展服务水平和配套能力，打造会展创新创业基地。杭州多年来已经积累了一批较有影响力的会展项目。为此，应继续推进西湖国际博览会转型升级，提升世界休闲博览会、中国国际动漫节等展会的国际化水平，挖掘历史人文、旅游休闲、电子商务等具有杭州特色的会展元素，培育具有国际影响力和号召力的本土会展品牌。三是借助 2022 年举办第十九届亚运会盛会，增强国际体育赛事组织能力。按照国际一流水准，推进重点体育场馆建设和改造提升，办好 2022 年亚运会重大赛事。提升本土赛事品牌的国际知名度，培育发展本土职业体育俱乐部。大力发展群众体育，不断加强杭州游泳等项目的国际领先地位。四是大力引进知名项目增加国际会议。建立国际会展引进和申办联动机制，着力引进一批国际知名会展项目。理顺会展业管理体制，完善工作推进机制和管理机构，培育市场主体，壮大会展业市场；充分发挥杭州作为中国国际休闲产业博览会品牌优势，吸引更多国外展商参与，着力提升办展能力和办展国际化水平；同时，积极发挥贸促职能，组织企业出境参加国际性展会，既为杭州会展业扩大国际影响，也为外贸企业转型升级提供帮助。

（二）充分发挥在杭高校和科研机构的作用，争取更多的国际学术会议在杭举办

国际学术会议是一种以促进科学发展、学术交流、课题研究等学术性话题为主题的会议。国际学术会议一般都具有国际性、权威性、高知识性、高互动性等特点，其参会者一般为科学家、学者、教师等具有高学历的研究人员。由于学术会议是一种交流的、互动的会议，因此参会者往往都会将自己的研究成果以学术展板的形式展示出来，使其互动交流更加直观、效果更好。杭州在打造世界名城的进程中，争取更多的国际学术会议在杭举办是其城市国际化目标之一。依据杭州市文化广电旅游局统计的数据，国际大会与会议协会（ICCA）发布 2019 年度全球会议目的地城市国际会议数量排行榜，杭州举办国际会议数量位列全球第 74，亚太第 17，中国大陆第三。这也是杭州作为国际会议目的地，在全球城市排名上取得的历史最好成绩[1]。2019 年，杭州共举办了 38 个符合 ICCA 标准的国际会议，较 2018 年度增加了 10 个会议；在全球 5214 个城市排名中位居第 74，较 2018 年提升了 23 位；在亚太 870 个城市排名中位居第 17，较上 2018 年提升了 4 位；中国大陆城市排名一直保持第三位。在 2019 年杭州举办的国际会议中，电气和电子工程学术会议约占 24%，生物医药学术会议约占 16%，标准化会议约占 8%，化学学术会议约占 8%，上述四大学术领域会议数量占比达到 50% 以上。高等院校举办的学术会议数量占比高达 71% 以上[2]。2010~2019 年的十年，杭州举办了 253 个符合 ICCA 标准的国际会议。2016 年杭州市 G20 举办所带来的红利效应还在继续，G20 极大地提升了杭州国际化水平、旅游服务标准，越来越多的国际会议主动选择落户杭州。与此同时，杭州主动出击拓展国际会议的手段也在不断创新。因此，杭州应继续加大协同有关部门、单位积极推进国际会议目的地建设，聚焦国际会议引进的脉络打通，通过构建机制、聘任大使、强化营销、提升服务等十项举措，组合出拳、精准施策、持续发力，加强国际会议引进：一是加强与国际行业组织的合作，保持与全球最佳会议城市联盟 Best Cities Global Alliance、国际大会与会议协会（CCA）、世界旅游组织、世界旅游联盟

---

①② 杭州网，https://baijiahao.baidu.com/s？id=1666562469267130602&wfr=spider&for=pc。

总部等国际组织的合作，发挥国际标准化会议基地等驻杭机构的积极作用。二是加大力度实施"杭州会议大使"计划。充分发掘各行业领军人物，加大聘任"杭州会议大使"的范围和力度，争取覆盖更大的学科领域，以此引进国际性、全国性、地区性学术会议。三是激发学术科研引进国际会议新引擎。加大力度支持浙江大学、西湖大学、阿里达摩院等高校和科研机构学术科研带头人领衔的众多高端学术交流会议落地杭州，尤其是生物医药、电子技术、标准化作为来杭国际学术会议的三大领域，作为高端国际会议的重大引擎。

（三）促进国际友好往来，争取联合国相关机构和有关国际组织入驻杭州

从 1999 年联合国国际小水电中心落户杭州开始，世界包装中心、全球中小企业联盟、世界旅游联盟总部等近十家国际机构陆续入驻杭州。2014 年联合国教科文组织在杭州设立项目事务处。但出于各种原因，杭州一直缺少大区机构和外国领事馆，这也限制杭州的辐射力和国际影响力，不利于杭州固定召开一定数量的国际高端会议。相对于世界名城的建设需求，杭州引入的国际知名的专业会展机构数量不多。为促进国际友好往来，发挥地处长三角重要区位的优势，强化国际交往功能，承担部分国际交往职能。杭州应加大力度强化与国际组织的交流合作，积极争取联合国相关机构和有关国际组织入驻杭州或设立办事处等。加快建设"一带一路"科技教育、人力资源、医疗卫生、企业总部、金融、传媒、会议会展等一批总部基地落地杭州，发展总部经济。加快杭州领事馆区建设，争取联合国相关机构和更多领事机构入驻，争取更多国际性组织、国际商会、国际协会、国际经贸组织、国际产业联盟落户杭州。

（四）加大杭州国际会议目的地城市的营销力度，提升杭州城市品牌知名度

借助中国融入世界、世界看好中国的时机与机遇，杭州应主动加强与国际机构和国家部委的合作交流，充分发挥举办峰会后效应，利用亚运会筹办机遇，精准营销，打响国际会议目的地的杭州品牌[①]：一是重点持续推进"峰会杭州"城市会奖品牌营销工作。借助大事件、大机遇，以市场细分为基础，

[①] 张永谊. 着力打造国际会议目的地城市［EB/OL］.《杭州日报》数字版［2016-08-08］. http：//hz-daily. hangzhou. corn. cn/hzrb/html/2016-08/08/content 2333028. html.

分大众领域和会奖领域两个层面，突出杭州"会在风景中"的特色，针对东南亚、欧洲等重点市场采取不同的营销策略，强化高端国际会议旅游目的地营销。二是积极联动国字号协会、学会和机构，以及在杭高校、行业企业，全面挖掘杭州会议旅游潜在的项目资源、市场资源和社会资源，建立国际会议项目资源库，深化"会议大使"项目。以杭州会奖业协会为平台，整合会议产业链资源，形成产业协作机制和统一的市场营销力量。三是大力建设或改造提升大型会议场馆和国际型酒店群等配套设施，培育引进专业会议组织者、目的地管理公司等专业机构，提升举办国际会议承载服务能力。四是开展多样化交流载体建设。建设"海外杭州展示平台"，加大媒体外语普及力度，积极利用网络媒体、社交媒体、KOL 等渠道平台，通过 Facebook（脸书）、Twitter（推特）、Pinterest（品趣）、Instagram（图片分享）、YouTube（优兔）等海外社交媒体加强对外宣介。鼓励有条件的部门单位和企业设立英文版官网、公众号、抖音号等传播窗口。五是加强"一带一路"友城合作。制订友城发展规划，完善友城网络整体布局，制订深化友城合作以及拓展友城结对方案，进一步扩大友城、"一带一路"地方合作委员会会员城市和各国驻华使领馆参与度，吸引更多的优质国际资源到杭州来投资、创业、发展。

（五）创造条件促成"要素"间的彼此互动，提升国际会议目的地城市竞争优势

在国际会议目的地竞争体系中，政府要素与生产要素扮演着重要角色。在政府要素方面，杭州政府部门针对国际会议目的地、国际旅游目的地而进行的全球营销工作一直卓有成效，在国际会议落地杭州的政策扶持及部门协调方面也是力度明显，务实推进。在生产要素方面，杭州具备举办国际会议的专业性生产要素和高级生产要素，优势显著。在专业性生产要素上，会议行业协会健全、充分，并且在行业组织、服务和管理方面有切实成效；专业会议组织者（PCO）具备专业服务的条件和经验，能够胜任国际会议的会务服务；多数的会议目的地管理公司（DMC）脱胎于国际旅行社公司，有国际旅游目的地接待经验，能够胜任国际会议的目的地服务与管理工作。在高级生产要素上，杭州的城市环境拥有西湖、京杭大运河、良渚遗址三项世界遗产级的自然要素，能够为国际会议带来高级别的环境感知体验；每年聘请的会议大使发挥了国际联系的作用,切实为杭州促成了多项国际会议的举办①。这些要素优势是促进杭州国际会议目的地竞争的动力,但同时也有一些不足,亟待完善和改进。只有通过地域产业集中来创造条件和平台以促进"要素"间的彼此互动,才能有助于继续保持和提升竞争优势:一是应保持高级、专业性、具有创造和提升动力的生产要素的优势,并不断创造出新的高级生产要素。加强与发达国家和地区的同业交流,以积累更为国际化的从业经验;进一步加强和深化国际交流,激励更多的知识精英引入国际会议资源;会议场地需要进一步改善和优化,可鼓励民营资本投资产业发展。二是应进一步创造竞争性的国内会议市场,推动整个体系升级。从行业管理层面加强对杭州国内会议市场的深度研究,加强对国内会议市场的需求调查;加强顾客满意度调查,激励客户对国内会议服务提供建议和意见;鼓励和引导企业改进、创新国内会议服务的能力,从技能和管理层面继续提升服务竞争力。三是要加强会议产业与其他相关性、支持性产业间的融合和共进。注重激发会议相关与支持性产业中优势产业的带动作用;注重通过相关产业的运作来刺激会议产业中专业性要素的创造和升级;注重政府、教育机构等的支持和辅助,尽可能地从产业融合角度促成会议产业服务网络的形成和优化。四是加强企业的国际化交流。从行业管理层面加强企业与国际联系的范围和密切度,鼓励外资企业在杭州会议产业领域的投资和运营,在会议特征产业领域扶持和鼓励小微型企业的发展;鼓励市场竞争,逐步降低政府对市场的参与度和渗透度,鼓励企业实行现代企业制度,鼓励企业创新和全球化发展。

二、提升展会国际化水平

要提升展会国际化水平,杭州应在大型会展场馆布局、会展创新创业基地、杭州特色会展元素、本土会展品牌、国际知名会展项目、会展业管理体制、工作推进机制、培育市场主体、会展业市场等方面加大力度建设或改革。

(一)完善大型会展场馆布局,打造会展创新创业基地

随着 G20 杭州峰会、2018 年世游赛、云栖大会、中国计算机大会等大型

---

① 薛莹. 国际会议目的地的城市竞争优势:杭州案例研究 [J]. 江苏商论,2019(1):15-20.

活动的召开，杭州会展业的发展也呈现出欣欣向荣的态势。2019 年 12 月，2019 中国会展业年会暨中国城市会展业竞争力指数发布会传来捷报，杭州市荣获"中国最具竞争力会展城市"荣誉称号①，这是杭州不懈努力的成果。建设世界名城，必须有世界名展。综观世界著名的世界知名会展型城市，除了独特的自然旅游资源、良好的城市生态环境、深厚的多元文化积淀、突出的产业优势等外，都建设拥有完善的大型国际化的会展场馆设施及完善的综合服务体系。国际上，如阿联酋迪拜拥有世界一流的国际会展中心和购物环境，近年来会奖产业发展迅猛等，国内如成都、南京等城市都借助大型赛事加快建设国际会议目的地城市，这些会展名城对杭州建设国际会议目的地城市带来一定的竞争压力。同时，国内外一些新兴的会展名城更需要引起杭州重视，在如此激烈的竞争环境中，杭州必须毫不懈怠，深入挖掘后峰会效应。杭州国博投入使用，补齐了杭州缺少大型场馆的短板，改变了长三角区域展览市场的格局，并成为杭州萧山区发展会展业、促进城市经济发展的重要载体。为促进杭州城市会展竞争力，杭州还应加大力度完善以杭州国际博览中心为重点的大型会展场馆布局，对已有的杭州和平国际会展中心、浙江世贸展览中心、杭州市国际会议展览中心、白马湖会展中心、浙江展览馆、杭州海外海国际会展中心、浙江美术馆、新农都会展中心、浙江省博物馆、浙江工艺美术博物馆等展馆的硬件和软件设施进行更新、完善，进一步增加可用展览面积，提升会展承接能力。创新经营理念和运营机制，提升会展服务水平和配套能力，打造会展创新创业基地，打造会展产业集聚区。打造会展集聚区是提升杭州城市会展业的创新模式，有利于提升杭州城市的服务水平。在杭州国博会展综合体内，构成会展产业集聚区，通过建设会展产业集聚区，吸引主承办会展机构、会议高端策划公司入驻园区，让会展产业集聚区成为会展产业链发展的核心区域，通过聚合会展、体育、音乐三大特色产业，促进杭州朝着"国际会展之都""国际音乐基地"以及"国际赛事之都"的目标迈进。

① https://www.sohu.com/a/357895957_100008535.

（二）着力推进西湖国际博览会转型升级，培育具有国际影响力的本土品牌

杭州应不断深化改革创新，理顺体制机制，切实强化全市会展业统筹管理，有效引导促进全市会展业健康发展。坚持市场导向，充分发挥市场主导作用，不断提升会展业的市场化、专业化和国际化水平，做到"有效市场"和"有为政府"有机结合，形成特色优势，把会展业作为杭州展示形象的窗口和推动发展的重大平台。深入挖掘特色会展元素，准确定位会展业发展方向和产业特色，努力打造和打响更多的杭州会展品牌。继续推进西湖国际博览会转型升级，提升世界休闲博览会、中国国际动漫节等展会国际化水平，挖掘历史人文、旅游休闲、电子商务等杭州特色会展元素，培育具有国际影响力和号召力的本土会展品牌：一是应围绕城市国际化的发展战略，着力推进西湖国际博览会转型升级，提升国际化会展水平，进而助推城市国际化。西湖国际博览会作为杭州走向世界、世界了解杭州的一个重要窗口，发挥着重要的产业带动作用。首届西博会举办于 1929 年，距今已有 79 年，自 2000年恢复举办以来，西博会的国际化、市场化、品牌化、专业化、信息化水平不断提高，已成为国内具有较大影响力和较强竞争力的品牌会展之一。围绕杭州市"1+6"产业发展重点，突出项目对经济发展和生活品质的提升带动作用，通过高端会展项目，服务杭州的产业发展。充分发挥国有企业和会展协会市场主体的力量，鼓励企业参与西博会项目的各项工作，引导更多市场化项目融入西博会，提升西博会的市场化、专业化水平，深入推进西博会的转型升级。二是提升杭州世界休闲博览会的国际化水平。以文化演艺、体育竞技、美食特产、区域合作等为重点内容，借助杭州自然天然环境的优势，打造民族文化院、非遗文创院、韩国文化院、茶文化院等典雅别致的休闲项目，为观众带来独特的观览体验；加强对休闲资源的统筹整合，重点突出杭州休闲度假资源的展示和互动，打造智慧化的休闲节，让市民和游客共同享受休闲生活所带来的乐趣，提升生活品质。三是提升中国国际动漫节展会国际化水平，挖掘历史人文、旅游休闲、电子商务等杭州特色会展元素。一年一度的中国国际动漫节是中外动漫人士把握潮流趋势、深化交往合作、碰撞激情梦想的重要平台。历经 15 年的培育和发展，动漫节成为中外动漫人士把握潮流趋势、深化交往合作、碰撞激情梦想的重要平台①。杭州应充分借助中国国际动漫节来推动杭州当地文化产业发展和经济的转型升级，厚植杭州历史文化根基，讲好杭州故事。大力推动动漫国际交流合作，组织动漫机构和动漫人才开展国际培训、业务交流，组织支持动漫机构参与各类国际动漫专业节展。深化开放合作，融入国际舞台，深度参与国际竞争，让越来越多的中国动漫形象和杭州品牌在世界上绽放光彩，用国际表达讲好杭州故事，努力在世界动漫版图中打响中国杭州动漫品牌。

（三）建立国际会展引进和申办联动机制，大力拓展国际合作渠道

建立国际会展引进和申办联动机制，加强国外会展引进力度。重点引进联合国相关机构、世界知名会展龙头企业等在杭州市设立地区总部和办事机构，带动国际性的会展大项目落户杭州。积极引进国外专业会议服务公司、目的地管理公司、展台设计和搭建公司等会展服务机构和国际会展人才，促使更多的国际会展相关配套机构集聚杭州，提升举办国际会议承载服务能力。加快组建专业会展团队和人才，积极落实配套政策。加大国际企业、品牌参展商和国际专业采购商的邀请力度，提高展会国际参展商和采购商比例。鼓励本地会展企业通过合资、合作等方式与国际会展公司联合办展，科学引导国外资金、技术和管理人员进入杭州会展市场，引进国际知名会展品牌来杭合作办展，提高办展的质量、水平和效益。发挥阿里巴巴等跨国公司在云计算、电子商务等专业领域的优势，促进相关领域会议的承办。大力拓展国际合作渠道。积极参与区域性会展联盟组织，加强与各城市间的融合联动，促进各城市之间的多边合作，签订框架性或战略性合作意向。参加国际知名展览机构及其组织的活动，把握国际会展行业发展的前沿动态，进行会展业行业发展研究。增强国际合作意识，鼓励国内企业、积极与国际展览业协会（UFI）、国际展览与项目协会（IAEE）、独立组展商协会（SISO）、国际大会和会议协会（ICCA）等国际知名会展机构开展交流与合作，建立长效合作机制，鼓励会展项目进行国际认证。

---

① 全球领先企业竞相参展，中国国际动漫节国际化水准再升级！［EB/OL］. 搜狐网［2019-04-30］. https://www.sohu.com/a/311253914_613537.

（四）健全管理机制体制，壮大会展业市场

根据国家、浙江省关于进一步加强展览业改革发展的要求和《杭州市会展业促进条例》的规定，杭州应不断调整和理顺会展管理体制，整合优化全市会展管理职责和资源，强化全市会展业的统筹管理。加快政府职能转变，创新管理方式，建立政府办展退出机制，更好发挥政府的引导和促进作用。以市场为导向，发挥市场在会展资源配置中的决定性作用，培育壮大市场主体，由市场主体承担更多的办会、办展职能。调整优化会展业布局，健全会展业体系，打造和形成杭州会展业特色优势与品牌。实施自主创新，创办本土展会，是发展壮大会展业的重中之重。政府部门应进一步加强指导，制定具体的工作方案和激励机制，根据产业特点、市场特点、自然特点、人文特点，鼓励会展企业有效整合利用资源，强化创新创造，培植多个特色鲜明、成长性好、竞争力强的本土展会，走具有杭州风范的新路子，让本土展会逐步成为引领会展业发展的主力军。坚持数量与质量并举、突出内涵发展的原则，在多渠道引进国际大型展会项目和创办本土展会的同时，应更加注重会展新品牌的培育，在资金、办展组织等方面给予重点扶持，集聚多方力量，把展会做优做亮、做大做强，培育多个享誉全国、世界闻名的会展新品牌，助力建设世界名城。

三、增强国际体育赛事组织能力

杭州要增强国际体育赛事组织能力，应在体育场馆建设、重大赛事举办、本土职业体育俱乐部发展、群众体育发展、体育赛事开发创新、体育赛事运营企业培育等方面进行大力改革和着力推进发展。

（一）按照国际一流标准，推进城市体育场馆建设和改造提升

增强国际体育赛事组织能力是打造国际会议目的地城市的重要一环，在建设世界名城的过程中应发挥关键的作用。站在城市国际化发展的新起点，杭州应精准施策，精准发力。G20峰会后，杭州正在抢抓亚运会的历史性战略机遇，实现承办国际会议展览和体育赛事的重大突破，成为具有世界水准的国际会议举办城市、会展之都、赛事之城。大型体育场馆的建设对城市规划和发展有着深远影响，大型体育场馆建设也会带动城市产业结构变迁。众

多重量级体育赛事的举办和大型体育场馆的建设是其中的关键所在。例如，英国谢菲尔德和澳大利亚墨尔本就是两个成功转型的实例。谢菲尔德从一个钢铁重镇一步步演变为如今欧洲知名的体育城市，而墨尔本这个热爱体育的城市更是获得过"十年来全球最佳体育城市"和"世界终极体育城市"等称号。谢菲尔德的非营利性场馆管理公司依托大型场馆举办的综合性赛事、文化艺术演出以及展览形成了世界性的影响，对城市转型的贡献超过35%。而墨尔本的F1、板球、足球、网球、橄榄球等诸多重量级赛事更是带动了当地旅游业的发展，成为重要的对外窗口，也因此形成了以体育赛事为核心的体育文化旅游复合型产业，使墨尔本成为名副其实的体育城。杭州要增强国际体育赛事组织能力，按照国际一流水准，推进一批重点体育场馆建设和改造提升，加快杭州市全民健身中心项目向社会开放，积极推动全民健身设施建设，充分利用空置场地，规划建设一批小型的群众身边的全民健身设施，扎实推进体育中心、体育公园、体育广场等城乡公共体育设施建设，以此推进2022年亚运会重大赛事的成功举办。

（二）借势借力亚运东风，深入创设城市体育国际化环境

当前，杭州正处在"后峰会、亚运会、现代化"的重要时间窗口，特别是2022年亚运会再次成为提供"办好一个会，提升一座城"的重大契机，也是推进城市国际化建设的重要时期。为此，杭州应充分借势借力亚运东风，深入创设城市体育国际化环境：一是开展全民健身迎亚运活动。以"全民健身迎亚运活动"为主题，举办好"美丽中国·健康杭州"等各类全民健身活动；深入推进公共体育场馆设施向社会免费或低收费开放等工作，不断完善全民健身条件；广泛开展各类群体活动，提升群众参与度。以健身活动为载体，充分利用各类媒体，广泛宣传杭州亚运和杭州体育，形成"我参与、我运动、我健身"的良好氛围，提升广大市民对亚运会的支持度。二是打造国际一流体育营商环境。充分运用"最多跑一次"改革的理念、思路和机制，以机构改革为载体，规范体育职业资格准入制度；以推荐体育产业发展引导资金项目为抓手，提升体育企业内生动力和核心竞争力，引导健身服务业、体育制造业、旅游休闲业、竞赛表演业等各业态全面发展；加快构建以数字经济为核心的现代化体育产业体系，努力打造国际一流的体育营商环境。三是高标准开展城市体育国际化标志标识改造。制定标准的国际化体育标志标识，加快推进全市体育场馆设施国际标志标识改造，营造体育国际化氛围。

（三）着力打造"赛事之城"，全面提升杭州国际体育赛事组织能力

2018 年在杭州举办的世界游泳锦标赛是杭州乃至浙江有史以来举办的最高规格、最大规模的国际单项体育赛事。赛事的成功举办为杭州举办 2022 年亚运会积累了经验，也有力地推进了"赛事之城"的打造。"赛事之城"建设既要吸引和办好一系列重大体育赛事，同时要培育和提升本土赛事品牌的国际知名度和影响力。为全面提升杭州国际体育赛事组织能力：一是应承办更多高规格国际体育赛事。杭州作为长三角中心城市和中国特色社会主义的重要窗口，面对杭州打造"赛事之城"、承办 2022 年亚运会，其还有很多方面要学习、要实践、要积累。在成功举办世游赛的基础上，在亚运会举办前，力争多举办一些洲际以上单项体育赛事，为举办亚运会积累经验，以此提升杭州体育国际化水平。二是应大力培育本土国际品牌赛事。"赛事之城"既要外延，更要内涵。在做深做细钱塘江国际冲浪对抗赛、杭州国际城市定向赛、国际（杭州）毅行大会等 10 余项本土品牌赛事的基础上，结合杭州城市特点和自身优势，应积极培育杭州西湖国际名校赛艇挑战赛、杭州西湖国际女子半程马拉松、中国杯国际排舞公开赛、国际拳击挑战赛等品牌赛事。三是应着力强化体育人才培养和赛事公司培育。在亚运周期内，应通过政府、高校、体育行业组织等大力引进和培养体育赛事运营人才、场馆管理人才、体育广告、特许商品营销的经营人才，以及资本运作、体育电视媒体报道等方面的各类人才。组织建设各类人才培训基地，引入知名体育经纪公司和体育管理公司，培育壮大体育赛事组织专门机构和企业。

（四）加强与国际体育组织的合作，进一步提高杭州竞技体育综合水平

加强与国际性体育赛事组织的联系与合作，加强与国际泳联、世界摩托艇联合会、国际冲浪运动协会、国际徒步联盟等国际体育组织的交流与合作，加强与国际奥委会、国际足联、国际拳联等的交流与合作，逐步将优质体育赛事资源引入杭州。此外，还应加强区域合作，大力发展体育文化创意产业。强化与长三角城市和体育先进城市合作，加强体育产业与文化产业、旅游业、动漫业的融合发展，打造杭州特色体育经济品牌。在加强与国际体育组织合作的基础上，立足目标亚运、展望奥运：一是应着力优化杭州全市竞技体育项目布局，努力做大做强游泳等优势项目，提高潜优项目，固强基础项目；强化体育科研，努力提升杭州竞技体育科技水平；全力做好杭州籍运动员参加亚运会、奥运会的服务保障工作，力争有更多的杭州运动员在2021年延期的日本奥运赛场上和2022年亚运赛场取得优异成绩。二是积极推进国字号体育项目建设。积极推进国家冲浪训练基地、国家冲浪集训队建设，提高杭州冲浪运动水平；加快推进中国游泳运动学院建设，做大做强杭州游泳，将杭州游泳这张"金名片"擦得更亮；继续加强全国排舞推广中心建设，办好中国杯国际排舞公开赛，把排舞打造成杭州样板。三是加强国际体育交流与合作。深入推进与斯洛文尼亚马里博尔市的体育深度合作，推动高山滑雪和跳台滑雪等冬季运动项目开展。推动与新西兰高尔夫球协会的交流，举办好中新青少年高尔夫球邀请赛。推进与荷兰摩托艇协会的合作，积极引进世界摩托艇研发基地，推动摩托艇项目发展。

第三节　杭州实施国际重要的旅游休闲中心个性特色战略路径

　　城市国际化与特色化不是矛盾冲突的，而是相辅相成的，从而形成"国际化与特色化"相互促进、相得益彰的城市发展道路。任何城市的个性特色，既是源自这座城市丰厚的历史积淀，更是源自这座城市立足现实、面向未来的不懈奋斗。杭州在强化城市国际化共性特征的同时，需要坚持植根本土、个性发展，彰显这座城市的自身特质和特色。杭州城市国际化是一个整体性战略，杭州建设国际重要的旅游休闲中心是有别于单一功能的国际风景旅游城市、国际商务旅游城市和国际会展旅游城市等，需要更深挖掘国际旅游休闲中心的内涵范畴，走出一条多功能、特质化的个性路径。杭州是著名国际旅游城市，在国际上也享有盛名，建设国际重要的旅游休闲中心更是杭州建设世界名城的核心内容和战略重点。自2008年杭州市提出城市国际化战略以来，杭州不断挖掘国际旅游城市内涵，不断创新相关体制机制，逐步探索出"以特质引领、以两化推动（全域化、国际化）"的特色发展路径。现在，杭州着力打造国际重要的旅游休闲中心这个城市个性特色，重在落实，重点补齐包括旅游产品开发不够、旅游服务体系不健全、旅游区域发展不平衡和高端消费外流在内的四大短板，深入推进旅游国际化，大力实施旅游全域化，努力建设国际消费中心城市，实现高端旅游和商贸消费两个方面的突破，最终成为国际旅游目的地、购物消费新天堂。

一、深入推进旅游国际化

在世界旅游版图上，杭州是中国体验式旅游的代表性城市。近五年，杭州成为《纽约时报》"Travel + Leisure""Lonely Planet"所评选的年度旅游榜单上的"常客"，越来越受到全球游客的喜爱。"后峰会、前亚运"历史机遇下的杭州，旅游红利不断凸显。与此同时，《杭州市第四轮旅游国际化行动计划（2021~2025 年）》《杭州市旅游休闲业发展"十四五"规划》等一批顶层设计相继出台，发挥着旅游业在城市国际化中的龙头和先导作用，推进旅游和城市的融合，推进旅游国际化实施。

（一）不断完善旅游国际化行动计划，全面推进旅游国际化

旅游国际化是杭州城市国际化的引领，杭州城市国际化的"急先锋"，也是城市品质提高的重要内容。杭州正在利用和放大 G20 杭州峰会综合效应，全力打造国际会议目的地城市，推进观光游览、休闲度假、文化体验、商务会展"四位一体"的旅游国际化转型。自杭州出台《推进杭州旅游国际化启动方案》后，到 2019 年，已经进行了三轮杭州旅游国际化行动。杭州旅游国际化行动方案的成功实施，提升了杭州旅游国际化水平，增强了杭州城市的国际竞争力，有效地推进了杭州社会的协调发展。旅游国际化在杭州城市国际化进程中占有重要的地位，推进杭州旅游国际化首要的任务应是要做好旅游国际化的顶层设计，不断地完善旅游国际化行动计划和战略规划。在新的杭州旅游国际化的"十四五"规划之际，杭州应立足旅游休闲业发展的实际，围绕加快建设国际重要的旅游休闲中心为目标，以"全域化、国际化、品质化、智慧化"为导向，全面实施旅游国际化战略，全面推进旅游产品、营销、

功能、服务、管理、环境国际化。游国际化行动计划和战略规划方案制订应注重挖掘杭州的本源文化，做好文化旅游的文章；注重提升开发一批世界级旅游产品、提升旅游企业的国际化服务水平、提升城市的国际可进入性、提升市内国际旅游交通舒适度、提升旅游公共管理的国际化水平。

（二）深度打造国际化旅游龙头产品，提高国际旅游目的地吸引力

转变旅游产品开发思路，以挖掘城市特质文化、展现城市休闲生活为重点，将特色文化的传播、城市故事的渲染、生活氛围的营造作为主要途径和手段，进一步丰富和彰显旅游产品的国际化特质，全面提升目的地产品国际化。依托西湖、西溪湿地、千岛湖、天目山等自然山水资源，挖掘古都古城、大运河等丰厚的历史文化资源，推动旅游与休闲、餐饮、会展、文化、健康等特色潜力产业深度融合，积极引进大型品牌主题公园，打造一批世界级旅游产品和品牌，加快形成适应国内外不同层次游客需求的旅游产品体系。立足杭州绝佳生态、高端会奖、杭派慢乡、优质文创、活力养生五大极品资源，整合已有生态观光、都市休闲、商务会展、文化创意、养生度假等产品基础，打造国际化旅游龙头产品——西湖世界文化遗产地、世界首选会奖旅游目的地，建设两大国家级旅游创新产品——国家乡村公园、国家文创公园，推进具有国际化水平的系列休闲产品建设，助推杭州旅游由观光游览为主向观光游览、休闲度假、文化体验、商务会展"四位一体"的产业转型升级。以打造杭州云栖阿里巴巴创意旅游综合体为核心，整合杭州市现有工艺美术、动漫、国茶、丝绸等特色文化资源，提升文化与创新艺术交融的良渚文化创意综合体、白马湖生态创意城、千岛湖姜家影视文化创意旅游综合体、杭州艺尚创意旅游综合体和"城市之星"国际旅游综合体等多元文化创意园区，建设成为对接国家文化建设的重大抓手——"国家文创公园"。同时进一步完善杭州旅游休闲的国际服务要素体系，在软硬件上推进标准化工程，优化旅游交通线路和语言服务环境，提升宾馆和旅游综合体的服务水平，提升入境游客的满意度，扩大国际旅游客源市场，实现向高端客源市场拓展。

（三）创新国际旅游营销体系，全力提升国际旅游营销品质

建立以国际权威媒体和新媒体为推广重点、以跨国旅行商和在线旅行商为营销切入点的国际旅游营销体系，开展全球性精准化营销主题推广系列活动：一是强化国际旅游营销范式创新。强化政府部门协同营销，在各级政府外事活动中，进一步加强对杭州旅游形象的推广。加大杭州市政府门户网站英文版对杭州旅游的宣传力度。深化完善以国际权威媒体和新媒体为推广重点、跨国旅行商和在线旅行商为营销切入点的国际旅游营销体系。维护好杭州已有的海外旅游营销基地，营销内容从单纯旅游营销上升为全市品牌营销。与境外旅游类排名前十的新媒体和独立旅游资讯供应商建立稳固的合作关系，合作开发并及时更新杭州在线旅游信息，提升海外影响力。加大与国际知名第三方评论网站的合作力度，重视对北美洲、欧洲、大洋洲和东南亚四大客源地游客评论的反馈。针对欧美游客的阅读习惯，与国外知名旅游杂志、出版社合作，出版杭州旅游系列书籍，在欧美主要门面书店和亚马逊等网店销售。在英国、法国、美国等地的境外旅行社设立杭州旅游代表处。增加杭州旅游国际形象大使数量，邀请在杭留学生、常驻杭州的外籍人士、访问过杭州的国际游客、杭州企事业单位的海外合作机构职员等担任杭州旅游国际形象大使。邀请杭州籍海外留学生、海外的浙江商会等常驻海外的杭州人士作为杭州旅游国际宣传大使。二是全力推进全球性旅游精准化营销。加大杭州144小时过境免签政策在国际游客中的营销宣传力度，培育推广杭州144小时过境免签特色旅游产品线路。加快制定过境免签境外游客购物离境退税政策，提升入境游客购物消费水平。设立"杭州国际宣传电子图片库"，征集和收藏代表杭州旅游特色的各类景点景区图片，供国际宣传、文化制作团队在创作时免费使用。加强国际商务游客和国际团队两大群体访杭的旅游营销工作。增加户外公益广告上旅游国际化的宣传内容。凸显杭州国际旅游宣传口号的作用和影响力，加强口号的城市可视化工作，在相关交通集散点、旅游咨询点和主要景区（点）等设立构筑物或标志物，增强国际游客对杭州旅游的品牌记忆度。加大杭州品牌性国际活动与旅游营销的对接力度，在活动举办场地内提供国际化旅游公共咨询服务。三是创新推广营销拓展市场。提振亚洲，倾斜东南亚，突出主攻新加坡、马来西亚、泰国和中国台湾地区市场，并在印度和俄罗斯等新兴市场寻求突破。同步推进美国、英国、法国、德国等欧美市场的文化传播和旅游推广，形成整体合力，讲好杭州故事。创新入境旅游通达性、入境签证便利化、入境通关便捷度、公共服务国际化等举措，提振入境旅游活力。深入开展"最忆是杭州"主题营销，整合包装西湖、大运河和黄山世界文化遗产，赴华中、华北、华南等主要中心城市开展联合营销，进一步拓展国内中远程市场。加强杭州与黄山的合作，进一步整合两市精品旅游资源，共同策划跨区域旅游产品，针对国内远程重点城市，积极推广黄杭世界遗产游、名山—名城—名江—名湖—名村游、皖浙山水画廊游等精品线路，共同打响"黄杭黄金旅游带""中国东部自驾游天堂"等区域品牌。

（四）不断完善与国际接轨的旅游服务体系，提升旅游国际可进入性

利用成功举办 G20 峰会的宝贵经验，在现有硬件服务平台的基础上，优化展示内容，加强细节服务，进一步推进旅游目的地服务国际化。不断完善与国际接轨的游客服务体系、导游服务队伍和旅游环境，提升旅游国际可进入性。在完善旅游服务体系建设方面：一是应不断强化国际化旅游无障碍精品服务品质建设。针对具有代表性的旅游休闲体验场所，进行政策扶持和标准化打造，不断推出杭州"Language No Problem（语言无障碍）示范旅游产品"。不断完善景区道路多语种标识系统，充分运用智慧手段解决多语种旅游服务问题，逐步完善多语种转换系统，不断提升旅游一线服务人员外语水平提升工程，不断完善在医院、车站等重要公共场所设立面向外籍人员的外语服务窗口系统。二是不断完善优化国际旅游公共咨询平台。组建长效性外语志愿服务队伍，建立杭州本地多语服务平台，为国际游客提供全天候的多语种热线服务。在城区建立具有国际品质的游客中心。改进现有旅游咨询中心的功能设置，增加自主查询和旅游纪念品、城市旅游卡售卖等功能。强化对工作人员的培训，进一步提升咨询服务水平和能力。抓好杭州旅游咨询后台管理系统建设，建设全市统一集中的旅游信息数据库，增强数据分析处理功能，及时向国际游客提供最新的旅游资讯，提高国际旅游咨询服务的针对性。三是不断提升旅游企业的国际化服务水平。加强对主要涉外酒店工作人员的外语培训与应用。提升杭州酒店整体的国际化服务水平，加大酒店外国实习生的引进力度，提升酒店外国员工的数量比例。鼓励杭州主要餐饮场所设立多语种菜单，提升各类特色餐饮门店的国际化接待水平并向国际游客进行重点推介。着力搭建美食文化国际交流平台，积极开展年度杭帮菜国际推广活动，不断扩大杭帮菜国际影响力。在提升城市的国际可进入性方面：一是应着力提升境外航班补贴实效，开辟和巩固境外直飞航线。加密国际直航航线，实现主要客源地"朝发夕至、通达覆盖"。进一步加大境外航线航班补贴力度，优化补贴方式，提高补贴执行工作效率，加大重点培育境外客源市场直飞航线专项财政补贴力度；深化空域改革，优化调整航路航线，向境外航线倾斜，增加更多境外航班时刻容量。二是建设面向周边国家的航空枢纽。完善航空基础设施，切实推动国家标准口岸建设，提升机场服务管理水平，加强海关、边检工作力量建设，将杭州国际机场打造成 24 小时通关口岸。开通直飞"一带一路"沿线国家和地区及国际航空枢纽城市的航线，形成能够支撑国际客源多向流动的航线网络。主动参与"空中丝绸之路"建设，大力发展空港经济，深入推进杭州与周边国家的互联互通。三是完善访杭外国人"免签"和"落地签"服务，争取更加便利的入境政策。加大入境旅游免签政策的宣传、执行力度，简化入境游客通关手续，探索设立医疗旅游签证，提高入境口岸通关效率。规范"免签""落地签"及其他相关服务操作规程，用足用好免签入境、落地签等政策，以国际化和便利性为导向，切实提高外国人来杭旅游的可进入性。

二、大力实施旅游全域化

旅游休闲发展空间分布不均衡已成为杭州当前旅游发展的"瓶颈"，环西湖一带的旅游者占了杭州旅游人数大多数，如何加快杭州旅游全域化发展，如何推动西部地区与杭州城区旅游休闲产业的衔接互动，如何在旅游发展不足的区域布局和建设规模化、品牌化项目，成为当务之急。如何进一步挖掘、整合、提升景区内涵，并实现旅游产品向观光、休闲、度假的复合型旅游区转变，是实现旅游全域战略的一大挑战。

（一）以创建国家全域旅游示范区为契机，全面实施旅游全域化战略

杭州实施旅游全域化战略，以旅游业为优势主导产业，可以实现区域资源有机整合、产业深度融合发展和全社会共同参与，通过旅游业带动乃至统领经济社会全面发展：一是全面深化"旅游全域化"战略，进一步强化中心城区的旅游辐射带动作用，围绕商务会展、乡村休闲、运动养生等主题，带动萧山、余杭、富阳等近郊区旅游产业快速发展；同时加强城乡区域统筹，

深度挖掘西部四县（市）丰富的山水、湖泊、乡村、文化等资源，丰富产品结构、完善产业系统、构建产业集群，形成不但打造"盆景"，更要打造杭州区域成片、成块全域旅游的亮丽新风景，打造美丽中国的"杭州样本"，成功创建"国家全域旅游示范城市"。二是应当加强规划引导，制定支持政策，并从推进产业融合、创新旅游产品、发展乡村旅游、建立旅游合作机制等方面做出相应规定。三是不断完善美丽乡村建设和城乡统筹协作机制，持续推进"旅游西进"，打响一批旅游特色小镇品牌，大力发展乡村旅游，把"三江两岸"打造成为最美绿色风景廊道，着力构建大杭州全域化旅游新格局。四是深度挖掘市域西部县（市）山水林田湖和文化等资源，重点培育包括农事体验、民宿乡居、绿道骑游、户外拓展和休闲养生在内的特色旅游业态，加快区县（市）旅游新业态培育和旅游公共服务体系完善。

（二）优化全域化旅游休闲空间，拓展全领域产业融合体系

根据城市发展规划目标的调整升级，杭州应注重中心城区的旅游辐射带动作用，实施全面深化"旅游全域化"战略，围绕商务会展、乡村休闲、运动养生等主题，带动城市其他区域旅游产业快速发展，形成城乡区域发展一体化新格局，创建"国家全域旅游示范城市"。具体而言，未来几年，杭州围绕建设"国际重要的旅游休闲中心"，构建"一核两极、两轴两带、全域发展"的大杭州旅游休闲空间格局。一核：都市旅游休闲核。两极：千岛湖休闲度假增长极、浙西山地旅游增长极。两轴："三江两岸"生态旅游发展轴、杭徽高速旅游发展轴。两带：大运河文化旅游休闲带、南北山水联动旅游带。全域发展：通过陆路、水路、生态慢行系统等串联旅游景区、休闲度假旅游区、旅游集聚区、旅游小镇等，增强各级旅游网络辐射功能，实现杭州旅游全域网络化，构建旅游全域覆盖的空间新格局。拓展全领域产业融合体系：一是应加快推进旅游与新型城镇化融合发展，建设一批旅游综合体、旅游产业聚集区、特色旅游小镇、新型农村社区等，带动区域内的产业发展、民生改善、文化传承与形象提升，加快发展"品质生活之城，幸福和谐杭州"新型城镇化之路。二是加快推进旅游与第一、第二、第三产融合发展。促进旅游业与第一产业的融合发展。充分发挥生态环境、乡土文化、文化创意、特色农产品优势，大力发展乡村旅游和休闲农业，促进杭州农业现代化和城乡统筹发展。促进旅游业与第二产业的融合发展，形成一批体验性强、产业链长、影响力大的创新型工业旅游示范区。大力培育旅游房车、游艇游船、低空旅游飞行器、景区索道、高科技游乐设施和数字导览设施等旅游装备制造业，形成一批"杭州制造"旅游装备产品。三是应加快促进旅游业与其他现代服务业的融合发展。重点建设国家登山步道、水上运动旅游休闲基地、山地户外旅游休闲基地、汽车房车露营基地；举办杭州马拉松、"三江两岸"国际自行车拉力赛等若干具有国际影响力的体育特色赛事；推进商旅融合发展，创新产品类型和旅游商品包装，多元素融合发展，提高产品附加值，形成特色突出、优势互补的杭州"商旅"产品链。

（三）着力提升全域旅游发展力度，丰富全域化休闲产品体系

以创建国家全域旅游示范区为目标，加快推进全域旅游发展：首先，应着力编制新的《杭州市全域旅游发展规划》，指导支持更多区、县（市）创建省级全域旅游示范县；主动融入乡村振兴战略、"大花园"建设、拥江发展行动，以钱塘江为主轴加快旅游资源开发，打响"三江两岸"旅游品牌；积极探索和推进良渚古城遗址的传承利用，打造文旅融合发展样板；推进"万村景区化"建设，不断增加省 A 级景区村庄。其次，应不断丰富全域化休闲产品体系，应以"龙头带动、特色引领、差异互补、提档升级"为原则，构建旅游项目库，打造生态休闲、文化休闲、商务休闲、运动休闲、养生休闲五大类旅游休闲产品体系，作为杭州市未来旅游休闲业的落地实施抓手：一是在生态休闲产品方面，应加强千岛湖、青山湖等综保工程建设；强化自然保护区、风景名胜区、湿地保护区、森林公园的生态保护，推进旅游景区美化、洁化、绿化工作；以桐庐国家乡村公园发展模式为样板，以"美丽乡村"的中心村、精品村、特色村、风情小镇和精品线路等为载体，大力推进乡村旅游与精品农业、特色农业的融合，发展旅游民宿、运动休闲、水果采摘、民俗节庆、电子商务等农村新型业态，推动杭州乡村全域化发展。二是在文化休闲产品方面，应加强对历史文化古镇（村）、特色街区、历史建筑（乡土建筑）及其他不可移动文物的保护，改造古老街区、民居，发展主题酒店、杭派民宿，打造历史文化的深度体验区。三是在商务休闲产品方面，应加强与国际组织和相关城市合作，大力引进国际性会议和会展旅游项目，促进会展企业向专业化、品牌化、国际化方向发展。四是在运动休闲产品方面，应着重开发多类型运动休闲旅游产品，实现杭州运动健身旅游产品的升级换代。五是在养生休闲产品方面，应着重开发特色医疗、疗养康复、美容保健、养生养老旅游产品；挖掘温泉资源，以高端化、特色化为开发理念，开发温泉养生类旅游产品；依托龙井国茶、双浦红茶以及佛教朝圣文化，开发禅茶养生类旅游产品；以千岛湖、湘湖、富春江、天目山等优越的自然山水资源，开发生态养生类旅游产品。

三、努力建设国际消费中心城市

推动杭州建设具有世界影响力的国际旅游消费中心，是高质量发展要求在杭州的具体体现。国际旅游消费中心建设和杭州世界名城建设是一致的、同向的，都是杭州全面深化改革开放的具体内容。对接国际化消费理念和消费模式，提升旅游消费要素的国际化、标准化、信息化水平，打造国际化旅游交流平台，全面提高杭州旅游的国际开放度、知名度和美誉度。

（一）拓展旅游消费发展空间，构建丰富多彩的旅游消费新业态

依托杭州城市的特色资源优势，实施更加开放的政策，加快旅游产业转型升级，推动旅游与相关产业融合发展，培育旅游消费新业态、新热点，全面提升旅游消费供给质量：一是强化商旅互动，打造免税消费交易中心。用好杭州航空口岸 144 小时过境免签政策，完善中转服务体系，争取境外旅客购物离境退税试点，加快进境免税店落地和大型免税购物中心、区域性进口商品展示交易中心建设。建设时尚高端消费品设计展示交易中心，吸引全球时尚高端消费品牌入驻，鼓励设立品牌代理总部或地区总部；建立黄金珠宝、高级定制时装等时尚高端消费品发布、定制和展示交易中心，吸引独立设计师品牌、大师工作室、艺术研究机构及时尚营销机构集聚，带动时尚潮流资讯传播和时尚产品消费；建设全球知名品牌区域消费中心，满足高端个性化消费需求。二是积极培育旅游消费新业态。壮大健康旅游消费，全面落实完善国际医疗旅游先行区政策，办好和引进超级医院等一批先进的医疗及医养结合机构，将杭州建成世界一流水平的国际医疗旅游目的地。提升文化旅游消费，推动文化与旅游相结合，大力发展动漫游戏、网络文化、数字艺术、

数字阅读、知识产权交易等新型文化消费业态。发展会展节庆旅游消费，实施更加开放的会展业发展政策，允许境外组织机构在杭州举办符合国家法律规定的会展。扩大体育旅游消费，全面推进体育与旅游产业融合发展，建立完善的体育旅游产品体系和产业政策体系，建设国家体育旅游示范区。

（二）提升旅游消费服务质量，创建国际一流的旅游消费环境

对标国际标准，提升多元化、多层次吃住行游购娱供给水平，加强旅游公共服务设施配套，为国内外游客提供更加舒适安全便捷诚信的旅游服务：一是打造智慧型国际消费集聚区。高标准布局建设大型消费商圈，建设国际旅游消费特色街，优化商贸业布局，提高延安路商业街国际知名度，重点建设武林商圈、钱江新城、钱江世纪城等国际化商业中心。高标准、差异化布局具有国际影响力的大型综合性消费商圈，建设高品位步行街，发挥高端商业的集聚效应，打造国际旅游消费中心体验区，提升重要旅游城区和休闲度假区的商业配套水平，允许在重点旅游区内设置通宵营业酒吧和娱乐演艺场所。二是完善"互联网+"消费生态体系。推动建立杭州生活服务共享平台，加大物联网、云计算、大数据、人工智能等新一代信息技术投入，发展线上平台与线下体验相结合的"智能店铺"，构建实体零售与网络零售融合发展的"智慧商圈"。加强与境内外电商战略合作，完善跨境电子商务交易、支付、物流、结售汇等环节技术标准，优化通关业务流程和监管模式，建设一体化跨境电商大数据信息平台，打造"线上集成+跨境贸易+综合服务"的跨境电商贸易服务中心。三是拓展多层次的住宿餐饮消费空间。健全多元化住宿服务体系，继续引进国内外高端酒店集团和著名酒店管理品牌，推动高档酒店品牌化、国际化、精细化发展；打造世界美食中心，支持组建大型餐饮集团和餐饮连锁企业，引入优势品牌企业特别是中华老字号餐饮企业入驻，推动引入餐饮行业国际权威鉴定机构，宣传杭州特色美食。四是营造优质的旅游消费保障环境。推进旅游公共服务设施建设，加强旅游消费市场监管体系建设，加强旅游诚信体系建设，创新消费者权益保障体系等。

（三）借力数字贸易优势，深入推进旅游消费国际化

"互联网+"时代之下，虚拟交往空间的增多，既会代替现在实体空间的交往功能，也会诱发和增加新的实体交往空间的需求。杭州具有全球最大的电子商务平台，可以通过增进线上虚拟空间与线下实体空间的互动，从而通过数字贸易中心的带动和旅游休闲产业的推动，努力形成国际消费中心。适应"互联网+"时代的商贸产业发展布局要求，运用大数据改造提升传统商贸业态，依托跨境电商平台，着力集聚国际知名消费品牌，实施名品进名店、名店进名街战略，营造既有国际品牌集聚，又有浓郁杭州特色的高品质购物体验环境。进一步完善与国际通行规则相衔接的旅游管理体制，积极培育旅游消费新热点，全面提升旅游服务质量和国际化水平；健全与国际接轨的消费领域标准体系，加强跨境消费者权益保护，建立国家电子商务投诉维权中心和国家流通领域网络商品质量监测中心，设立国际商事仲裁机构。

第四节　杭州实施东方文化国际交流重要城市的个性特色战略路径

　　杭州是我国著名的历史文化名城，已有2200多年的悠久历史。杭州文脉悠长，资源丰富，具有打造东方文化国际交流重要城市的良好基础。在迈向世界文化名城的路上，杭州城市发展迎来新的时代机遇。打造"东方文化国际交流重要城市"是杭州城市国际化战略的四大个性战略之一。杭州市第十二次党代会进一步提出，"坚持传承创造建设东方文化国际交流重要城市"。因此，探索杭州建设东方文化国际交流重要城市的路径，是杭州城市国际化战略研究的重要组成部分。发挥杭州历史人文优势，重点补齐地域文化特色挖掘推广不够、重大国际文化交流与合作开展较少等短板，讲好"杭州故事"，传播杭州"好声音"，努力实现国际文化交流和城市文化软实力提升的新突破，这是杭州实施东方文化国际交流重要城市的战略任务。新的历史时期，在机遇与挑战并存的大背景下，杭州应清醒地分析文化产品流通和国际文化交流发展形势，认真地权衡利弊并有所作为，全方位展示真实的杭州，助推杭州文化交流进入国际化时代。

一、塑造东方文化品牌个性

杭州作为一个具有世界影响力的文化名城，对优秀传统文化资源的内在价值挖掘、城市主题文化展示等方面还存在不足，缺少能鲜明展现杭州文化特色的产品，在文化创意产业的发展内涵不够，后继乏力。因此，杭州还需着重塑造东方文化品牌个性，做好东方文化的保护、研究、传承、发展与应用。

（一）创新城市文化遗产的保护与利用

杭州三处世界遗产的申报成功，对杭州市弘扬和传承中华文化、建设东方文化国际交流重要城市具有重要的里程碑意义。在全国文旅深度融合发展的大趋势下，世界文化遗产将成为杭州彰显历史文化名城特色，进一步建设世界文化旅游目的地的"金名片"，对今后杭州市文旅大产业融合具有示范引领作用。发挥西湖文化景观、大运河、良渚遗址三大世界文化遗产的带动效应，厚植文化，高起点建设世界文化遗产群落，全面推进世界遗产的保护和可持续发展，推进跨湖桥、良渚、南宋皇城、钱塘江古海塘、西溪湿地等文化遗址保护与开发，传承弘扬金；石篆刻、浙派古琴、传统蚕桑丝织技艺等世界物质文化遗产和优秀传统文化，着力打造中华文明"朝圣地"和中国文化"展示地"，进一步擦亮世界级文化金名片，要做好保护与利用：一是保护优先，厘清保护与发展关系。借鉴国际理念，健全长效机制，把老祖宗留下的文化遗产精心守护好，让历史文脉更好地传承下去；健全保护管理体制机制，编制各类保护管理条例等专项政策法规、遗产保护总体规划及相关专项规划，加强遗产保护管理监测，加强遗产展示与宣传。对于像良渚遗址这样的世界遗产，要坚持"预约限流"模式，通过限制景区游人容量，减轻旅游开发对景区的破坏。二是加强研究，提高遗产保护水平。汇聚社会各方力量，加强世界文化遗产及相关学科的基础研究工作，提升理论研究指导实践作用。全面开展沿线历史建筑、历史街区、名人故居、桥梁、码头、古城墙、水利大坝等考古调查及勘探工作，深入研究景观文化、商业文化、生态文化等系列领域，进一步提高遗产保护技术水平。纵深拓展遗产文化研究领域，组织出版文化遗产研究普查成果、保护成果及普及读物，为阐释历史沿革和总体价值提供实证资料。

（二）加强城市文化精华的挖掘与传承

以文化为引领，展示西湖、大运河（杭州段）、良渚遗址古城的深厚历史、韵味独特的人文魅力，积极开展文化传承和时代创新，讲好"杭州故事"，扩大文化国际交流，提升文化软实力和文化影响力。深入挖掘杭州文化精华，立足传统文化的深厚根基，面向世界，区分不同层次的文化需求，从杭州独具特色的西湖山水文化、佛教文化、运河文化、良渚文化、南宋文化中提炼出超越历史和国界的、独特的、鲜明的文化核心价值，通过继承和创新增强文化吸引力和影响力。遵循地域文化脉络和自然格局，保护和传承其精华，突出其特色与个性，增强文化多元性、融合性的吸引力，建设多元开放的文化名城，打造富有杭州文化特色的世界级城市文化品牌。做好文化联动示范，将西湖文化、良渚文化和运河文化等串联起来，加大保护、宣传同频共振，实现强强联合、优势互补。做活产品衍生文章，打造独特文创 IP，例如良渚文化以神徽、纹路和文物造型为基础，做好品牌 IP 定位、人格化和视觉化设计，完善内容创造和用户互动，拉长文化衍生链，增强品牌认同。做好规划设计，用艺术品把杭州文化充分地展示出来，让居住或来杭州的世界各国人士都能够找到这座城市的过去、享受这座城市的现在、看到这座城市的未来。

（三）做好杭州城市记忆工程

历史文化资源是一个城市最富价值、最有代表性的资源，是城市文化建设的基础，也是城市发展的一笔宝贵财富。城市记忆记录了一座城市形成、变迁和发展的历史。城市记忆是对过去城市整体形象的认知和重构，其物化的载体就是城市记忆的历史记录，即在城市建设、管理、变迁、发展过程中形成的具有保存价值的历史记录，它高度浓缩了社会群体对城市历史重要事件、人物、场所、情境等的记忆，兼具历时性和集体共识性。为此，杭州应着力实施"城市记忆工程"，保护历史的延续性，保留人类文明发展的脉络，深入挖掘城市历史文化资源，做好城市记忆记录。以资源建设为基础，以信息化为手段，以开发利用为路径，利用 3D 技术建设城市历史演进 3D 展示馆，以保护历史、传承文明、服务社会为目的，以百年名企、百年老校、著名人物和重大活动、重要会议、重点项目档案资源建设为突破口，推进"记忆工程"实施。积极推进档案文化建设，围绕杭州的发展脉络填补空白，体现资源体系的完整性；围绕杭州社会生活变迁，征集覆盖全社会普通百姓的档案资料，体现资源体系的民本性；突出杭州重大事件，搞好城市经典记忆，体现资源体系的地方性，挖掘一些蕴含地方特色的历史文化资源，为杭州建设文化名城做出应有的贡献。

（四）打造文化产业发展新高地

突出文化与产业融合，让历史文化名城更具创新活力。实施"文化+"行动，充分展示丝绸、茶叶、中医药、杭帮菜、金石书画、围棋等特色文化和产业。培育时尚文化，发展时尚产业。突出西湖、大运河、良渚文化与旅游、生态等领域广泛深度融合，关联"一带一路"建设、之江产业带推进、长三角一体化发展和拥江发展等战略部署，形成以文化为引领的融合共生发展格局。在做好"+文旅"的基础上，做好"文旅+"文章，推进世界文化遗产旅游与农业旅游、工业旅游、美丽乡村、研学旅游、特色小镇等业态的深度融合，促进全域产业的转型升级。做好文创产业化、产业文创化，大力推进文化与科技、金融深度融合，做强做优数字内容、动漫游戏、影视创作、文化演艺、网络文学、艺创设计、电子竞技等优势产业，积极培育发展新型文化业态，深化国家文化消费城市创建工作，建设之江文化产业带，培育具有国际水准的文化产业集群，建成特色鲜明、竞争力强、发展领先的国际文化创意中心，打响"全球创意城市网络"城市品牌。围绕打造全国文化创意中心的目标，加快文化创意园区、国家数字出版基地建设，提升中国国际动漫节等展会影响力，促进文化创意产业与其他产业融合发展，全力打造全国文化创意中心。在提高文创产业规模化、集约化、专业化水平，推动文创产业成为国民经济支柱产业的道路上，创新摸索出一套富有地方特色的文创产业"杭州模式"。

二、深化国际文化交流与合作

近年来，杭州市深化文化体制改革，大力发展公共文化事业和文化创意产业，注重文化软实力的提升。在城市文化建设中，推动了文化大发展、大繁荣。创新文化交流平台和渠道，"文化走出去"成效明显，国际化步伐逐年加快。在各种文化之间碰撞和互动的力度愈益增大的今天，杭州不断地进行对外文化传播，传播杭州城市，本民族、本国的文化，才能提高杭州国际化城市自身的吸引力和影响力。

（一）建立健全对外文化交流统筹协调机制，加强经常性对外交流

随着杭州城市国际化的不断改革深入发展，杭州对外文化交流机制日益完善，形成了以政府为主导、多部门负责、社会参与的工作格局。通过多年的努力，杭州对外文化交流的领域不断拓展，方式不断创新，形成了一系列有影响的文化品牌。丝绸、茶叶、中医药、杭帮菜、金石书画、围棋等特色文化和产业等特色文化，已成为传播地方文化的重要载体，为提升杭州城市形象发挥了重要的作用。杭州在国际上的影响力还有待提高，对外交流缺乏全市统一规划和统筹协调机制，对民间对外文化交流的机制支持不够。因此，杭州应加大力度建立健全对外文化交流统筹协调机制，创新对外传播、文化交流、文化交易方式，加强经常性对外交流。围绕对外文化交流和杭州整体形象提升，打破部门界限和区域界限，在全市建立对外文化交流联席会议制度，组织宣传、文化、广新、体育、投资促进、商务、旅游、外事、侨务、会展等相关部门、单位及对外文化交流协会为成员单位，定期会商，集中研究讨论对外文化交流的重大事项，制定对外文化交流规划和政策，发挥统筹、协调、整合的作用。充分发挥对外文化交流协会的组织和协调作用，积极探索发挥对外文化交流协会组织、协调各类文化社团开展对外交流的重要作用。整合文化社团的资源、形成合力，有计划、有目的、有成效地参与到对外文化交流整体工作中，给政府主导的对外文化交流减压。

（二）深化发展友好城市和友好交流城市，增强合作的深度和广度

国际友城论坛是杭州市构建城市间合作长效机制的积极探索，以更好地挖掘友城资源，增强创新领域的合作深度和广度，推动城市国际化新突破。城市的友好联系能够增加创新要素的聚集，使城市形成多元包容的文化，城市的友好联系可以突破当地限制，利用外部的资源进行创新，促进城市间的文化交流与合作。截至 2019 年，杭州市已经缔结 29 个国际友好城市，41 个国际友好交流城市，为杭州城市国际化发展做出了积极贡献。国际友好城市交往正在成为杭州对外双边关系的重要组成部分，极大地促进了杭州同世界

各国地方政府的交流与合作。深化发展友好城市和友好交流城市，更好地挖掘友城资源，增强合作的深度和广度应是杭州对外文化交流与合作工作一个阶段的重要任务，而加强与国际友城合作，以 29 个友好城市为支点和重点，向所在地区和国家辐射，应成为杭州深化国际文化交流与合作和世界名城建设的首选项和突破口：一是应保持友城数量的稳步增长。深度融入"一带一路"建设，以"一带一路"沿线国家为重点，以填补布局空白为目标，以高质量互动合作为前提，争取每年增加 1 个或 2 个国际友城。要评估合作潜力，在经济发展势头好、政治稳定、人口较多的沿线国家，如印度、印度尼西亚、土耳其、沙特阿拉伯、坦桑尼亚、哈萨克斯坦、波兰等，选取重点城市，缔结友好关系，开展旅游合作。二是实现国际友好资源的共享。紧紧抓住杭州自由贸易港区设立的新契机，推动国际友城合作实现新突破。杭州要承接自由贸易港区的政策红利，做好沿海开放大文章，深度拓展与俄罗斯及日、韩等国友好城市的国际文化交流与合作。探索建立国际友好城市资源的对接与共享机制，实现由点到面的资源扩展与互补，拓展国际友城文化交流与合作的思路和格局，实现国际友好城市资源的高质量利用。

（三）鼓励社会力量参与对外文化交流，支持文化企业开拓海外文化市场

鼓励社会力量参与对外文化交流事业，鼓励社会资本以多种形式参与文化产业和文化园区建设，鼓励民营文化企业健康快速发展，支持文化企业和艺术团体创作富有杭州特色和国际元素的作品。鼓励文化企业聚焦现实主义题材，弘扬主旋律、传播正能量，以精品影视剧讲好杭州故事；激励文化精心梳理杭州文化资源，深度挖掘杭州独特的文化价值，着力推动对外文化交流与融合发展。加强政策支持、信息服务和平台建设，打造和输出一批现当代文学艺术、出版、影视、戏曲、动漫游戏、数字内容、创意设计等文化精品。支持重点文化企业参与国际展会，开拓海外文化市场。加快建设具有国际水平的音乐厅、美术馆、书画院，培育引进国际一流的演艺经纪公司，策划举办一批具有国际影响的音乐节、舞蹈节、电视节、旅游节等重大文化活动。加强与联合国教科文组织、国际知名智库等机构对接，建设具有重要影响力的非政府国际文化交流平台。

（四）加快推进"一带一路"建设的重要举措，扩大对外文化贸易与文化交流

创新文化交流合作机制，加强与"一带一路"沿线国家合作，构建全方位、多层次、宽领域的对外文化交流新格局。完善杭州与宁波等省内城市合作机制，与"一带一路"沿线友好城市签署政府间文件，建立健全"一带一路"对口合作机制。积极参与国家开展的"一带一路"沿线国家和地区的中国文化中心建设，开展创作项目国际合作，搭建"一带一路"文化艺术交流合作平台等。积极开发以"海上丝绸之路"为内容的文化产品，发掘杭州"海上丝绸之路"文博优势，加强与"海上丝绸之路"沿线国家文化机构的交流与合作；进一步发挥保税区优势，开展国际版权贸易推广工程，建设杭州"一带一路"文化建设专业智库，优化杭州传统文化的对外宣传平台，进一步发挥海外华侨华人的桥梁作用。鼓励文化企业借助电子商务等新型交易模式拓展国际业务，试点以政府和社会资本合作（PPP）等模式推动对外文化投资，加强文化知识产权保护，积极推进文化金融改革创新。为解决对外文化产品的丰富性与限制颇多之间的矛盾，可以在目前对外文化政策措施的基础上，考虑灵活柔性的文化交流政策，助推文化交流国际化发展。做精做大"西湖之夜""印象西湖"等文化表演品牌节目，进一步提升杭州文化的渗透力和生命力。深挖文化交流资源，感召在杭的境外人士和企业现身说法，通过他们再将杭州文化辐射到世界各地。利用"全球创意城市网络"、联合国教科文组织"工艺和民间艺术之都"等国际化品牌，扩大对外文化贸易与文化交流。充分发挥中国（浙江）影视产业国际合作实验区的平台效应：一方面助推杭州影视企业国际化，另一方面鼓励影视企业有意识地将杭州文化元素植入影视作品中，推动杭州文化走向更大的国际舞台。

（五）加强与国际组织对接，建设非政府国际文化交流平台

积极参加和举办多边国际文化交流活动，加强与联合国教科文组织、世界知识产权组织和亚欧基金等重要国际组织的联系与合作，利用多边活动的国际舞台，宣传杭州国际文化交流与合作的对外方针，拓展对外文化工作的领域和空间。积极参加联合国教科文组织和世界知识产权组织主办的多边活动，特别是高层会议。加强与联合国教科文组织、国际知名智库等机构对接，建设具有重要影响力的非政府国际文化交流平台。

三、提升市民素质和城市文明程度

从最美杭州人、文明斑马线、完善的公共自行车系统、爱阅读的学习型城市等，杭州居民或来杭人士都能感受到如今的杭州，已经有了国际化最本土、最感人的文明底色。但对比知名的国际化城市，杭州城市居民素质和城市文明程度都有待提升。

（一）深入实施"满城书香"工程，建设全球学习型城市

杭州作为一座历史文化名城，自古就有崇文重教的优良传统。2012 年 4 月，杭州制订下发了《"满城书香"工程 2012 年实施行动方案》，明确了推进学习型城市建设工作重点。G20 峰会后，杭州城市国际化的进程不断加快。但为提升城市文明程度和市民素质，杭州还需持续深化学习型城市建设，加快实施"满城书香"工程，讲好杭州故事，以文化人，以文铸城，提升文化软实力。创建联合国教科文组织全球学习型城市，持续深化全国文明城市创建，打响"国内最清洁城市"品牌，不断提升公民文明素质和社会文明程度，彰显历史文化名城和千年古都的独特魅力：一是坚持以人为本，满足不同群体的学习需求和愿望。要不断完善法律法规和公共政策，发挥专业组织作用，促进公共部门、民间机构有效合作，为学习型城市建设创造更好的环境。加强各类教育资源开放共享，推进学校向社会开放服务，发挥信息网络技术的革命性作用，提供丰富优质的学习资源，满足不同群体多元多样的学习需求。二是激发创造潜能，促进城市的繁荣和可持续发展。充分激发市民学习热情，提升人力资本，鼓励创新创造，发挥人才与创新的强大驱动作用，为提高城市发展质量、拓展城市发展空间提供坚实支撑。三是营造学习氛围，实现城市的包容和谐。建立全覆盖、便利化的城市学习网络，促进人与人之间的交流沟通、理解互信、文化认同，增强城市社区的包容与和谐。四是加强国际合作，推进学习型城市建设的交流互鉴。尊重不同城市的自身特色与个性选择，把学习型城市建设作为杭州城市人文交流的重要内容，推动与更多的国家和城市共享成熟经验和优质资源。五是优化利用信息通信技术、促进学习型城市发展，结合智慧城市建设，充分利用手机阅读平台运营商落户杭州的

优势，推进在线学习；倡导、推广慕课、微课等学习形式，为学习型城市建设注入新动力。

（二）不断完善国际化公共文化空间与设施，引进世界知名休闲设施建设

在建设"世界名城"的背景下，杭州国际化公共文化空间与设施得到了较大发展，总体比较而言，杭州的公共文化设施并不逊色于国内主要城市，甚至还具有一定的优势，但与发达城市相比差距明显，如存在公共图书馆奇缺，剧院数量少，高层次、国际性的文艺表演少，与"文化名城"的称号不匹配等短板。因此，杭州还需着力建设国际高水平的剧院，引进高水平的文艺表演。公共图书馆应改变大规模、集中式建设的方法，以现有的公共图书馆为基础，更多开设分馆，更多建设社区级图书馆。引进世界知名重量级休闲设施建设，起到"四两拨千金"的作用。国际化的城市非常注重多元文化体验，休闲、娱乐、餐饮、酒吧等这些看起来不是很起眼的设施，却是全球城市评价的重要指标，也是文化竞争力的重要表现。杭州是"东方休闲之都"，但为休闲提供专门服务的餐饮、娱乐与其并不完全匹配。在城市国际化建设进程中，不应再停留在将其视为"配套措施"的层面，而应将其纳入城市国际化的重要考核指标，上升到提升城市文化竞争力和城市国际化水平的层面来认识。如在餐厅的开设上，一个米其林餐厅在国际城市评价中权重就比较高，这是一个城市餐饮水平的重要标志，杭州应及早引进，即可起到"四两拨千金"的作用。建设国际化公共文化空间与设施，积极引进国际文化人才、技术和经营管理经验。

（三）加强国际理解教育，增强同国际社会交往能力

随着杭州与世界经济贸易活动国际化的不断发展，需要城市市民懂得传播和掌握各国地理、经济、文化和政治等知识，以此适应日益扩大的国际交往的需要，达到各国及其人民之间相互理解和相互关心。为此，杭州应不断加强国际理解教育，拓展国际视野，提升杭州政府、企业和市民的国际意识。在国际社会组织的倡导下，以"国际理解"为教育理念开展教育活动，邀请外籍人员参加学习活动或作报告。在对杭州文化和中国本民族主体文化认同的基础上，尊重、了解其他国家、民族、地区文化的基本精神及风俗习惯，学习、掌握与其他国家、民族、地区人民平等交往、和睦相处的修养与技能，

增进不同宗教信仰和文化背景的民族、国家、地区的人民之间的相互理解与宽容，促进整个人类及地球上各种生物与自然和睦相处、共同繁荣与发展为旨归的教育活动，进而增强同国际社会的交往能力。

（四）深入实施市民文明素质提升工程，提升社会文明程度

国际化城市不仅要求硬件的国际化，还要求市民素质符合国际化城市的要求。市民文明素质是一个城市文明形象、精神风貌的综合反映，其整体水平，极大地影响着城市的发展和现代化进程。目前，杭州市民公共文明水平总体较高，但在文明习惯养成、文明素养培育、文明行为倡导方面仍有不小的提升空间，比如垃圾分类、垃圾乱扔乱放，遛狗不按时、不拴绳、不处理狗便，开车随意变道、鸣笛，公共场所大声喧哗，不按规定放鞭炮、打扰别人休息，春节期间摆不完的宴席、铺张浪费，大大小小的赌博行为、影响家庭和睦，等等，各种各样的不文明行为时有发生，这些都成为杭州国际化进程中的阻碍。为此，杭州还需继续深入实施"市民文明素质提升工程"，进一步弘扬"精致和谐、大气开放"的城市人文精神，培育开放包容、多元共融的城市文化，打响"最美现象"品牌，深入开展文明出行、文明行为、文明服务、文明社区等系列文明行动，提升社会文明程度。通过对不同的群体进行国际化教育和科学技术知识培训，培养市民的文化意识，提高其学习新知识、掌握新技能的能力。杭州市民以"好客、明礼、诚信、守法"的姿态迎接八方来客，树立杭州市民良好的国际形象。发挥电视、网络、报刊、公益广告等大众传媒的教育作用，倡导文明、健康、科学的生活方式，向市民介绍有关健康科学的现代生活方式理念，倡导市民考虑资源现状，适度消费，构建与生活水平相适应的现代生活方式①。此外，作为旅游目的地城市，杭州迎来了越来越多的外地游客，应该考虑以柔性方式规范游客行为，引导游客以良好的素质出现在杭州，更好地对外展示中国形象。

---

① 郎晓波. 面向国际化：杭州市民素质提升的重点和主要举措［J］. 杭州市委党校学报，2009（2）：24-28.

第五章

杭州推进世界名城建设目标的基础支撑战略路径

依据杭州市委十一届十一次全体（扩大）会议出台的《中共杭州市委关于全面提升杭州城市国际化水平的若干意见》，推进杭州城市国际化建设目标的基础支撑战略，包括加快形成一流生态宜居环境战略、加快形成亚太地区重要国际门户枢纽、加快形成现代城市治理体系、加快形成区域协同发展新格局四个方面的基础支撑战略。本章从杭州建设世界名城目标四个基础支撑战略来分析其实施路径。

第一节　杭州实施形成一流生态宜居环境基础支撑战略路径

城市战略发展目标和定位具有前瞻性、方向性和引领性，在城市发展中起到决定性的作用。杭州提出建设"国际一流生态宜居城市"，首先是杭州既有历史文化名城和创新活力之城的基础，又有自然山水的基础，同时杭州有建设"美丽中国"样板的责任和 G20 峰会之后城市国际化的方向。从世界城市发展的规律性来看，产业的形成和发展更注重和依赖良好的自然生态环境，成为提高城市竞争力和创新创业环境的重要指标，所以，杭州要把打造"生态宜居环境"放在城市国际化的首位。建设"国际一流生态宜居城市"，任务十分艰巨，需要全市人民群策群力，砥砺奋斗，选择正确的建设路径，充分发挥杭州生态环境的战略资源优势，重点补齐短板。

一、优化城市空间布局

俗话说"罗马不是一天建成的"，城市发展犹如一个生命体，有其自己成长周期和过程，但城市空间规划是否科学合理，是其生长的营养剂，决定了一个城市的健康和活力，也成为一个城市是否能成为国际一流生态宜居的前提。考察一个城市首先看规划，规划科学是最大的效益，规划失误是最大的浪费，规划折腾是最大的忌讳①。杭州城市国际化建设"国际一流生态宜居环境"，既符合杭州城市发展的实际，又顺应国际城市发展规律。所以，杭州城市国际化建设中的重要任务就是"优化城市空间结构"。近十多年来，杭州在城市规划建设方面取得了一定的成效，但是与世界名城相比，还存在较大的差距，最大的问题和痛点是"一主三副六组团"的空间结构落实并不理想，难以实现人口、产业和公共服务的合理分布，主城区公共服务资源和人口过于集中，存在比较严重的职住分离现象，城区缺乏绿地、公园、停车场、休闲运动等基本公共配套和合理布局，宜居性不强。国际名城建设经验表明，当一个城市人口规模超过500万时，城市宏观空间结构必然走向"带状、多中心、网络化"的宏观城市空间结构。如今杭州城市人口规模已达1000万②，因此，杭州要顺应城市发展新趋势，优化城市空间布局，实现"带状多中心网络化"的宏观空间格局，基于"多规合一"划定开发规模与"三区四线"，重新谋划城市空间结构。

（一）科学修编城市总体规划，拓展城市生态空间布局

科学修编城市总体规划，拓展城市生态空间布局：一是应坚持"多规合一"。划定城市开发边界和永久性基本农田，牢牢守住资源消耗上限、环境质量底线、耕地和生态保护红线，强化对山系、水系、绿系的保护和合理利用，努力形成集约紧凑、疏密有致的空间格局。二是着力拓展杭州城市东西"两

---

①习近平总书记在中央城市工作会议上的重要讲话. http://cpc.people.com.cn/n1/2015/1223/c64094-27963704.html.

② http://zjnews.zjol.com.cn/zjnews/hznews/201902/t20190216_9467690.shtml.

翼"。即杭州城市区域的"城西科创大走廊"与"城东智造大走廊"。重点完善路网、地铁等交通和城市公共配套建设，形成产城融合的新区，克服职住分离弊病，缓解主城区压力。打造城西新区，为高端创业人群打造宜居宜业的城市新空间。规划"江南科技大走廊"，沿萧山、滨江和富阳各经济开发区一线，建设钱塘江生态经济带，实现从"跨江发展"到"拥江发展"。三是以六条生态带为依托，建设一批郊野公园，构建"南北文化生态创业带"，实现城市内外绿地连接贯通。坚持大杭州"全域一体化"的空间理念，将山水田园资源转化为生态宜居城市空间资源，建设一批郊野公园，实现城市内外绿地连接贯通。在城市空间布局上，杭州要适应城西创新创业崛起的新格局，实施"城市西进"战略和"城西交通三年建设规划"，规划一条基于大杭州全域空间结构的城市中轴线，该中轴线可以余杭街道为核心，北沿浙江大学紫金港校区和良渚街道，南沿中国美术学院、浙江音乐学院和转塘街道，构建一条贯通南北的城市"创新创业和生活走廊"，形成新的城市中轴线。在开发模式上，在确保西部生态环境保护的基础上，实行"低密度开发、节点式串联、内聚式城市功能配套"，将南北中轴线上的梦栖小镇、梦想小镇、云栖小镇等主要创新创业平台进行快速联结。

（二）加快区块建设与融合，激活"运河文化创意生活带"

加快钱江新城二期、钱江世纪城、大江东新城等重点区域开发建设，不断推进"三改一拆"，区县（市）实现基本无违建，推进棚户区改造，加快实施主城区城中村改造五年攻坚行动，促进之江文化高地崛起和第九区融合发展。杭州市之江地块是浙江省政府培育与支持的浙江文化高地。区域内聚集着"三校"（中国美院、浙江音乐学院、西湖大学）、"四馆"（浙江博物馆新馆、浙江图书馆新馆、浙江省非物质文化遗产馆和浙江省文学馆）、"三镇"（云栖小镇、龙坞茶镇和富阳硅谷小镇）、"一谷"（宋城演艺谷）等一大批文化产业平台（集聚区），是杭州文创产业的强大板块。运河是杭州的名片，城北区块是杭州尚未有效开发、靠近城市核心的主要区域，沿运河、半山、钱江金融湾，可形成南北串联，是杭州"两廊两带"空间结构中的一个重要节点。杭州应尽快完善路网框架组织，谋划产业定位；半山区块转型应该借鉴英国谢菲尔德市由"钢铁城"转为"体育休闲之都"的成功经验，明确"文化创业""休闲体育""工业遗存博览"等主导产业，实现可持续开发，克服房地产开发的短视行为。同时应加强"运河水上巴士"作为公共交通资源的充分利用，注重与整个公交系统的节点衔接，打造杭州公共交通亮点。不断加强运河世界遗产挖掘和产业提升，促进旅游客源组织导入和创业氛围的营造。

（三）发挥城市规划作用，强化城市与人口的协调发展管理

在人口、资源、环境与经济发展的关系运动中，人口是最关键的因素。为了杭州城市的可持续发展，有必要通过创新制度，实现城市人口的有效调控，加强人口和城市功能调控。发挥城市规划的作用，以环城绿带等形式对城市人口规模进行物理约束，控制城市的无序蔓延，实现精明增长、均衡布局。完善倒逼和激励机制，严格控制增量，有序疏解存量，引导核心区人口和功能向外疏散；总结推广以业控人、以房管人、以证管人的成功经验，综合运用经济、法律、行政等手段调控人口规模，强化杭州市各级政府主体责任，发挥基层组织作用，确保人口规模不突破"天花板"。抓住产业结构调整这个龙头，以科技进步带动产业升级，抑制就业需求弹性，谋求产业升级与人口规模控制的双重功效；科学界定城市人口宏观调控的目标和政策周期，安全度过快速城市化时期。

（四）加快地下综合管廊建设，推进城市地下空间综合开发和城市立体发展

加快地下综合管廊建设，推进城市地下空间综合开发和城市立体发展：一是科学规划，有序推进。充分发挥规划的控制和引领作用，注重与城市总体规划的衔接，结合地下空间开发利用规划以及各类地下管线、道路和轨道交通等专项建设规划，编制城市地下管线综合规划、地下综合管廊专项规划。科学制订五年项目滚动规划和年度建设计划，严格执行行业技术标准。在总结试点工程经验的基础上，逐步有序地推进地下综合管廊建设。二是因地制宜，分步实施。按照杭州市经济社会发展阶段及实际需求，统筹处理好当前与长远、新区与旧区、地上与地下的关系，因地制宜地选择建设区域，确定建设规模，优化建设方案，分重点、分区域、分步骤组织实施。三是创新机制，社会参与。切实发挥政府主导作用，加大政策和资金扶持力度，完善地下综合管廊建设运营模式；充分发挥市场作用，吸引社会资本广泛参与地下

综合管廊建设，创新地下综合管廊投融资模式，提高城市基础设施服务水平。

二、塑造城市特色风貌

天生丽质的山水景观、精致和谐的城市品质、创新智慧的巨大潜力，杭州得天独厚的资源禀赋与长期坚持品质发展所形成的综合优势，是杭州承载国家赋予的新责任、新使命和满足民众新诉求的重要前提。作为"世界名城"，杭州城市特色风貌不足，历史风貌特色被削弱。因此，在塑造城市特色风貌上，应强化以下战略路径。

（一）更新城市生态宜居建设理念

树立高水平规划、高标准建设、高效能管理、高品位生活的理念，从整体平面和立体空间统筹协调城市景观风貌，更好地体现地域特征、江南特色和时代风貌。宜居城市应不仅是气候条件宜人、生态景观和谐，还是适宜人们居住的城市。杭州建设生态宜居城市应坚持杭州城市的经济、社会、文化、环境协调发展，建设成为人居环境良好，充分满足居民物质和精神生活需求，适宜人类工作、生活和居住的城市。杭州生态宜居城市建设应强调城市在经济、社会、文化、环境等各方面都能协调发展，人们在此工作、生活和居住都感到满意，并愿意长期继续居住下去。杭州构建生态宜居城市应体现有宏观、中观、微观三个层面的建设理念。从宏观层面来看，杭州建设宜居城市应该具备良好的城市大环境，包括自然生态环境、社会人文环境、人工建筑设施环境在内；从中观层面来看，杭州建设宜居城市应该具备规划设计合理、生活设施齐备、环境优美、和谐亲切的社区环境；从微观层面来看，应该具备单体建筑内部良好的居室环境包括居住面积适宜、房屋结构合理、卫生设施先进，以及良好的通风、采光、隔音等功效等。因此，杭州要建设的生态宜居城市是生态和宜居的统一，生态和宜居相互交融互通，既是生态的，也是宜居的，不是为了生态而生态。

（二）突出城市特色风貌

构建人与自然和谐永续发展的资源承载体系，构建多中心、特色化的城市中心体系，营造公民共享的特色化、高品质城市环境尤为重要。杭州应以西湖和运河双遗产为载体，营造杭州独具个性和可识别性的特色景观空间和城市文化地标；加强对历史文化遗产保护和利用，以思鑫坊、笕桥等历史街区和地段，杭钢、杭锅、杭氧等工业遗产保护区为核心，打造活态化的"生活品质国际体验区"。注重文化元素的挖掘和融入，通过非物质文化遗产项目传承和民间手工技艺活态保护，打造"没有围墙的运河文化博物馆"，充分彰显杭州运河文化积淀之地的"独特韵味、别样精彩"。

（三）善用美学美化城市

评价一座城市，不仅要看其功能是否完备，也要看其形态是否优美。美丽的城市能够让人心旷神怡，增强人们的幸福感和获得感。在城市规划和建设过程中，应注重城市美学的运用，关键要在细节上下功夫。杭州是一座山水交融的城市，具有与众不同的基础要素。湖、江、山是城市整体的一部分，分布广众的边角、边坡、江边、山边正是城市需要精心雕琢的细节之处。应让这些地方成为杭州城市的美丽点缀，为城市增彩添色。美化这些细节，坚持道法自然的城市美学本质，不要留下明显的人工雕琢痕迹，而是尊重现有自然形态，留住城市特有的地域环境、文化特色、建筑风格等"基因"，让天然风貌与城市形象能够自然过渡与融合起来，既给生态"留白"，又让城市"填空"，绘就人与自然和谐共生的美丽景致，把自然赋予我们的宝贵财富保护好、利用好，透过细节之美放大城市之美。因此，杭州应大力弘扬城市美学、建筑美学、色彩美学、生活美学，制定城市设计政策和标准，落实相关措施，强化建筑立面管理规范，优化城市建筑形态。着力彰显西湖、钱塘江、大运河、西溪湿地、湘湖等景观风貌区，打造更具东方韵味的山水园林城市；提升街道、公园、广场等城市公共空间品质，精心设计城市家具，美化城市景观。

三、提升生态环境质量

建设生态宜居杭州，杭州要始终坚持生态底线思维，坚定不移实施生态环境战略，持之以恒抓好五水共治、绿化城市、节能减排等生态工程，下大力气"增绿""护蓝"，使生态优势转为发展优势，努力建设成为全国生态文明示范城市。

（一）持续推进"五水共治"以减少排放，"五气共治"以提升空气质量

继续推进"五水共治"，减少排放。持续推进治污水、防洪水、排涝水、保供水、抓节水"五水共治"，推进海绵城市建设，到 2020 年前全面消除黑臭河和地表水劣 V 类断面；强化饮用水源安全保障，扎实推进千岛湖配供水工程。"五水共治"作为环保的核心工作来落实，从而才能真正做到一切都是为了减排。推进"五气共治"，提升空气质量。严格控制煤炭消费总量，统筹推进燃煤烟气、工业废气、车船尾气、餐饮排气、扬尘灰气"五气共治"，实现 PM2.5 浓度持续下降、空气质量优良天数比率大幅提升。加快装配式建筑发展，推进建筑工业化，减少建筑垃圾和扬尘污染。2018 年，杭州在国内率先成为无燃煤火电机组，无钢铁生产企业，无黄标车的"三无城市"，这标志着绿色发展进入了新阶段。到 2020 年，杭州的年平均空气质量的核心指标细颗粒物浓度，将达到 45 微克/立方米，全年天气的优良天数将达到 280 天，接近发达国家水平①。由此，杭州还需要进一步加大大气治理力度，把散落在城市角落的废气进行全覆盖治理。按照杭州市委全会既定的目标路径，不断优化和改善杭州大气环境质量。

（二）持续深入推进节能低碳工程，充分利用新能源

深入实施工业、建筑、交通等重点节能工程，大力推广和应用新能源汽车，开展低碳社区、低碳园区等试点示范。从根本上解决能源利用效率低的问题，杭州应加快开发新能源的脚步。充分利用自然资源条件，开发利用太阳能、潮汐能等新的清洁能源，全面落实阳光屋顶工程的实施，推进生活垃圾发电等工程，加快建设农村沼气池项目，积极推广秸秆等燃料的使用。此外，坐落于钱塘江畔的杭州也完全可以建设潮汐能水电站，利用钱塘江丰富的潮汐能。同时还应积极思考新能源的推广利用，进而来替代煤炭、石油等传统的能源，提高低碳能源的消费比重，这也是杭州市未来发展的重点。

（三）统筹推进"五废共治"，深入开展"城市增绿"行动

统筹推进生活固废、建筑固废、污泥固废、有害固废、再生固废"五废共治"，合理布局并加快固废收集、运输、处置和利用设施建设，深化落实生

---

① http://www.hangzhou.gov.cn/art/2020/1/23/art_805866_41852514.html.

活垃圾"三化四分"。深化"两路两侧""四边三化"工作，实施小城镇综合整治行动，深入推进城乡环境综合整治。深入开展"城市增绿"行动。推广屋顶绿化和垂直绿化，加强对废弃矿山、湿地的环境治理和生态修复。杭州应当因地制宜地扩大绿地面积，根据各区域差异合理布局，优化绿化结构，使之努力朝着立体化方向发展，深入开展屋顶的绿化项目，利用建筑空间优化空气的同时美化环境。积极开展和鼓励全民义务植树活动，推广个人碳足迹计算器的使用，给公众一个直观的认识。此外，应当充分发挥杭州市水资源丰富的优势，在继续做好绿化、湿地保护工作的同时，加强对湿地水文条件和种植水生物的修复。

四、完善生态文明制度

绿色创造未来。生态文明建设是习近平总书记治国理政思想的重要组成部分，在"两山"理念发源地的浙江，省会杭州将更加积极地争当美丽中国先行区，厚植历史文化名城、创新活力之城、生态文明之都的特色优势。在党的十九大精神指引下，继续深入实施生态园林城市建设，以更高视野、更高标准、更实举措加强园林绿化，高水平谱写生态文明建设和绿色发展的杭州新篇章。在完善生态文明制度上，应着重从以下几个路径展开：

（一）推进资源要素交易制度建设，加强排污控制管理

推进建设用地和用能权、碳排放权、排污权、用水权等资源要素交易，实施能源和水资源消耗、建设用地使用等总量和强度双控管理。推进碳排放权交易，依托浙江环境交易平台加快建设杭州碳排放权交易中心，积极融入全国碳排放权交易市场。推进用能权有偿使用和交易，建立完善有偿使用和交易制度，制定用能权有偿使用和交易管理办法，依托浙江环境交易平台建设用能权交易平台和注册登记系统。加快实施排污许可制，研究开展主要污染物排污权有偿使用和交易试点，建立企事业单位污染物排放总量控制制度。

（二）健全环境承载力预警体系，完善生态补偿机制

建立资源环境承载能力监测预警长效机制，是中央一项重大的改革任务，是在中央生态文明体制改革总体方案中的重要内容。杭州要加快建立资源环境承载能力的监测预警机制，制定资源环境承载能力预警机制的有效体系和

技术方法，建立资源环境预警信息库和信息技术平台，定期编制资源环境承载能力预警机制报告，对资源消耗和环境容量超过或接近承载能力地区实行预警机制和限制性措施。不断完善重点生态功能区财政转移支付政策。2017年财政部印发的《中央对地方重点生态功能区转移支付办法》中，确定了"某省重点生态功能区转移支付应补助额＝重点补助＋禁止开发补助＋引导性补助＋生态护林员补助＋奖惩资金"。在这方面，国外经验值得杭州借鉴。比如，巴西是生物多样性非常丰富的国家，他们在20世纪90年代开始实施财政转移支付政策，各州具有独立制定财政转移支付政策的权力。杭州要建立长效的管理机制，构建重点生态功能区生态补偿配套支撑政策体系，保证财政转移支付的效果得以延续。生态补偿的实施涉及很多部门，应该建立相关机制来保障，比如科学决策机制、综合协调机制、责任追究机制等，对相关领导干部或者相关部门没有履行生态补偿任务、财政转移支付资金执行不到位、执行效果不理想的，要追究相关的法律责任。

（三）完善环境信用评价制度，建立环境污染责任保险制度

进一步完善环境社会评价制度，推进社会信用体系建设，充分发挥社会舆论监督作用，激励企事业单位、个体工商户持续改进环境行为，自觉履行环境保护法定义务和社会责任。扩大"评"的范围，在把工业企业列入评价的基础上，将环保部门依法监管的企事业单位和个体工商户纳入评价范围。探索建立环境污染责任保险制度，确定在一些容易造成环境污染的行业，实行强制环境污染责任保险；对于特定行业，在设立企业，项目设计，企业年检时进行监管，没有购买强制环境污染责任保险的企业应不准予设立，没有购买强制环境污染责任保险的建设项目应不予立项建设，没有购买强制环境污染责任保险的企业应不予年检；把企业参加环境污染责任保险作为审核换发排污许可证的重要参考条件。应建立重特大环境污染事故应急基金，重特大环境污染事故应急基金存放在指定账户中，在符合相关条件下才可以申请使用该基金的制度。

（四）完善生态文明绩效评价和责任追究制度，建立生态环境损害责任终身追究制

一是政策引导鼓励多元参与度。利用网络力量提升公众参与度，使社会公众参与到杭州市生态文明绩效考核的工作中来，引导第三方环保机构投入考核工作，引入第三方评价机构对各级政府生态文明绩效进行全方位评价，使生态文明绩效考核的结果更具有公正性和公开性。二是典型带动更新干部政绩观。深化典型培树机制，定期发布各级政府生态文明绩效考核报告，引导各级政府制定和发布绩效考核报告，并将其作为评价各级党政工作的重要依据；更新政绩观，全面提升领导干部的生态文明建设意识，建立专项学习培训机制，提高生态环境决策、规划、保护的能力。建立生态文明建设的档案，全面系统地记录各级领导干部职责范围内建设生态文明的进展情况，在政绩上实现 GDP 和生态文明建设相结合。三是智库合作提升考核科学性。进一步明确绩效考核相关政策，通过对于考核制度的设计和完善，让主管责任人清醒地认识到身上的重担和责任，自觉打造良好环境。四是建立生态环境损坏责任终身追究制。建立生态环境损害责任终身追究制，在生态环境损害责任终身追究制下，一旦出现环境损害事故，查明事故的起因后，落实追究相应的责任人。这一制度的建立和完善，可以警示更多的相关责任人时时刻刻重视生态环境保护问题。

第二节　杭州实施形成亚太地区重要国际门户枢纽基础支撑战略路径

　　杭州城市国际通达水平与信息基础设施，是杭州国际化城市的重要支撑。在对接长三角城市群、打造亚太地区重要国际门户的基础上，杭州完全拥有成为"国际门户枢纽"的区位条件和综合交通优势。对接长三角城市群打造亚太地区重要国际门户的定位，充分发挥杭州区位条件和综合交通枢纽优势，重点补齐国际地位不突出、国际通达水平不高、信息基础设施不强等短板，加快推进基础设施现代化，在强化综合枢纽功能、完善对外对内交通和信息网络设施上实现新突破。

一、着力打造"一带一路"枢纽重要节点城市

一是编制杭州市"一带一路"和城市国际化"十四五"发展规划。全面提升杭州对外开放水平，做好"八八战略"深化改革开放再出发排头兵，将"一带一路"建设与长三角一体化发展国家战略、省委"四大建设"、杭州城市国际化建设等重大工作相结合。全面提升杭州城市综合能级和核心竞争力，为打造长三角南翼强劲增长极、"一带一路"重要枢纽城市奠定坚实基础。二是深化 eWTP 杭州实验区建设。积极推进 eWTP 杭州实验区建设，加快 eWTP 秘书处落地建设。支持阿里巴巴开展马来西亚、卢旺达、比利时、埃塞俄比亚的 eWTP 合作试点工作和全球布局。三是加强与"一带一路"国家的经贸合作。引导企业主动出击，积极开拓海外市场。积极鼓励各行业龙头企业与"一带一路"沿线国家政府和企业合作，将"中国智造"商品推向世界，助力"一带一路"建设。加强对出口企业签证宣传指导，灵活运用通报通签、自助打印、信用签证等多种手段便利企业证书申领，助力企业拓展"一带一路"沿线市场，通过原产地证互认，为企业减免关税，增强产品竞争力。四是加快跨境电商综试区建设。完善杭州综试区海外合作圈，提供更多海外合作点和海外仓服务。推进"一带一路"网络贸易促进中心建设，重点在东南亚、西亚、南亚、东欧等"一带一路"国家推广，不断延伸杭州电商数字经济影响力。建立和完善跨境电商产业服务体系，提升跨境电商通关服务效率。加快跨境电商平台集聚，完善智能物流、跨境支付、新型消费等功能，形成服务全国、辐射全球的数字自由贸易区的先行区。

二、着力提升交通枢纽国际化水平

根据建设世界名城的城市发展目标，在空间规划上，杭州将规划建设重大交通设施，实施门户枢纽战略，拓展大都市空间，加快形成"亚太地区重要国际门户枢纽"。

（一）推进国际航空港扩容与功能配套建设，构建发达的国际航空网络

推动萧山国际机场扩容提升和功能配套，开辟更多欧洲、美洲、大洋洲等重点城市国际航线，增加亚非主要城市航班，增加杭州空港国际及地区通

航点。以构建发达的国际航空网络为重点，促进全球各类"轻质量"高端要素资源可快速汇聚杭州、走向世界。积极参与"一带一路"和杭州大湾区建设，争取更多航空航权资源，努力打造与国内、东南亚主要城市之间的"4小时航空交通圈"，与全球主要城市之间的"12小时航空交通圈"。应着力推进杭州与上海、宁波、南京、合肥等机场之间合作模式，促进机场间在航线网络布局、机场联检、国际中转等领域开展深度合作，共同争取国家在空域管理、航权分配、时刻资源市场化配置方面的试点支持，加快形成各机场之间分工协作、良性竞争的新格局，携手打造成为杭州通往世界、世界来到杭州的空中门户。进一步拓展航空配套服务市场，支持开通国际货运航线，大力发展临空经济，积极争创国家级临空经济示范区。借鉴国内外机场城市经验，杭州机场建设进一步增强国际航空枢纽的承载力和辐射力。促进国际航空网络优势转化为对外经贸联系网络优势，高起点、高标准谋划推动临空经济示范区与杭州钱江新城连片融合发展，将其建设成为杭州拓展国际合作发展新空间、城市空间新增长极和辐射源，打造国际航空都市高质量发展典范区。

（二）加快建设快速通道，完善链接国际机场的交通网络

第19届亚洲运动会于2022年9月10~25日在中国杭州举办。为了迎接这届亚运会，杭州应加快萧山机场交通枢纽工程综合项目建设，加快建设完善机场至中心城区和杭州都市圈城市的快速通道，构建完善快捷的链接国际航空港的交通网络。加快萧山机场高铁通过链接线路建设，实现与杭绍台铁路、沪杭高铁、杭甬高铁、杭长高铁及杭黄铁路等的有效衔接，方便乘客下飞机再上高铁或下高铁就能上飞机，实现机场与高铁的无缝对接；加快萧山机场与杭州地铁对接线路建设，达到杭州地铁、机场轨道快线直接连通机场的线路优化目标。

（三）加强对接"一带一路"的交通网络的链接，打造区域性国际物流中心

一是应加强与"一带一路"节点城市的铁路骨干支线网衔接，积极对接中欧国际货运班列。以构建发达的便捷式快速陆路网络为重点，促进区域人流、物流、资金流、信息流快速汇聚杭州、优化配置。强化国家铁路主枢纽的地位，畅通出省综合运输体系，强化与"一带一路"沿线国家和地区的互联互通能力，巩固提升"一带一路"枢纽城市地位。在实现与杭州大湾区内部城市之间顺畅便捷连通的基础上，更加注重交通精细化发展，不断优化站点、路口和线路设置，实现对不同类型人口的分流，促进商务和办公人士快速便捷在湾区各大功能区之间进出流动。二是应加强市域重点航道改造提升，深化与宁波舟山港、上海港等战略合作，鼓励企业参与海上丝绸之路建设。面向长三角广大区域腹地加快建设"无水港"，完善区域多式联运体系。推动港口、产业、空间协同发展，促进港城融合、岛城融合、产城融合，带动商贸经济、枢纽经济、平台经济、航运经济、离岸经济发展。三是应加强多式联运高效衔接和设施互联互通，打造区域性国际物流中心。以构建发达的国际航运网络为重点，深化与"一带一路"沿线主要国家的友好合作，共同建设物流重要节点、开辟航线、拓展市场和提供服务。加快推动区域供应链资源整合，加强在航线网络布局、货物中转、口岸通关、信息共享、资源调配、水陆衔接、航运服务等领域的深度合作，实现供应链物流资源整合形成集成优势，强化在国际航运物流网络和服务网络中的枢纽地位。

三、完善城乡综合交通网络

形成航空、铁路、公路、水运等多种交通方式为一体，分工有序，客货分流，换乘联运便捷、内外交通衔接良好的综合交通网络，建设亚太门户枢纽和国家综合交通枢纽。

（一）应加快优化铁路运行系统

规划实施杭州"一轴两翼五站"铁路枢纽布局，建设杭州城西综合交通枢纽，优化杭州站、杭州东站、杭州西站、杭州南站、江东站等枢纽站功能配置，加快建设杭黄、商合杭、杭绍台、杭温等高速铁路和杭州都市区城际铁路网，推进杭武高铁规划研究，形成以杭州为中心的省域一小时交通圈。

（二）应加快优化城市环线系统

建设完善城市快速路网，加强杭州主城与副城、新区、组团、县城间的路网联系。加快建设新增组团联络环线，串起临平副城、瓶窑组团、良渚组团、余杭组团、临浦组团、瓜沥组团、大江东新城、副中心城区以及绍兴、海宁等都市圈城市、杭州市区范围内的 30 多个街道（镇、乡）。将"四纵五横三连"快速路系统进一步向外围延伸，与组团联络环和"二绕"等高等级公路衔接。加快城市轨道交通建设，规划建设现代有轨电车线路。2022年亚运会前，形成轨道交通总里程达世界城市标准的城市轨道交通骨干网络，实现杭州城市十城区全覆盖①。

（三）应不断完善城市公交系统

健全大公交体系，完善绿道网和慢行系统，推进各种公共交通工具"零距离换乘"，城区机动化出行公交分担率显著提高，城乡间交通更加便捷顺畅。提高公共交通可达性、交通和城市用地形态相结合，通过轨道交通的末端交通和周边的用地深度结合、无缝衔接，促进交通系统和用地深度一体化，打造适合杭州城市结构的绿色交通结构。创造条件率先在无人驾驶、车联网、新型公共交通、新能源汽车等领域试点示范取得突破、走在前列，形成绿色、低碳、环保、健康的出行理念和方式，不断提高市民的获得感、幸福感、安全感，建成市民满意的综合交通枢纽。

（四）加强城市停车系统与人行系统建设

一是加快停车设施建设，坚持道路设施与停车设施建设并举、动态交通和静态交通并举的理念，以居住区、大型综合交通枢纽、城市轨道交通外围站点、医院、学校、旅游景区等特殊地区为重点，在内部通过挖潜及改造建设停车设施，并在有条件的周边区域增建公共停车设施；在市场准入、停车收费政策、停车智能化、停车综合治理等方面进行改革。二是应高度重视构建高效便捷化立体化与网络化慢行系统，以人行天桥、人行地道为骨架的步行设施配套建设得以持续发展，并构成较为完善的城市步行交通系统，把快捷舒适立体人行过街设施系统作为高端城市发展定位的重要支撑和"以人为本，绿色低碳"交通体系的重要组成部分，以此来整体优化街坊路和住宅区内道路系统。

（五）加快智慧交通体系的建设

杭州是"十五智能交通系统示范城市"，又是国内信息化水平、移动通信普及率较高的城市之一，率先建设全国首张有线宽带城域网，是全国首个

---

① https://new.qq.com/omn/20181021/20181021A0BTOS.html.

"无线数字城市"和"中国智慧城市"试点城市之一。杭州还需继续推进和完善交通综合信息平台,建立以"大数据、互联网+"技术为内核,融合汇聚、主动管控、协同指挥的运营管理型的指挥中心。强化路面严管严治,全面实现对路段流量监测、路段状况监控、公交信息实时反馈、停车信息实时反馈等信息管理,进一步提升交通治理科学化、智慧化、人性化程度。

四、加快信息网络和数据开放平台建设

推进政府数据开放共享和大数据应用,建立政府部门和事业单位等公共机构数据资源清单,建设政府统一数据开放平台。逐步实现民生保障服务相关领域的政府数据集有序开放,各级部门依托政府统一数据开放平台开放数据,完善全市统一的电子政务网络,建设和完善全市统一的电子政务内外网,形成全市统一、互联互通的电子政务内外网体系。

(一) 加快推进互联网示范城市建设进程

加快国家下一代互联网示范城市建设,推动互联网 IPv6 规模化应用。IPv6 是互联网发展不可逾越的阶段,网络进入 IPv6 时代是全球网络信息技术加速创新变革、信息基础设施快速演进升级的历史机遇;围绕 IPv6 打造新一代互联网基础设施,加速推动杭州 IPv6 的大规模部署,为杭州城市国际化进程中各行业加快新旧动能转换提供了强大引擎。

(二) 加快推进新型互联网的规模化应用

加快推进 IPv6 的规模化部署,构建高速率、广普及、全覆盖、智能化的下一代互联网。基于先进计算核心技术,积极打造新一代信息基础设施,为下一代数据中心建设提供科技助力。将 IPv6 与云计算、大数据、人工智能等先进计算技术深度结合,打造万物互联时代各类应用场景核心支撑平台,让先进计算技术和服务推动更多行业关键业务的数字化转型和区域经济发展。建设国家级互联网骨干直联点,增设互联网国际出口专用通道,进一步提升国际和本地网络交换能力。

(三) 全面推进"三网融合"工程建设

全面推进"三网融合",推进车联网试点,打造 5G 应用先行区,构建宽带、泛在、融合、便捷的市域无线网络,提高杭州市互联网普及率。健全网

络与信息安全保障体系，确保重要应用系统及超大型网络平台的安全。围绕国家云计算服务创新发展试点示范城市建设，建成国际一流的云平台和大数据交易平台，打造"云上杭州"。以打造跨境电商大数据交换中心为突破口，建设国际贸易、金融、物流等大数据汇集、交易、挖掘、应用的重要枢纽城市。

第三节　形成现代城市治理体系基础支撑战略的实施路径

充分发挥杭州政务公开透明、信用基础较好、智慧应用领先等优势，重点补齐现代城市治理相对滞后、国际公共服务设施不足等短板，努力在提升政务环境、法治环境、服务环境、社会环境上实现新突破。"加快形成现代城市治理体系"① 作为一项重要内容，这是杭州在城市国际化进程中着力推进城市治理能力和治理体系现代化上提出的具体举措和目标。

一、优化政务法治环境

政府是法治建设、法律实施的重要主体。建设法治政府是依法治国的关键，是国家治理体系和治理能力现代化的重要内容。实践证明，运用法治思维和法治方式推进政府改革转型、建设法治政府、打造法治政务环境，能够为改革发展营造良好环境、提供坚强保障②。法治水平、法治政务环境是一个国家或地区软实力和竞争力的重要体现。新形势下，杭州要适应和引领经济发展新常态，也需要加快法治政府建设，努力打造法治政务环境。

其一，应深化"四张清单一张网"改革。厘清政府权力范围并明确职责。杭州在服务供给侧结构性改革的同时，应继续深化"四张清单一张网"的发展，以"四张清单一张网"建设为总抓手，进一步深化杭州市其他方面改革，

---

① http://www.hangzhou.gov.cn/art/2016/7/22/art_812262_1566238.html.
② 浙江省省长李强的讲话，http://theory.people.com.cn/n/2015/0209/c40531-26529592.html.

形成依法确权的权力设定机制、公开规范的权力运行机制、科学有效的权力制约机制、追溯严明的行政问责机制，进一步打造杭州城市现代化治理过程中的法治政务环境。

其二，加快推进"互联网+政务服务"。深化政务公开，完善"服务清单"，加强绩效管理，提高政府运行透明度和办事效率。积极响应党中央、国务院关于推进审批服务便民化、"互联网+政务服务"、政务信息系统整合共享等重要工作部署，杭州市进一步深化"互联网+政务服务"，充分运用信息化手段解决企业和群众反映强烈的办事难、办事慢、办事繁的问题。

其三，设立政府大数据管理机构。推进政务数据资源跨层级、跨部门归集、共享、开放和应用。在信息革命时代，平台的作用日渐重要。随着"大数据发展管理局"的成立，在实现信息惠民、政务信息整合、为执法提供有的放矢的精准线索方面，首要任务是建立政务数据共享交换平台，这样杭州市政府才能够更好地发挥大数据管理平台的作用。与此同时，杭州要不断完善政务大数据共享的相应法律制度，建立绩效考核与问责机制，督促政务大数据共享。政务大数据共享工作的推进要纳入政府绩效考核，问责"不作为"行为，形成倒逼机制，并以时间表约束下级各部门，督促数据共享。

其四，建立涉外事务管理负面清单制度。下放外商投资企业注册登记权限，降低港澳地区市场主体准入门槛，进一步完善出入境管理与服务。营造与市场准入负面清单制度相适应的公平交易平等竞争的市场环境相当重要。杭州还需加大力度建设涉外事务管理方面的制度，不断完善建立与市场准入负面清单制度相适应的外商投资管理体制，不断完善与市场准入负面清单制度相适应的商事登记制度，不断完善与市场准入负面清单制度相适应的投资体制以及相应的法律法规体系、信息公示制度和信息共享制度等方面的建设。

其五，以创建社会信用体系建设示范城市为契机，深化"信用杭州"建设。杭州市是国家发展改革委、人民银行组织开展的首批12个社会信用体系建设示范城市。在社会信用体系建设方面形成了一系列可复制、可推广的经验做法。但杭州市仍需要持续努力、久久为功，使诚信成为城市人文之本、城市之魂，成为构筑独特韵味、别样精彩的国际化世界名城的基石，坚持把社会信用体系作为社会治理的重要机制，以信用惠民为理念，以奖惩联动为核心，以信用监管为抓手，以平台开放为支撑，将"信用杭州"打造成为新的城市名片。

其六，加强法治杭州建设，坚持科学立法、依法行政、严格执法、公正司法、全民守法，努力营造规范有序、公平竞争的市场环境和社会环境。2016年12月26日，杭州市委十一届八次全体会议，审议通过《中共杭州市委关于全面深化法治杭州建设的若干意见》，包含法治建设的十方面举措，被称为"杭法十条"，为杭州全面深化法治杭州建设指明方向。"杭法十条"与"杭改十条"形成全面深化改革和全面推进依法治理的"两轮驱动"，为杭州的下一轮发展提供动力和保障①。为深化推进"最多跑一次"改革、打造国际一流营商环境、着力提供优质公共服务，在法制建设道路上，杭州仍需在完善立法工作机制、提升依法决策能力、加强严格规范公正文明执法、加强行政权力运行监督和制约、依法有效化解矛盾纠纷以及夯实法治政府建设基层基础等方面加强法制建设工作。

二、提升公共服务国际化水平

要打造成世界名城，杭州城市的大发展，必然要融入全球经济。要融入全球经济，杭州必须积极提升杭州城市的公共服务水平，在国际学校、国际医院、精通外语的雇员、物流通道、国际社保、国际驾照、国际航线、政府文件的英文版本等方面要体现国际化城市的公共服务水平，要让涉外企业或居民能在杭州扎根发展，让企业的老板、高级主管以及普通员工们都愿意在这里工作和生活，这对杭州的公共服务水平提出了更高要求，服务不仅要透明公开，还要有国际水准。

其一，应积极推进国际化教育进程。杭州市要推进国际化教育进程，首要的是推进外籍人员子女学校规划建设。2019年2月，杭州市人民政府办公厅《关于印发杭州市推进教育国际化三年行动计划（2019~2021年）的通知》②，

---

① 杭州全面深化法治建设［EB/OL］．杭州网．http：//www.hangzhou.gov.cn/art/2016/8/4/art_1224755_1988118.html.
② http：//www.hangzhou.gov.cn/art/2019/3/13/art_1510980_17608.html.

该通知进一步明确了杭州市在教育服务国际化的建设目标。为落实国家、省新时期教育对外开放工作和中长期教育改革发展规划纲要精神，服务城市国际化战略，加快推进杭州市教育现代化进程，大力发展国际教育，引进国外知名教育机构来杭参与办学，支持民办西湖大学等国际一流研究型高校建设，大力发展外国留学生教育，扩大在杭留学生的来源国别、留学类别和规模。具体来说，杭州在推进国际化教育进程中：一是加强双向国际交流，通过深化师生海外交流、加强教师海外研修、加强海外人才引进、推进"留学杭州"工程等措施来扩大杭州教育辐射力。二是大力优化开放环境，通过加强国际理解教育、推进中外合作办学、探索人才国际化培养路径等措施来提升杭州教育吸引力。三是加快外籍人员子女学校建设，通过统筹外籍人员子女学校引进、规范外籍人员子女学校办学、推进外籍人员子女学校信息公开、完善外籍人员子女就学服务等路径措施来增强杭州教育服务力。四是重点培育国际化展示平台，通过加强"一带一路"教育合作、促进东方文化交流传播、搭建教育国际交流平台、打造教育系统"杭州国际日"品牌活动等路径措施来彰显杭州教育影响力。

其二，深化图书馆国际交流，增强公共图书馆国际服务功能。城市图书馆是一座城市文化沉淀的象征，新时代如何落实杭州国际化发展战略，切实推进杭州市图书馆对外开放与国际交流合作意义重大。在全球化的时代背景下，国际交流合作是促进图书馆创新发展的重要动力源，也成为图书馆分享国际同行先进经验等有益资源、参与国际竞争的重要渠道，对促进图书馆持续快速发展具有重要的推动作用。深化图书馆国际交流，对外实施合作战略，与世界高水平同行建立实质性合作关系等措施，主动服务于杭州城市国际化战略及相关工作，增强公共图书馆应有的国际服务和保障作用，进而以此提升杭州城市的公共服务国际化水平。

其三，大力提升医疗服务国际化水平。发展高端医疗是满足人民群众多层次医疗服务的需求，而国际化医疗服务的提供则是高端医疗的重要组成部分。杭州城市国际化进程中，要提升城市医疗服务水平，提升国际化医疗服务水平，按照国际标准提供的医疗服务，构建与国际接轨的医疗护理服务流程，在杭州提供具有国际化水平的医疗服务。最近几年，杭州城市国际化的进程中，杭州医疗卫生国际交流与合作机制进一步健全，在引进技术、设备、人才以及交流医疗技术信息和先进管理经验等方面取得明显成效；初步构建国际化医疗服务体系，在满足境外人士医疗保健服务需求方面取得突破；外资独资或合资形式的医疗机构、国际化医院管理团队参与运营的医疗机构成为杭州市医疗市场的重要补充。为推进杭州城市医疗服务国际化水平的提升，当前，杭州应积极推进医疗卫生领域国际化合作，积极引进国际性医疗机构，推进国际化医院试点，建立与国际接轨的远程会诊系统，完善国际医疗服务结算体系。以人才队伍建设为核心，以项目引进为载体，健全机制、多措并举，强化杭州全市卫生系统的国际交流与合作，提高医疗卫生行业的科研学术水平；按照国际化医院建设标准，完善医疗机构软硬件条件，提升服务境外人士的能力和水平，营造良好的国际化生活环境、改善杭州市投资环境和推进杭州城市国际化水平。

其四，构建完善的多语种咨询与服务平台。构建完善的多语种公共服务平台，为政府公共服务提供多语言翻译保障，进一步提升在杭州市外籍人员生活便利化、投资贸易便利化。为此，杭州应着力构建完善的多语种服务平台，建设统一的外籍人员服务定点窗口，设立面向境外游客的旅游咨询中心，建设一站式涉外综合服务场所，组建长效性外语志愿服务队伍，积极引进使馆签证、评估和认证等国际中介服务组织及其分支机构。健全外文咨询、信息提供、生活设施和公共服务体系，建设好杭州城市新闻网主页国际语言版，创办杭州本地英文报纸，建立公共服务部门微信公众号英文版，加强信息推送，办好一批在外籍人士中口碑较好的实用类生活信息资讯刊物，扩大在杭外国人信息获取渠道。

其五，城市标识与特色街区建设。标识系统是城市的重要组成部分，在第19届亚运会前，做好杭州城市国际化标识建设与改造尤为重要。标识的建设首先要让人看得懂，标识国际化，为的就是让国际友人更好地了解杭州这座城市，为出行提供便利。为此，杭州应加大力度实施国际化标识改造工程，加大城市基础设施双语化改造力度，规范城市公示语标志。不断完善杭州城市外语标识体系建设，在交通干道、公交站点及车辆、主要景区街区、重点公共服务机构和服务设施设立双语图文标识以及外语语音服务系统。开展公共场所英语标识专项整治工作，促进外语标识的规范化。2016 年 11 月，杭州市出台《关于全面提升社区建设国际化水平的实施意见》，在全国率先提出建设国际化社区[①]。建设具有国际化品质的社区格局以及创新活力的国际化社区形态，已经成为新时期杭州推进社区建设的新课题。杭州城市社区国际化建设，重点应放在社区结构开放化、建设模式特色化、交往空间融合化、公共服务精准化、治理空间多元化和社区环境宜居化等方面。为此，杭州应着力打造具有杭州特色、国际视野、自由开放、美丽和谐的国际化和现代化社区，构建具有创新活力的国际化社区形态，为杭州城市国际化提供有力支撑。

三、加强城市智慧治理

加强信息技术同城市治理的结合，在未来智慧城市中实现智慧治理，从而提高公共服务和社会治理水平，实现精细化和动态管理，同时未雨绸缪，从技术、立法等层面确保个人信息安全，这是世界城市治理的发展趋势，杭州也不例外。杭州作为我国城市智慧治理的先行者，在智慧治理城市方面已经积累了值得其他城市借鉴的经验，但是城市治理没有终点，随着新的技术出现和应用，杭州城市智慧治理仍然需要不断地完善和改进。

第一，基础设施应更加扎实完善。进一步完善"云—网—端"一体化信息基础设施体系，引领国际先进水平。不断完善、优化网络架构，探索新型互联网交换中心建设及运营模式，进一步提升网络通信效率和质量。充分利用大数据、云计算、物联网、人工智能等信息化技术，完善城市智慧管理服务，提升城市运行效率。把治理体系现代化和治理能力现代化作为杭州城市现代化治理的重要发展目标，在信息化过程中，实现智慧城市下新的治理模式的变革，原来自上而下的城市治理将变得更加智能化与多元化。将信息技术与城市运营服务理念进行融合，通过物联网、云计算、大数据等技术手段对城市的公共服务、资源环境、生产生活等系统进行数字化、智能化、网络化管理，为城市提供更便捷、更高效的管理服务模式。

---

① 到 2018 年底杭州要建 30 个国际化社区示范点. 浙江日报［2016-11-22］. http://zjnews.zjol.com.cn/zjnews/hznews/201611/t20161122_2098119.shtml.

第二，城市政务服务更加高效协同。加快互联网、云计算、物联网、大数据、移动互联网、人工智能等新技术在智慧政务系统的应用，全面实现网上办公和互动交流，不断提升政府办公、服务、监管、决策的政务服务水平，在一体化政务平台和其他业务系统基础上叠加特色应用，通过规范服务标准，优化服务流程，创新服务方式，拓宽服务渠道，提高政府服务效率和透明度。聚焦办事"最多跑一次"目标，立足浙江政务服务网杭州平台，充分融合市民之家、市民卡等杭州特色工程，深化"四端"建设，建成覆盖市、区县（市）、乡镇（街道）、村（社区）四级协同服务体系，提供全天候、线上线下、厅内厅外多渠道、多终端政务服务。加强政务信息资源整合和基础数据共享服务，优化服务流程、简化办事材料，构建智能化、智慧化服务平台，实现政务服务标准化、精准化、便捷化、平台化、协同化，政务服务流程显著优化，服务形式更加多元，服务渠道更为畅通，群众办事满意度显著提升。

第三，"数字杭州"建设更加具有城市特色。完善相关标准体系和数据平台，加快在城市建设管理、交通、环保、气象、管网、防灾减灾等领域的智慧应用。整合社保、交通、金融等数字应用功能，覆盖社保、医疗、旅游、交通、小额支付等多个领域，推进城市人口基本全覆盖，实现人口信息数据的共享交换，打通各部门、各行业的人口相关数据，为智慧城市便民服务应用提供基础支撑，在全市范围内建设无线宽带政务专网，突出跨部门、跨系统功能集成，提升信息服务、指挥调度和安全保障能力，为公安、城管、交通、环保等城市日常管理和应急保障提供专用平台。加快智能化交通体系建设，搭建一批智慧交通管理系统和物联网应用设施，缓解城市交通拥堵现状。建设一批人工智能公共安全应用，打造公安智慧警务新模式。加快推进智慧城管建设运行工作，创新智慧城管"杭州模式"。推进审计综合分析平台建设，逐步构建以大数据为核心的杭州智慧审计监督体系。推动环保智慧化应用突破发展，全面提升杭州环保的智慧化应用水平。

第四，加强智能电网建设，构建能源互联网城市样本。智慧城市是当今世界城市发展的新趋势。加快推进生态城市智能电网创新示范区建设，应用"大云物移"等信息通信新技术，构建智慧城市能源融合生态体系，通过建设能源优化配置网络和智慧公共服务网络，实现能源互联与服务互动。为了让杭州城市电网更加"智慧"，杭州应着力打造"安全可靠、优质高效、绿色低碳、智能互动"的世界一流城市配电网，既要加强"硬件"建设，更要依托供电服务指挥平台，打造"智慧抢修"模式，提高服务质量。通过深入挖掘"大数据"价值，促进供电服务业务的精准研判、智能指挥，提高供电服务业务链条的运转效率。充分利用"移动互联"优势，实现杭州城市智能电网管理体系，实现城市用电管理智能化与智慧化，成功打造杭州城市能源互联网示范样本。

第五，民生服务更加优质便捷。加强医疗、教育、养老、就业、社保等领域智慧应用和示范推广，努力建成覆盖城乡、全民共享的智慧民生服务体系。大力发展基于互联网的医疗卫生服务，为深化医疗健康数据智能化应用提供基础设施保障；加快建设覆盖"家庭＋社区＋医院＋科研机构"的新一代互联网医疗健康平台，依托互联网、大数据、人工智能等新一代信息技术，打破医疗健康领域现有行业条块壁垒，实现家庭端、社区端、医院端、科研端数据共享，为患者提供全生命周期的"互联网＋"医疗健康服务。统筹深化、完善社会保障民生服务大平台和公共就业信息服务平台建设，使市民能够享受到公平、便利、完善的民生服务。围绕"区域数据联通、校内业务联通、个人应用联通"的目标，构建全市统一的教育信息化创新发展体系。从社区居民的实际需求出发，实现社区政务服务、公共服务、社会服务全人群覆盖、全口径集成、全区域通办及全过程监管；同时构建、完善社区一体化养老综合服务体系，提供基于物联网的实时、高效、低成本、智能化的养老服务。整合、优化、完善社会保障民生服务大平台和统一的公共就业信息服务平台。通过政务平台信息融合，整合各类保障服务的申请、查询、监管、互动等内容，实现政府、服务对象、服务实体的三方对接。建立统一的公共就业信息服务平台，并与全国就业信息网相衔接。通过云信息化技术在社会保障领域的应用，使市民在就业、社会保险、住房、养老、司法等方面享受到公平、便利、完善的民生服务。

第六，城市生活更加安全。深化平安杭州建设，加强城市安全预警与应急管理体系建设，提升重大气象灾害、突发公共安全事件等防御和应急处置能力。建立健全城市公共安全与应急管理体制，广泛使用智慧智能技术，建立"集中指挥"与"分类指挥"相结合的指挥体系、高效的应急管理体系和可靠的信息控制体系，不断提高城市安全预警与应急管理体系，完善公共安全信息通报制度，适时、适度的警情发布和社会公示，对公共安全事件造成后果及损失进行科学评估。建立健全企业安全生产基础数据库、监管监察业务数据库等数据平台，形成较为完备的智慧安全监督体系，提高安全生产信息化辅助决策支持能力。加快整合司法数据资源，建立司法数据统一标准规范。基于遥感、物联网和数据融合分析技术，建立城市气象立体自动综合探测系统，提升重大气象灾害防御和应急处置能力，加强气象与交通、环保、旅游、卫生、教育、农业、城管等其他领域的深度融合对接，提供智能化气象应用服务，基本满足市民和专业用户个性化的服务需求。加强气象灾害防御风险管理精细化和智能化，提高气象灾害防御管理科学化水平。

第四节　杭州实施形成区域协同发展新格局基础支撑战略路径

抢抓国家区域发展战略机遇，发挥杭州城市国际化与城乡一体化互动融合的优势，重点补齐杭州在区域发展中城市能级不高、城乡发展差距依然较大等短板，进一步增强集聚和辐射功能，在城市群和都市圈协同发展、城乡一体化统筹发展上实现新突破。

一、主动接轨国家区域发展战略

积极参与国家"一带一路"倡议，主动融入长江经济带和长三角城市群发展规划，加强重大战略平台和重点专题领域合作，巩固和强化长三角区域规划明确的杭州"一基地四中心"特色功能，加强与上海、长三角区域和国内外城市的合作交流，进一步增强集聚和辐射带动能力，提升杭州在长三角世界级城市群中的能级，提高杭州在全国的城市地位。

第一，依托"一带一路"建设，全方位融入长三角一体化战略。伴随

"一带一路"建设的铺开，陆港火车（义乌中欧班列）与海港巨轮（宁波舟山港）如双翼，正为杭州发展带来新动力，书写新篇章。杭州应全方位抢抓机遇融入"一带一路"，在新一轮全方位开放的征程中获得发展先机。杭州参与"一带一路"建设和开放合作具备良好条件，要大力支持推动传统优势产业参与"一带一路"建设，培育一批真正意义的跨国经营企业，拓展资源配置和市场发展空间，提升国际竞争力，在主动融入和服务"一带一路"中树立标杆。在"一带一路"建设全面铺开的今天，浙江正大力推进大湾区大花园大通道大都市区建设。全方位融入长三角一体化战略。向东，接轨上海强强联合提升产业链水平；向西，杭黄合作打通杭州西进发展大通道；向南，杭绍甬一体化打造省内区域一体化示范板块；向北，宁杭生态经济带 勾勒长三角"绿边"。

第二，加强重大战略平台和重点专题领域合作，全面提升城市综合能级和核心竞争力。贯彻实施长三角一体化发展国家战略，是杭州的重大政治责任，是杭州面临的重大历史机遇，杭州要把握时机、抢占风口，不失时机地实施"新制造业计划"，更好地实现借势借力发展，全面提升城市综合能级和核心竞争力。立足历史文化名城、创新活力之城、生态文明之都的城市定位，围绕一体化、服务借力大上海、深度融入长三角的方向和路径，加强重大战略平台和重点专项领域合作。进一步共建科技创新共同体，积极推进之江实验室等重大创新平台建设。加强与上海张江、合肥综合性国家科学中心联动，强化与中国科学院上海分院合作，加强重大科技联合攻关，合力争取面向2030年的重大战略项目和国家科技重大专项；支持未来科技城建设"人才特区"试验区，高水平建设浙江人才大厦；推进合杭梦想小镇、梦想小镇沪杭创新中心等跨区域特色小镇建设；推动加大长三角科技资源开放共享力度，积极对接上海自贸试验区，落实浙江自贸区杭州联动创新区总体方案；推动eWTP示范区重点项目落地，加快打造跨境电商第一城；推进杭港高端服务业示范区等高水平开放功能区建设；深入实施"新制造业计划"，推进与上海、苏州等在航空产业、生物医药等高端制造领域合作。

第三，精准对接大上海，加快打造长三角南翼强劲增长极。上海正在打造国际金融中心，杭州则可以发力把科技金融做得更专业、更深入，把杭州打造成为中国金融科技引领城市和全球金融科技应用与创新中心，与上海金融产业互补合作、错位发展，实现协同效应。在长三角城市群中，上海无疑是首屈一指的超级大都市，目前正朝着全球城市的目标大踏步迈进。杭州位于长三角城市群的南翼，社会经济发展迅猛，城市规模不断扩大，已跻身新一线城市。杭州应紧紧围绕一体化，服务借力大上海，深度融入长三角，打造长三角南翼的核心增长极。加快沪杭基础设施链接，提升长三角世界级亚太地区重要国际门户枢纽的地位。加强产业衔接，进一步推动创新创业，主动对接上海国家级高新技术园区、上海自由贸易试验区，拓展G60科创大走廊的内涵，开展联合科技攻关项目。加强与上海金融机构的合作，推进钱塘江金融湾建设，形成错位互动的发展新格局。加快对接上海会展旅游业，挖掘杭州禀赋与文化资源，共同打造世界遗产旅游品牌。加强沪杭名院名校名所协作，形成人才合作交流机制，共筑高端人才基地。积极借鉴上海公共服务经验，营造国际一流的营商环境。全方位地学习上海城市精细化治理经验，加强城市管理、公共安全、社区服务等方面的协同治理能力。

二、加快杭州都市区和都市圈建设

充分发挥杭州中心城市龙头作用，加快杭州都市区通勤一体化和公共服务互联互通建设，使杭州都市区成为全省参与国际国内竞争的尖兵和龙头。完善杭州都市圈合作模式，深入加快基础设施互联互通，推进城际轨道、高速公路、高等级航道和综合交通枢纽建设，努力在空间布局优化、产业协同发展、生态环境共保、公共服务共享等方面取得实质性成果，努力打造杭州都市圈全国经济转型升级和改革创新先行区。

首先，充分发挥杭州在都市区和都市圈的龙头作用，加快都市区、都市圈一体化建设进程。杭州都市区将大大增加浙江在长三角一体化进程中的话语权和影响力。浙江的雄心是将杭州都市区打造为长三角世界级城市群一体化发展金南翼，让其成为参与全球竞争主阵地、长三角高质量发展示范区、浙江现代化发展引领极。杭州在加快其都市区和都市圈建设的进程中，要充分发挥杭州在都市圈的"排头兵"地位，都市圈发展置于国家战略和整个长三角发展的大局中进行思考、定位和谋划，发挥都市圈在浙江的龙头领跑示范带动作用，努力建设成为世界第六大城市群重要板块、亚太国际门户长三角城市群的有机组成部分、全国科学和谐发展先行区和浙江创业创新核心区。积极推动区域协同创新，建成高层次人才集聚、创新企业集聚、战略性新兴产业集聚和民营经济创新发展四大高地，强化创新极核功能，发挥溢出效应，增强各地"融杭"的积极性和主动性。加快杭州市作为杭州都市圈的增长极和创新极的引领作用，强化城市的集聚功能。协同打造高水平一体化融合的杭州都市圈：深化"六大西进"、区县（市）协作、联乡结村等工作，推动新四区和三县（市）进一步融入主城区，打造杭嘉一体化、杭湖一体化、杭绍一体化三个发展先行区和千黄省际旅游合作示范区。以"点—线—面"的空间实现路径去推进杭州都市圈的一体化发展。充分利用杭州在发展环境、人才资源、基础设施及城市功能等方面的优势，为产业发展提供新的动能，同时积极推动杭州与杭州都市圈内其他城市之间的产业联动，以链式发展作为未来产业整合的主要方向，以期既推动杭州总部经济的发展，又推动都市圈各城市之间的新旧动能的转换，实现杭州与都市圈其他城市的双赢。

其次，着力推进杭州都市圈的"跨区域"融合，加快基础设施互联互通。杭州都市圈一体化不能是自我封闭、自我循环的发展，而是要实现对外和对内的开放，必须具有协调发展和联动发展的视野，通过构建开放的都市圈，实现有效的内外联动：一是着力推动杭州都市圈的"跨区域"融合，创新都市圈的激励机制、约束机制和绩效考核机制，从源头上破解融合障碍，强化发挥都市圈各城市间的合力。二是加快都市圈交通网络建设。加快杭州都市圈核心区地铁、城际轨道建设，推进跨市域毗邻地区一体化公路客运网络建设，打通"断头路""瓶颈路"。打造多网融合都市圈轨道网，完善都市圈高速公路网络，强化综合交通枢纽功能，打通多式联运物流通道。加快萧山机场三期扩建工程，发展通用航空机场，推进空铁一体化发展。加快运河二通道建设，高水平打造钱塘新区公铁水联运物流园区，积极融入长三角江海联运体系。三是强化都市圈内的基础设施建设，打通都市圈内生产要素流通的通道。在第十四个五年计划乃至更长时期内，加快发展杭州都市圈内基础设施建设，重点是基础设施建设和5G网络建设，使之成为5G标杆城市。四是强化要素流通。通过整合中心城市与周边城市的公共职能与要素资源，积极开拓、升级与共享腹地经济成果。加强都市圈资金融通、信息沟通和人才流通，打造区域内经济、文化、社会生活的无缝融合体系。杭州要加强对兄弟城市的全方位支撑，协同解决杭州都市圈内的"创新难""创业难""市场难""融资难""用工难"和"就业难"，建立生产要素跨区域无障碍流通机制。

最后，加快空间布局与产业协同发展，促进生态环境共保与公共服务共享：一是积极借鉴国外都市圈发展的有益经验，打破都市圈内生产要素流动的壁垒，加强产业协同分工与合作，共建产业协同都市圈，共同做强数字经济产业集群，全面打造数字经济"一号工程"，加强毗邻区域的合作开发，共同建设"城市大脑"。二是建立和完善政府引导与市场主导并重的都市圈推进机制和实施路径，以创新链、产业链、价值链重构来优化空间布局，以政府和市场的双轮驱动来推动要素资源配置的高效化、公共服务的均等化和区域治理的同城化。三是环境治理常态化。杭州都市圈大气和水环境污染防治等方面压力依然较大，要以"三五共治"为总抓手，统筹杭州都市圈生态环境建设，坚决淘汰落后产能，加强环保联合执法，共建绿色美丽都市圈，建立绿色生态网络共保格局，强化钱塘江流域保护发展，深化生态环境治理联防联控，全力打造国家生态文明先行示范区，成为美丽中国的样板。四是共建开放包容都市圈和共建品质生活都市圈。探索建立市场标准统一互认机制，推进信用一体化建设，在全国范围内率先打造"信用免押金都市圈"；加强优质教育资源和医疗资源协作联动，推进公益性文化体育设施相互开放；构建同城化公共服务体系，提高都市圈政务服务事项"掌上办理"、民生事项"一证通办"覆盖面。五是共建创新活力都市圈和魅力人文都市圈。构建协同创新共同体，构建人才发展共同体，共建创新创业生态圈，探索共建国际高端人才发展平台；共保世界自然和文化遗产群落，共建世界一流文化旅游目的地，共同打造"名城—名湖—名江—名山—名村"世界级黄金旅游风景线。

三、深入推进城乡一体化建设进程

新时代背景下，杭州城市发展已经进入生态文明重要性日益凸显和以城市群为主要组织形式竞合发展的新阶段。杭州市顺应生态文明建设新要求，以实施"拥江发展"战略为重要抓手，转变经济发展方式，全面践行"两山"

理论，更好地推动生态文明之都和美丽中国样本的建设。加强以城带乡力度，加快新型城市化和城乡一体化步伐，形成市域均衡协调发展和城乡共富共美发展的新格局，落实党的十九大报告提出的乡村振兴战略和区域协调发展战略；在省"八八战略"的指引下，强化市域统筹协作作为关键举措，深入推进城乡一体化进程，将杭州打造成为展示新时代中国特色社会主义的重要窗口。

第一，应着力强化规划引领，统筹市域格局。强化市域空间统筹，规划应增强前瞻性、严肃性和连续性，着眼杭州全市域、聚焦主轴钱塘江，高起点编制战略规划，明确把钱塘江沿线建设成为独特韵味别样精彩的世界级滨水区域，把钱塘江流域建设成为生态文明建设示范区、创新驱动发展的经济转型升级示范区、宜业宜居宜游的区域协调发展示范区。统筹市域格局，坚持以城市国际化带动城乡一体化，构建多层次、多中心、网络型城市体系，形成"城镇集约紧凑，乡村开敞疏朗，山水城林相映相依"的城乡风貌。结合新一轮城市总体规划的修编，实现城乡规划与国民经济和社会发展规划、土地利用规划、环境保护规划等相关规划的多规合一，做好城市修补、生态修复、城市留白，确保生态保护红线、永久基本农田、城镇开发边界三条红线的精确划定。探索建立既能有效保护生态空间，又有利于城乡融合发展的城市开发边界实施管理机制，实现全市"规划一张图、建设一盘棋、管理一张网"。在规划和发展过程中，适应市域一体、城乡融合的发展需要，建立以城市总体规划为统领、"横向到边、纵向到底"的城乡规划体系和城乡一体的空间规划管理制度。以杭州地理空间框架为基底，建立统一、开放、共享的全市域空间规划协同平台，开展规划编制、项目审批、评估考核、实施监督全过程的密切合作，实现"一个城市、一套标准"。共建共治共享，统筹实施机制，建立健全市、区、县（市）联动机制，落实目标责任制，形成规划实施和区域发展的推进合力。

第二，应加快城市区域深度融合，推进市区一体化发展。加快萧山、余杭、富阳与主城区深度融合，推进市区一体化发展，深入推进城市行政区划调整。树立"精明增长""紧凑城市"理念，全方位、全领域深化城市有机更新，加强人口和城市功能调控，推进中心城区非核心功能疏散和人口外移，加快副城、组团基础设施和公共服务设施建设，推进萧山、余杭、富阳全面融入主城区。打好以地铁建设为重点的"交通治堵"硬仗，建设城市快速路网和城市快速轨道交通网，加快组团环线建设，推动大数据治堵全覆盖，创建"公交都市"，让市民出行更便捷。加快地下空间和地下综合管廊、停车场（库）建设。提高城市设计水平，塑造城市特色风貌，建设更具东方韵味的山水园林城市。站在市区一体化融合发展、市域一体化统筹发展、都市圈一体化协同发展的战略高度，进一步深化基础设施协作，加快建设杭临城际铁路、留祥路西延、科技大道等城市主动脉，提升交通通达性，加快临安融杭发展步伐。进一步深化科技创新协作，突出城西科创大走廊这一龙头，加强创新平台、人才交流、产业对接等合作，优化区域创新生态系统。

第三，深化区县（市）协作，加快品质城乡建设。坚持以城市国际化带动城乡一体化，深化区县（市）协作、"六大西进"和结对帮扶、"联乡结村"行动，深入实施产业、科技、人才、旅游、交通等"西进"行动，促进市区与县（市）、城市与乡村协同发展，加快建设品质城乡。全面提升县（市）城现代化水平，因地制宜建设特色城镇和美丽乡村，不断完善城乡交通网、产业网、生态网和公共服务网，形成美丽、智慧、人文、安全的城乡一体化格局。

第四，深入体制机制一体化，破解城乡一体化建设矛盾。城乡发展一体化的核心是体制机制创新。要通过体制机制创新，破解阻碍和制约城乡基本公共服务均等化的深层次矛盾，并通过综合激励措施留住各类管理服务人才，推进城乡基本公共服务均等化，对郊区实施提供有效的管理服务。不断完善优化城乡基本公共服务资源配置机制；建立和不断完善农村地区（偏远区域）人才综合激励机制，针对人才数量缺口和流向、结构等问题进行研究，重点引导教育、医疗人才向偏远郊区基层流动；探索完善村级公共服务和基层治理财力保障机制，统一村级组织公共服务和基层治理经费编制口径，探索建立农村公共服务、基层治理的均衡保障机制和区镇分担机制，针对各条线资金较为分散和交叉重复并存的问题，加强资金的统筹平衡机制建设等。

第五，强化农村综合改革，赋予农民更多财产权利。城乡发展一体化的重点在"乡"而不在"城"，其最终目的在于解决居住在"乡"的农民问题，因此解决好"三农"问题是城乡发展一体化的应有之义。就大都市郊区的实际而言，下一步要围绕农业生产经营方式转变、新型农业经营主体培育、农村土地制度改革、农村集体资产产权制度改革、构建经济薄弱村综合帮扶机制等重点领域，全力推进农村综合改革，赋予农民更多财产权利、全面实现农民增收，同时积极促进农民市民化。

参考文献

［1］Car labbott. The International City HypothesiS, An Approach tot he Recent History of U.S Cities ［J］. Journal of Urban History, 1997（1）: 28-52.

［2］Friedmann, J. and Wolff, G. World city formation: and agenda for research and action ［J］. International Journal of Urban and Regional Research, 3, 1982.

［3］MCCANN E. Governing urbanism: Urban Governance Studies 1.0, 2.0 and Beyond ［J］. Urban Studies, 2017（54）: 312-326.

［4］Reed H C. Financial Center Hegemony, Interest Rate, and the Global Political Ewnomy ［M］// Park Y S, Eassayyad M, eds. International Banking and Financial Centers. Boston: Kluwer Academic Publishers, 1989.

［5］Reed H C. Financial Center Hegemony, Interest Rate, and the Global Political Ewnomy ［M］// Park Y S, Eassayyad M, eds. International Banking and Financial Centers. Boston: Kluwer Academic Publishers, 1989.

［6］Taylor P J. Walker D R. F. World Cities: A First Multivariate Analysis of their Service Complexes ［J］. Urban Studies, 2001, 38（1）: 23-47.

［7］T. M. Sell. Wings of power: Boeing and the politics of Growth in the Northwest ［M］. Seattle and London, University of Washington Press, 2001: 16.

［8］T. M. Sell. Wings of power: Boeing and the Politics of Growth in the Northwest, 19.

［9］陈怡安, 齐子翔. 城市国际化水平评价指标体系及实证研究——以天津滨海新区为例 ［J］. 经济体制改革, 2013（1）: 46-50.

［10］陈飞燕, 陆萍. 国际化大都市中心城区的发展及其对上海的启示

[J]. 城市桥梁与防洪，2009（9）.

[11] 程遥，赵民. GaWC 世界城市排名的内涵解读及其在中国的应用思辨 [J]. 城市规划学刊，2018（6）：54-62.

[12] 陈建华. 我国国际化城市产业转型与空间重构研究——以上海市为例 [J]. 社会科学，2009（9）：16-24.

[13] 郝书池，姜燕宁. 全球化背景下城市国际化水平评价指标体系及实证研究 [J]. 重庆交通大学学报（社会科学版），2011，11（2）：39-43.

[14] 韩昊英. 杭州建设世界名城的发展方略 [R]. 杭州 2049 发展展望科技沙龙，2017.

[15] 经济学人智库中国研究团队：吴思. 2030 年的中国城市化 [R]. 中国经济报告，2014-07-01：93-98.

[16] 李京武，沈昊靖. 中国 36 个大城市的国际化水平测度与定位 [J]. 西北师范大学学报（自然科学版），2017（5）.

[17] 李志辉，罗平. SPSS for Windows 统计分析教程 [M]. 北京：电子工业出版社，2007.

[18] 李清娟，兰斓. 全球城市：服务经济与国际化——伦敦、纽约与上海比较研究 [M]. 上海：同济大学出版社，2017.

[19] 李丽纯，李松龄，夏传文. 长沙城市国际化水平比较研究 [J]. 经济地理，2011，31（10）：1651-1656.

[20] 李思瑶. 国际会议目的地特征与培育研究——以成都为例 [J]. 中国经贸导刊，2010（21）：92.

[21] 刘怀宽，杨忍，薛德升. 新世纪以来中德世界城市全球化模式对比分析 [J]. 人文地理，2018（2）：50-59.

[22] 罗小龙，韦雪霁，张京祥. 中国城市国际化的历程、特征与展望 [J]. 规划师论坛，2011（2）：38-42.

[23] 齐心，张佰瑞，赵继敏. 北京世界城市指标体系的构建与测评 [J]. 城市发展研究，2011（4）：1-7.

[24] 梅琳，黄柏石，吕方，郭炎. 武汉城市国际化水平的比较评价与优化路径研究 [J]. 华中师范大学学报（自然科学版），2017（4）：231-237.

[25] 文军. 全球化进程与中国城市的全球化趋势 [J]. 长沙电力学院社会科学学报, 1997 (3)：3-9.

[26] 宋炳林, 陈琳. 长三角五大都市圈中心城市国际化水平比较研究 [J]. 浙江社会科学, 2017 (6)：57-66.

[27] 宋金平, 蒋一军, 王亚东. 全球化对城市发展的影响与启示 [J]. 城市问题, 2008 (4)：30-34.

[28] 孙群郎, 王乘鹏. 纽约全球城市地位的确立及其面临的挑战 [J]. 福建师范大学学报 (哲学社会科学版), 2012 (2)：117-126.

[29] 孙春媛. 长三角城市国际化水平动态变化与原因分析 [J]. 经济论坛, 2014, 522 (1)：10-18.

[30] 王慧, 王启仿. "海上丝绸之路" 沿海港口城市国际化水平评价——基于 PROMETHEE 方法的应用 [J]. 科技与管理, 2018 (11)：1-9.

[31] 汪欢欢, 兰蓓. 中西部城市提升国际化水平路径研究——基于指标体系构建与比较分析视角 [J]. 宏观经济研究, 2012 (12)：80-86.

[32] 吴伟强, 李俊. 后 G20 时代杭州城市国际化的关键指标——基于全球化城市指数 (GCI) [J]. 浙江工业大学学报 (社会科学版), 2016, 15 (4)：369-374.

[33] 乌尔里希·森德勒. 工业 4.0：即将来袭的第四次工业革命 [M]. 北京：工业机械出版社, 2014：7

[34] 王剑, 薛娟, 孙智勇. 世界城市功能区空间结构演变浅析——以纽约、东京、伦敦为例 [J]. 北京财贸职业学院学报, 2011 (6)：22-27.

[35] 王兰, 刘刚, 邱松, 布伦特·D.瑞安. 纽约的全球城市发展战略与规划 [J]. 国际城市规划, 2015 (6)：18-25.

[36] 王文君. 高科技作用下的城市转型：二战后的西雅图 [D]. 厦门大学, 2007.

[37] 薛莹. 国际会议目的地的城市竞争优势：杭州案例研究 [J]. 江苏商论, 2019 (1)：15-20.

[38] 杨世国, 程全兵. 深圳："创新之城"是如何炼成的 [N]. 人民日报 (海外版), 2015-4-15 (7).

[39] 喻剑. 深圳持续发力源头创新 [R]. 经济日报，2017-4-26（15）.

[40] 姚南. 内陆城市在"全球城市"新框架下的全球化路径思考——以成都为例 [J]. 城市观察，2017（5）：30-41.

[41] 喻国明. 建设现代化国际城市的基本指标体系及操作空间——来自青岛市建设现代化国际城市"特尔菲法"研究的报告 [J]. 城市问题，1995（1）：14-37.

[42] 于涛，华鸿乾. 需求导引下的国际化城市建设路径探索——以深圳市南山区为例 [J]. 现代城市研究，2016（10）：61-66.

[43] 易斌，于涛，翟国方. 城市国际化水平综合评价体系构建与实证研究 [J]. 经济地理，2013，33（9）：37-42.

[44] [美] 尤金·罗杰斯著. 高高飞翔——波音公司发展之路 [M]. 陈笑郁，谢雨琴，卢燕飞译. 杭州：浙江人民出版社，1998.

[45] 阳作军. 全面落实杭州国家自主创新示范区建设，助力打造全国数字经济第一城 [J]. 杭州（周刊），2018（4）：11-12.

[46] 周春山，王朝宇，吴晓松. 广州城市国际化发展水平比较研究 [J]. 城市观察，2016（4）：5-16.

[47] 中国省会城市国际化水平比较研究 [J]. 地域研究与开发，2011，30（4）：51-54.

[48] 赵强. 全球化与城市研究：视域缺陷及角度转换[J]. 苏州大学学报（哲学社会科学版），2015（6）：62-68.

[49] 周振华. 全球城市：演化原理与上海 2050 [M]. 上海：格致出版社，2017.

[50] 周铭. 伦敦、巴黎近代城市发展历程比较探析 [C]. //中国城市规划学会，规划创新——2010 中国城市规划年会论文集 [M]. 重庆：重庆出版社，2010.